U0600995

临空经济区

及展格局中的

域战略性增长极

寇跃　曾雨馨

著

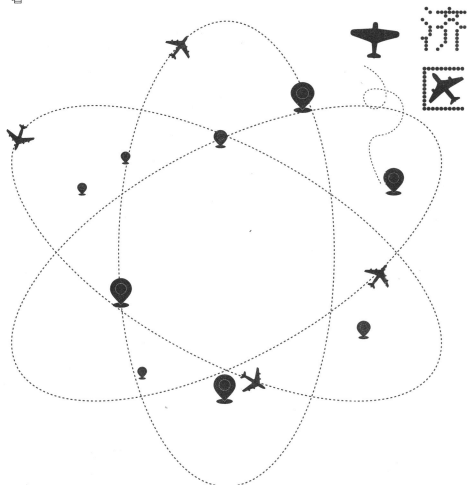

四川大学出版社

SICHUAN UNIVERSITY PRESS

项目策划：李金兰
责任编辑：李金兰
责任校对：杨丽贤
封面设计：曹琰琪
责任印制：王　炜

图书在版编目（CIP）数据

临空经济区：新发展格局中的区域战略性增长极 /
寇跃，曾雨馨著．— 成都：四川大学出版社，2021.12
　ISBN 978-7-5690-5284-8

　Ⅰ．①临…　Ⅱ．①寇…　②曾…　Ⅲ．①航空运输—运
输经济—经济发展—研究—中国　Ⅳ．① F562.3

　中国版本图书馆 CIP 数据核字（2022）第 000059 号

书　名	临空经济区：新发展格局中的区域战略性增长极
著　者	寇　跃　曾雨馨
出　版	四川大学出版社
地　址	成都市一环路南一段 24 号（610065）
发　行	四川大学出版社
书　号	ISBN 978-7-5690-5284-8
印前制作	石　慧
印　刷	郫县犀浦印刷厂
成品尺寸	170mm×240mm
印　张	19.25
字　数	357 千字
版　次	2021 年 12 月第 1 版
印　次	2021 年 12 月第 1 次印刷
定　价	68.00 元

◈ 读者邮购本书，请与本社发行科联系。
　电话：(028)85408408/(028)85401670/
　(028)86408023　邮政编码：610065
◈ 本社图书如有印装质量问题，请寄回出版社调换。
◈ 网址：http://press.scu.edu.cn

四川大学出版社
微信公众号

序 言

  临空经济是在经济全球化背景下，以航空枢纽为依托，以高速公路、高速铁路、轨道交通等高效衔接的现代化综合交通运输体系为支撑，以高时效、高技术、高附加值的临空产业集聚为标志，以港、产、环、城、人有机融合的航空大都市为载体，培育打造区域"战略性增长极"的一种新的经济形态。

  近年来，"一带一路"倡议的实施为我国临空经济区带来新的发展机遇。临空经济区日益成为建设空中丝绸之路的战略支点。截至 2019 年 5 月 1 日，我国 31 个省份提出了临空经济区发展的相关指导意见，已经明确规划和开始建设的临空经济区有 59 个，还有一些城市正在积极规划布局临空经济区。

  2020 年 9 月 1 日，习近平总书记在中央全面深化改革委员会第十五次会议上指出，加快形成以国内大循环为主体、国内国际双循环相互促进的新发展格局，是根据我国发展阶段、环境、条件变化做出的重大战略决策，是事关全局的系统性深层次变革。当前形势下，构建新发展格局面临不少新情况新问题，要善于运用改革思维和改革办法，统筹考虑短期应对和中长期发展，既要在战略上布好局，也要在关键处落好子。要把构建新发展格局同实施国家区域协调发展战略、建设自由贸易试验区等衔接起来，在有条件的区域率先探索，形成新发展格局，打造改革开放新高地。

  在此背景下，如何站在加快构建新发展格局的战略高度来全面审视临空经济区建设这一几乎"百年一遇"的重大战略性机遇对一个区域的城市发展、空间优化、经济转型、产业升级、扩大开放、观念变革等方面所带来的综合驱动效应、潜在战略价值与深远战略意义就成为本书选题和研究的出发点与落脚点。本书共分 4 篇。第一篇为基础认识篇。临空经济作为一个新兴研究领域，所涉及的内容广泛而复杂。本书选取了与临空经济区建设关联度比较密切的 9 个核心概念及 4 个分支理论进行了研究阐述，以便为第二篇开展标杆案例研究提供概念支撑和理论分析依据。第二篇为经验借鉴篇。这部分选取了在"京津冀协同发展""长江经济带""成渝双城经济圈"和"一带一路"建设等国家重大战略以及区域协调发展战略中具有举足轻重地位的4个国家级临空经济示范区作为标杆案例进行研究，旨在从国家战略层面与国土空间布局的视角，全方位、多维度剖析国家级临空经济示范区在我国构建新发展格局中所承载的独特使命和战略功能。在此基础上，分别抽象概括出4个国家级临空经济示范区基于功能解析的概念模型。第三篇为研究结论篇。在理论与实践相结合的基础上，本部分给出了一个普适性的关于临空经济区建设的系统性概念模型；提出了"机场的战略定位是影响临空经济区战略定位的决定性因素""临空经济区是优化城市空间布局与完善城市开放格局的战略性高地""机场能级+空港枢纽性+腹地功能载体的空间承载能力+载体功能的完备性是临空经济区建设的四大关键性前置条件"的核心研究结论。第四篇为应用创新篇。本书关于临空经济区的上述核心研究结论在浙江省衢州市"浙西航空物流枢纽临空经济区战略研究"课题中实现了较好的应用创新。衢州地处长三角一体化区域核心区与浙、赣、皖、闽四省边际内陆腹地区域的交汇处，自古就有"四省通衢，五路总头"之称，区位优势十分突出。习近平总书记主政浙江期间，就给衢州提出了打造"浙赣皖闽四省边际中心城市，浙江全省经济向西拓展桥头堡"的战略定位。按照习近平总书记关于构建新发展格局"既要在战略上布好局，也要在关键处落好子"的指示要求，本书作者在这一课题研究中立足构建新发展格局和促进区域协同发展的战略高度，创新性地提出了衢、金、杭联手共创"跨市域临空经济区"，打造长三角沪杭金发展带与内陆腹地经济紧密连接、深度融合的战略性桥头堡的对策建议。课题研究结论与战略建议得到了衢州市相关主管部门的高度认可。本部分着重对这一课题研究中的相关应用创新成果进行了回顾总结。

总之，本书作者站在构建新发展格局、促进区域协同发展的战略高度，从经济地理、城市战略、区域经济、临空经济、空间布局等理论视角对临空经济区的战略定位、规划建设进行了较为系统、全面的研究与探索。鉴于新机场及其临空经济区的建设发展是一项非常复杂的系统性、战略性工程，因此，不论在研究水平、研究方法以及研究结论等方面均难免存在不足与瑕疵，敬请相关领域的专家同仁提出宝贵批评意见与建议。

目 录

基 础 认 识 篇

经 验 借 鉴 篇

研究结论篇

应 用 创 新 篇

基础认识篇

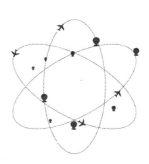

第一章　核心概念界定

第一节　机场、空港及口岸

一、机场

依照《国际民用航空公约》（2018）附件 14 的定义，机场是指在陆地上（或水面上）划定的一块区域（包括建筑物、装置和设备），其全部或部分功能供飞机着陆、起飞和地面活动之用。

（一）机场硬件设施

机场的首要工作就是供飞机安全有序地起降并进行地面活动。一般而言，机场须具备供飞机起降所需的飞行区、航站楼、货运设施、航空公司基地以及各种助航、供油和维修设备，具体机场所需硬件设施见表 1-1。

表 1-1　机场所需硬件设施（吴祥明，1999）

类　别	项　目
飞行区	场道设施、附属设施、占坪机位、助航灯光
航站楼	航站区、空中交通管制区、旅客候机楼、特种设备、停车场、道路、地铁设施、其他设施
货运设施	货运站、货运业务楼、其他设施
航空公司基地	机务维修、行政办公、仓储设施、其他设施
供油工程	油库、站坪加油系统、航空加油站、其他设施
航管设施	航管楼、塔台、雷达工程、雷达终端系统、其他设施
航空配餐	航空配餐设施
宾馆设施	宾馆设施
机务维修	机务维修设施
其他配套设施	信息通信系统、供电系统、绿化工程、供冷供热系统、供气系统、邮电通信系统、消防站、急救中心、污水处理系统、排水系统、供水系统、道路桥梁、行政生活设施、废物处理设施

（二）机场建设需考虑的条件因素

新建机场需要明确其建设的相关条件，要考虑所属区域经济社会发展状况、地理地貌地质条件、空域资源条件、可开发利用的土地资源、周边临近区域的机场布局情况以及区域总体综合交通运输条件等因素。

（三）机场分类及等级

根据中国民用航空局的标准，机场按使用对象分类大致可分为民用航空机场、军用航空机场和军民合用机场。在国家法规《民用机场管理条例》中提到，民用航空机场分为通用航空机场和公共运输机场。在国家标准《通用航空机场设备设施（GB/T 17836—1999）》中规定，"通用航空机场就是使用民用航空器从事公共航空运输以外的民用航空活动而使用的机场。包括可供飞机和直升机起飞、降落、滑行、停放的场地和有关的地面保障设施"。我国《通用航空飞行管制条例》基本将通用航空机场定义为承担除军事、警务、海关缉私飞行和公共航空运输飞行之外的航空活动，包括从事工业、农业、林业、渔业、矿业、建筑业的作业飞行和医疗卫生、抢险救灾、气象探测、海洋监测、科学实验、遥感测绘、教育训练、文化体育、旅游观光等方面的飞行活动。赵云峰（2001）认为，军用机场是空地联结的"桥梁"和"纽带"，是保障航空兵部队作战训练的重要基础设施，是提升航空战略投送能力的核心要素之一；而军民合用机场是指既要担负民用航空运输任务，又要履行维护国家领空安全使命的机场。1985年，国务院、中央军委《关于军民合用机场使用管理的若干暂行规定》明确指出：军民合用机场可以充分发挥现有机场的使用效率，从国家整体利益出发，既有利于民用航空事业的发展，又能保证军队战备、训练顺利进行。同时军航、民航专用设施通常分开修建，自成体系，自行管理。中国民航总局（2010）在官方文件中指出，中国航空交通体系由三大门户复合枢纽机场、八大区域性枢纽机场、十二大干线机场组成，其中还包括若干支线机场。本书将具体的机场分类及等级制表如下（见表1-2）。

表1-2　机场分类及机场等级

机场分类	代表性机场及其等级
门户型国际枢纽机场	北京首都国际机场（4F）、北京大兴国际机场（4F）、上海浦东国际机场（4F）、上海虹桥国际机场（4E）、广州白云国际机场（4F）

续表1-2

机场分类	代表性机场及其等级
区域性枢纽机场	重庆江北国际机场（4F）、昆明长水国际机场（4F）、郑州新郑国际机场（4F）、成都双流国际机场（4F）、武汉天河国际机场（4F）、西安咸阳国际机场（4F）、沈阳桃仙国际机场（4E）、乌鲁木齐地窝堡国际机场（4E）
干线机场	杭州萧山国际机场（4F）、深圳宝安国际机场（4F）、南京禄口国际机场（4F）、长沙黄花国际机场（4F）、南宁吴圩国际机场（4E）、南昌昌北国际机场（4E）、兰州中川国际机场（4E）、厦门高崎国际机场（4E）、青岛流亭国际机场（4E）、呼和浩特白塔国际机场（4E）、哈尔滨太平国际机场（4E）、大连周水子国际机场（4E）
支线机场	包头机场（4D）、舟山普陀山机场（4D）、赣州黄金机场（4C）、大同云冈机场（4C）、宜宾菜坝机场（4C）

注：作者根据网络信息自制。

机场等级又叫"飞行区等级"。机场的整体框架可简单看作机场飞行区，它对机场的规划结构和用地范围有着重要作用，在机场选址时应首先确定飞行区的相关指标和参数。根据《民用机场飞行区技术标准》，机场飞行区应按指标Ⅰ和指标Ⅱ进行分级。飞行区指标Ⅰ为拟使用该飞行区跑道的各类飞机中最长的基准飞行场地长度，分为1、2、3、4四个等级；飞行区指标Ⅱ为拟使用该飞行区跑道各类飞机中最大翼展或最大主起落架外轮外侧边的间距，分为A、B、C、D、E、F六个等级，两者中取相应等级则形成飞机区等级，国内常见飞机场等级有4F级、4E级、4D级和4C级，详情如下：

4F级机场是指机场跑道长度为3400～4000m，可用最大飞机的翼展为65～80m和主起落架外轮外侧间距为14～16m的机场。4F级机场可以起降各种大型飞机，一般有2～3条跑道。

4E级机场是指机场跑道长度为3200～3800m，最大飞机的翼展为52～65m，可起降波音747、空中客车A340等四发远程宽体客机的机场。4E机场一般有1条跑道。

4D级机场是指机场跑道长度为2600～3200m，最大飞机的翼展为36～52m和主起落架外轮外侧间距为6～9m的机场。4D级机场可起降波音767、波音747减重、空中客车A300等双发中程宽体客机。

4C级机场是指机场跑道长度为2200～2800m，跑道宽度为45～60m，适合起降空中客车A320、波音737等双发中程窄体客机等的机场。

二、空港

空港也可称作广义的"机场"，其在国际上并无统一定义。日本的《空港法》对"空港"的定义是"供公共之用"，它包括了具有公共服务设施的航空港（airport）。高天（2019）认为，机场（aerodrome）是空港（airport）的核心基础设施。有了机场，就可以承担飞机起降功能，但还要增加旅客服务设施或货运服务设施等方可成为供公众使用的"空港"。因此，空港的定义包含三个要素，即"对公众开放""提供航空运输服务"和"机场"。

空港的物理基础设施是机场，这是空港区别于海港、陆港的核心特征。空港是机场功能的扩展和延伸；空港主要用以提供航空运输服务，体现"港"的功能；空港必须是对公众开放的，即供公众使用的，它排除了自有自用的情况。2018 年底《中国民用航空法》的修改决定也采用了"对公众开放"与"供公众使用（publicuse）"的提法。上述三个要素，缺一不可，共同成为判定一个机场是否可以称为"空港"的评判标准。因此，高天（2019）提出，空港的基本属性有五个层面的定位：

（1）是航空器运行的场地。为有效完成航空器运行保障功能，空港需要具有适合的场地和设施。经过长期实践，全球的航空业者已共同总结出了一套公认的做法，编制成为国际标准。

（2）是各类组织运作的平台。空港是航空器运行的场地，但运行的航空器并不属于空港，而是属于各类围绕航空器开展业务的组织。按照与空港业务的关联程度，这些组织可以分为两类：第一类是机场设施的直接使用者；第二类是为第一类组织提供支持的服务机构。对于空港的这个层面定位，其运营人的主要任务是做好资源的分配并协调好各类组织的运作。

此外，还有一类组织，虽不直接设立在空港区域内，但因其业务对空港的依赖性而布局于邻近空港的地理范围内，共同构成人们常说的临空经济区。这类组织的运作虽然不属于空港的业务范围，但却属空港规划者的考虑范围。

（3）是地方航空运输服务的站点。作为航空站点，为所在地引入航空运输服务是空港作为一个整体的直接功能。可以设立以下几类站点：第一类是独立站点，表现为在适当区域设立空港，同步建设道路实现空港与人口密集区域的衔接，以地面车辆交通形式实现空港的通达，这是空港建设的惯常做法。第二类是复合型站点，将空港设置在其他交通体系的站点之上，或者说将其他交通体系的站点设置延伸到空港。第三类是枢纽型节点，是指将其他交通体系的枢纽节点与空港设置在一起，因为任何一个空港都是交通运输的枢纽型节点。对于空港这个层面的定位，其运营人的主要任务是做好航空运输服务，在实现航空运输保障的前提下最大化发挥公众出行服务功能。

（4）是地方经济发展的催化剂。因为航空运输服务的依托，使得地方经济的某些业态获得额外支撑，从而获得更为充分的发展，或者因为航空运输服务的引进，由此致使地方形成新的经济业态，即"临空经济"现象。空港带动地方经济发展的作用方式往往不是自身直接创造价值，而是通过自身的支撑或引导作用，让已有或潜在的经济体发挥价值。

（5）是各类航空相关体系的成员。从体系成员角度看，首先是考察空港在国内乃至国际航空运输体系中的定位；其次，还要从综合交通体系角度考察与其他形式交通运输设施的相互影响；最后，还要考虑到航空业态的其他影响。这些都要求空港的规划者跳出空港自身的视角，全方位考察空港所处的宏观环境，在深入分析的基础上制定符合实际状况的发展策略。

三、口岸

口岸，简而言之是国家对外交往的门户。郭来喜（1994）就提出口岸专指经国家批准人员、货物及交通工具出入国境的港口、车站、通道和机场，并由国家设置边防检查、海关、港务监督、卫生检疫、动植物检疫等联检机构，同时配备相应的基础设施和管理部门。它担负同外部世界交往、维护国家主权和经济利益的双重任务。他同时提出按口岸性质及运输方式分类，可分为空运口岸、水运口岸和陆路口岸。

王豪等（2019）提出，口岸有着带动相关交通物流运输发展的增长极功能。口岸作为对外贸易关键枢纽，对区域经济发展的主要贡献在于带动口岸经贸相关生产与经济活动。口岸相关经济活动的发展将不断刺激区域基础设施与交通物流体系网络的不断完善，同时吸引关联企业的不断集聚，为相关产业发展提供更加优质、便利的合作交流平台，并拓展区域经济辐射影响范围。2020年9月，粤港澳大湾区"超级口岸"——横琴口岸开始通关，标志着粤港澳大湾区一条新的"超级通道"正式投入使用。横琴口岸新旅检区域将实施"合作查验、一次放行"的通关新模式，设置了

"合作自助""合作人工"和"传统人工"三种通关通道，让通关更加智能、高效。粤澳日通行能力将升到90万人次，人均通关时间仅需30秒左右。这样一座超级口岸是粤港澳大湾区基础设施"硬联通"和规则对接"软联通"的标志性项目，更是粤澳深度合作示范区的桥头堡。

在李怀政主编的《全球物流管理》（2006）中是这样定义航空口岸的：航空口岸又称空港口岸，指国家在开辟了国际航线的机场上开设的供人员和货物等出入国境及航空器起降的通道。郭来喜（1994）认为，空港口岸可划分为国际机场口岸和特定机场口岸两种。依照中国现行的《口岸准入退出管理办法（暂行）》（2019）对航空口岸能否正式对外开放有着具体的客货运量要求，即航空口岸开放运行3年后，客货运量需达到以下标准：沿海地区航空口岸年出入境货运量不少于3万吨或出入境人员数量不少于10万人次，沿边和内陆地区航空口岸年出入境货运量不少于3万吨或出入境人员数量不少于5万人次。目前，我国主要航空机场口岸有北京首都国际机场、上海虹桥国际机场、上海浦东国际机场、广州白云国际机场、香港国际机场、武汉天河国际机场等。从航空口岸出发，还衍生出了综合保税区以及其他特定口岸等。

郭子成（2012）认为，综合保税区是我国开放层次最高、优惠政策最多、功能最齐全、手续最简化的设立在内陆地区的具有保税港区功能的海关特殊监管区域，由海关参照《中华人民共和国海关保税港区管理暂行办法》进行管理，享受保税港区的税收和外汇政策，集保税区、出口加工区、保税物流区、港口的功能于一身，可以发展国际中转、配送、采购、转口贸易和出口加工等业务。从更深层次来讲，在免征关税和免于报关这些特点上，可以将综合保税区理解为处于"境内关外"的区域。此外，区内企业之间、区内企业与境外企业之间可以进行自由贸易，不受国内贸易管制政策的约束；区内企业的外汇管理也有别于国内外汇管理办法，有较高的自主权和方便性；海关、商检等部门在园区内查验货物后，可在任何口岸（海港或空港）转关出口，无须再开箱查验。例如，2006年建成的苏州工业园综合保税区是在园区原有的出口加工区、保税物流中心（B型）、直通式陆路口岸基础上进行功能整合和政策叠加而形成的，总面积为5.28平方千米，是集保税加工、保税物流、进出口贸易、采购分销、金融服务、检测维修、展示展览等功能于一体的特殊监管区域。具有了口岸作业、保税物流、保税加工、国际贸易等多种功能，是一个配套服务完善的综合保税区，成为上海洋山港、浦东空港及太仓港在内陆地区的喂给、疏散港，最终发展成为长三角地区制造集群的生产服务业基地和重要的国际货物集散地。相比洋山、天津和大连等保税港区侧重的口岸通关功能，苏州工业园综合保税区直接服务于周边的加工制造业，为企业提供更为全面的功能平台，满足加工贸易的各种需求。

但随着经济全球化发展和我国对外开放程度加深，原先特定口岸的内涵发生了变化。在《中国口岸年鉴：2015》（2017）上是这样定义指定口岸的：特定口岸或称指定口岸，是指检验检疫部门根据有关法律法规规定，按照国家宏观调控和检验检疫特殊监管要求，规定特定货物必须从特定对外开放口岸进出境，该进境口岸则为检验检疫指定口岸。实施检验检疫指定口岸管理的进境货物主要包括繁殖材料、粮食、水果、活动物、肉类等。例如，郑州航空港经济综合实验区为提升航空港开放门户功能，开放了郑州航空口岸、河南进口肉类指定口岸、进境冰鲜水产品指定口岸、澳大利亚活牛指定口岸、邮政口岸、食品药品医疗器械口岸等六大口岸，这些大都为特定口岸。郑州以推动"中欧班列（郑州）+航空货运""跨境电子商务+航空货运+中欧班列（郑州）""邮政+航空货运+中欧班列（郑州）"等创新模式，形成"空进陆出"和"陆进空出"全程物流解决方案，以支撑特定口岸运输需要。

第二节　临空经济

一、临空经济的概念

临空经济又称空港经济、机场经济。关于临空经济的概念，国外学者更多的是从临空经济所在区域的地理位置，即与机场相互关系角度进行分析。John D. Kasarda（1991）提出"航空都市区（Aerotropolis）"概念，他认为知识经济和经济全球化塑造了一种新兴区域经济形态——航空都市区。航空都市区是以机场为核心，在航空产业的带动下，与服务业、其他相关产业协同发展而形成的经济形态。

被誉为"中国临空经济第一人"的曹允春教授（2009）将临空经济定

义为：依托机场设施资源，通过航空运输行为或航空制造活动，利用机场的产业聚集效应，促使相关资本、信息、技术、人口等生产要素向机场周边地区集中，以机场为中心形成航空关联度不同的产业集群，这种新兴的区域经济形态称为临空经济。黄由衡教授（2012）着重区域、产业和经济角度进行分析，他认为，从区域角度出发，临空经济的载体区域必须以机场为依托，它的发展受到机场的规划发展、功能定位、区域资源禀赋及经济基础等因素的多重影响；从产业角度理解，临空产业是临空经济的内核，临空经济是以航空为指向的产业在发展中形成具有自我增强机制的聚集效应，进而在机场周边形成各类与航空运输相关的产业集群；从经济角度而言，它是一种经济现象，既具有经济的一般特点，也存在临空指向性的经济现象。王全良（2017）则着重从机场的角度理解临空经济，他认为，临空经济是以机场为核心，在一定的区域经济水平和航空运输发展水平条件下，利用航空业运输快捷、高效的特点，吸引临空指向型产业在机场周边集聚，并通过该集聚进一步带动所在区域产业结构调整，形成以高新技术为核心、多种产业紧密关联、具有较强辐射带动作用的区域经济发展模式。王海杰（2020）归纳前人的研究指出，临空经济是以枢纽机场为依托，通过提供集时效性、品质度及附加值于一体的优质产品及服务，吸引临空指向性产业和生产要素向机场大规模聚集，影响并优化区域通达度及经济活动的空间分布，为区域对外开放及区域协调发展注入新动能。

2013年，国务院批复的《郑州航空港经济综合实验区发展规划（2013—2025年）》中明确，临空经济是以航空枢纽为依托，以现代综合交通运输体系为支撑，以提供高时效、高质量、高附加值产品和服务并参与国际市场分工为特征，吸引航空运输业、高端制造业和现代服务业集聚发展而形成的一种新的经济形态。

国内外学者、官方从不同的角度，对临空经济进行了定义，表述概念并不相同。本书综合郝爱民教授（2019）对于临空经济的概念界定和其他学者的研究，认为临空经济是以机场为依托，以与铁路、公路高效衔接的现代综合交通运输体系为基础条件，通过提供航空运输、航空制造等航空活动，形成以机场为核心的产业集聚效应，促成高时效、高技术、高附加值的高端产业集群，规划建设宜居、生态、智能、土地集约化的航空大都市，形成区域核心增长极的一种区域经济发展新模式。由此可见，交通枢纽、高端产业、航空大都市、核心增长极是临空经济这一概念的核心内涵：

（1）交通枢纽是临空经济发展的前提。在国际国内双循环相互促进的新发展格局的背景下，我国要更高水平地对外开放、更多地承接世界产业的转移、更深入地与全球经济交融，必须有发达的交通体系做支撑。因此，加强航空、铁路和公路等综合交通系统的高效衔接，是发展临空经济的基础和条件。

（2）高端产业是临空经济发展的主要特征。发展临空经济，就要培育以临空经济为引领的现代产业和新兴产业集群，打造地区高端制造业和现代服务业基地。电子及信息通信、计算机制造、生物制药、电子机械、精密仪器和光学仪器、软件、医疗器械等高新产业都对航空运输有较高的依赖性，因此，以这类高新产业为主的高端产业集聚是临空经济发展的主要特征。

（3）航空大都市是临空经济发展的产物和重要载体。随着全球化经济对航空运输的需求加大，越来越多的产业和企业开始在机场附近聚集，形成了以临空经济为特色的产业区，并逐步发展成为世界著名的空港城或国际门户城市。以枢纽机场为核心，打造一个集机场运营、通用航空制造、航空物流、航空旅游、国际生活、会展博览等为一体的国际航空大都市区域是发展临空经济的重要载体。

（4）核心增长极是临空经济在区域经济发展中的作用。以机场为中心的临空经济区，已逐渐成为世界各国推进区域经济发展的重要增长极。当经济待发展地区利用机场资源，依托腹地强大的经济支撑力发展临空经济时，原本在经济版图中处于发展"洼地"、缺少技术和资金的落后地区，通过发展临空经济，直面国际市场，积极融入全球产业分工体系，加速区域经济发展，逐步变成发展"高地"，成为区域经济发展中的核心。

二、临空经济的基本特点

临空经济在整个由产生到形成再到成熟的发展过程中，整体发展的驱动要素和内外部环境都会不断发生变化，但黄由衡教授（2012）归纳了临空经济具有临空指向性、空间相关、规模经济和临空产业布局"磁化"效应四个基本不变的特征，它们甚至会随着临空经济不断成熟而凸显。

（一）临空指向性

枢纽机场作为产生临空经济的内核，能够吸引企业聚集在机场周边并为其提供原动力，特别是触发一些对市场空间有较高速到达性和易达性要求的企业对机场产生"向心力"，形成临空布局的偏好。当越来越多的企业在此聚集，又会吸引其相关上下游企业向其靠近并进行布局，从而具有临空关联性的企业在机场周边聚集，并逐渐形成具有临空指向性的规模产业链和临空经济产业区。

（二）空间相关特征

临空产业依托和利用机场资源在其周边一定区域范围内集聚和布局，这种产业布局模式具有高度的机场空间相关性特征，一般集中在机场周围30千米范围内，或在机场交通走廊沿线15分钟车程范围内，这一区域范围的经济发展受到机场的规划发展、功能定位和区域资源禀赋，以及经济基础等因素的多重影响。

（三）规模经济特征

有机场的地区会有"临空现象"，但不一定能形成"临空经济"。临空经济一般是在机场客流量和货流量达到一定规模（国际上普遍认为机场年客流量达到1000万人次规模）时，机场周边区域经济达到一定发展高度之后，才有可能出现的一种新型规模经济现象，并随着其规模的进一步扩大和发展，使得这种新型规模经济从起步逐渐发展到成熟期。这一特征也说明机场因素并非临空经济形成的充分必要条件。

（四）临空产业布局"磁化"效应特征

机场作为一"极"辐射，有着显著的"磁场"作用：与机场和航空运输直接或间接关联的临空产业将以机场为中心，从内至外按照其"磁场"影响力产生递减效应，从而形成航空运输业、航空配套产业、空港餐饮业、交通运输和物流产业、高新技术产业和现代制造业等临空指向性依次衰减的临空产业空间布局结构。同时，被机场"磁化"的临空产业又与机场发展形成互相关联和互相依存的正向互动关系。

三、发展临空经济的关键要素

根据我国临空经济区开发、建设和发展情况，在充分参考国外经验基础上，本书借鉴曹允春教授（2013）所归纳的发展临空经济的6大关键要素（见表1-3），对临空经济要素的内涵进行解释。

表1-3 发展临空经济的6大关键要素（曹允春，2013）

临空经济发展的关键要素	要素性质
机场的枢纽特性	根本
机场所在区域经济社会发展水平	前提
创新的临空经济区开发机制	关键
临空产业集群的构建	核心
机场所在区域的大都市建设	支撑
突出特色优势	捷径

（一）机场的枢纽特性是根本

机场的枢纽特性指的是机场运营规模、网络通达性和中转能力等枢纽特性的表现。临空经济的发展以机场为核心，是临空经济区发展演化的主导因素，决定了主导系统产生的时间、空间或功能结构，只有强化和突显这一要素，才能使系统有序、稳定地运行。因此，机场的运营规模、网络通达性是临空经济发展的前提，是临空经济区建设的根本。

（二）机场所在区域的经济社会发展水平是前提

机场所在区域的经济社会发展水平直接影响临空经济区机场繁荣度、临空经济产业高效度和空港社会发达度。以临空产业为例，航空客流和航空货流的高端性决定了临空产业具有高技术、高人才、高资金和高风险的区位偏好，而区域的宏观经济发展水平决定着人才、技术和资金的聚集程度，同时也决定着政府的扶持力度。

（三）创新的临空经济区开发机制是关键

从国内外临空经济区成功建设经验来看，制定一个创新的临空经济区开发机制是关键。在中国，一般采用"政府主导、多方合作、市场运营、利益共享"的开发模式来设立创新的临空经济区开发机制。可以将临空经济区看作一个国际高端社区，里面存在多个主体，且诉求不尽相同。因此，在临空经济区形成和发展过程中，要善于运用创新的开发机制，充分发挥区域内多个层面、多个主体的积极性和创新性，实现多赢局面。

（四）临空产业集群的构建是核心

发展临空经济，通常以大项目引致产业化，以产业化实现集群化，集群化使这个临空区域具有竞争优势，形成可持续发展态势。同时，要建立科学的临空产业遴选机制，临空产业遴选机制应包括产业定位的制定、产业选择的定性与定量分析、产业布局与空间结构的结合、产业关联的分析、产业发展时序的确定等多个方面，只有建立科学的临空产业遴选机制，才能使临空经济的发展拥有强劲动力。

（五）机场所在区域的大都市建设水平是支撑

临空经济所辐射区域的社会配套、创新空间、空港居住区、生态环境等的建设都具有临空经济区的特殊性。世界范围内，机场大多处于城乡接合部，这使得临空经济区可能有外来人口比例高、高收入人群庞大、居民文化背景差异巨大、外籍人员比例相对其他区域高等人口特点。因此，临空经济区的社会配套、创新空间、空港居住区、生态环境等要以机场所在城市的大都市建设为支撑，同时还应体现出临空经济区的"以人为本、国际标准、多元兼容、空港特色"。

（六）突出特色优势是临空经济区建设的捷径

各机场所在的区域有着不同的历史背景、资源禀赋、地理环境、传统习俗和民族宗教信仰以及经济发展水平，围绕这些客观因素和既成事实形成和发展临空经济，应当充分利用本地突出的特色资源优势，并善于利用特色优势资源完善机场运营区，建设支柱型临空产业，建设特色空港居住区、特色航空小镇等。

第三节　临空产业

一、临空产业的类型

临空产业一般指与空港或航空物流、制造等有直接或间接关联的产业。按照产业对航空运输和机场资源的需求和利用程度，曹允春（2013）将临空产业大致归纳为航空核心产业、航空关联产业和航空引致产业三类。

（一）航空核心产业

航空核心产业是指直接利用机场提供的设施和服务等资源开展生产、制造活动的产业，其产品（服务）生产过程中的重要一环就是机场航空器的飞行保障服务。航空核心产业具体包括：

1. 机场业

机场业主要包括机场产业链和航空公司产业链两部分。

2. 航空物流业

航空物流业是指在国民经济中从事航空物流经济活动的社会生产部门，是从事航空物流经济活动的所有企业或单位的集合。随着世界经济一体化以及信息技术的迅猛发展，社会生产、物资流通、商品交易以及管理模式均发生了深刻变化，航空物流以其高速、安全和附加值高等优势成为地区经济持续增长的重要推动力。发展好航空物流业不仅对所在区域的经济有直接的拉动作用，而且对整个产业结构的调整起到支撑作用。

3. 航空维修业

飞机维修是航空公司航班准点和飞机适航状态保持的坚实基础。航空公司的运营安全，是航空公司获得发展和获得利润的关键因素。

除此之外，航空核心产业还包括航空食品加工业、航空材料和零配件配套中心、航空产业研发中心等。这些产业均是伴随着航空业的存在而发展的，许多产业已经有了不错的发展。

（二）航空关联产业

航空关联产业是指对航空运输服务有较强敏感度，对人流和物流具有较高需求，利用航空客货运输快速、安全的特殊优势和机场口岸的多项功能，可有效降低其客货运输时间成本的产业。具体包括：

1. 高新技术产业

高新技术产业是现代经济发展的主导产业之一。因其产品具有短小轻薄、科技含量高、附加值大且生产所需资源少、能耗低等优点，在各国产业经济发展中占有重要地位。

2. 会展业

临空会展业随着会展业的蓬勃发展逐步受到重视，临空经济区便利的交通和现代化的基础设施以及临空经济区内优势产业的发展都促使会展业繁荣发展。

3. 总部经济

总部经济是指某区域由于特有的优势资源吸引企业总部集群布局，形成总部集聚效应，并通过"总部—制造基地"功能链条辐射带动生产制造基地所在区域发展，由此实现不同区域分工协作、资源优化配置的一种经济形态。发展总部经济可以产生税收效应、产业乘数效应、消费效应、就业效应、社会资本效应等区域经济效应。

4. 临空都市农业

临空经济区的农业发展应该有别于一般地区的农业发展，着重发展现代园艺农业和生态农业，走集生产、开发、运输、经销和观光为一体的农业产业化道路。

（三）航空引致产业

航空引致产业是指由航空核心类产业、航空关联类产业所引发的客流、货流、信息流和资金流等资源，聚集形成各类辅助、配套和支持型服务产业。具体包括：

1. 临空旅游业

临空旅游业包括旅游、观光和休闲等。从机场到机场高速公路再到市中心的周边区域，可以建设观光旅游区，修建休闲旅游和文化娱乐设施。

2. 临空服务业

机场的迅速发展推动着临空服务业的发展。通信服务、法律服务、公司宿营地、高档购物中心、健康护理服务中心等服务都会集聚于此。

3. 临空广告业

机场的发展使广告业的发展前景十分广阔。机场作为人员、物资集散地和城市的窗口，是宣传城市和企业的理想场所。同时，广告业还可以成为机场建设的一大亮点，为当地实施地区品牌战略、提高知名度创造了条件。

4. 临空房地产业

临空经济区内的房地产业也有其独有的优势。其住宅区为机场人员及园区机构的工作人员提供生活方便，再加上教育、医疗、购物等设施的配备，居住功能不断完善，许多临空经济区都成为当地的最佳居住区。

二、临空产业的关系

曹允春（2012）对临空产业的三种类型的产业关联关系进行了归纳分析，他认为，枢纽机场的存在，改变了地区的运输条件，实现了空间的经济极化，但机场只是航空相关活动中一个重要的基础设施平台，其自身并不是产业活动的主体，必须依托其他的单位和企业，如各类民航运输和保障企业，才能向社会提供完整的航空运输服务活动。因此，航空核心产业是依托机场基本功能而直接被吸引和聚集的产业，并通过这些核心产业的相互协同，拉动和支撑其他临空产业发展（如图1-1所示）。

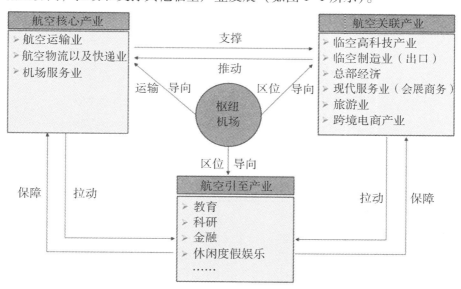

图1-1 临空经济区产业关联特征分析

航空关联产业是受机场提供的航空运输活动而引发的一系列产业，机场并不会直接参与这类产业的生产和制造过程，但为其提供了重要的支持保障。航空关联产业受自身产品特性和生产方式的影响，具有较高的航空运输偏好，航空运输可以更好地满足其产品制造、运输、销售的需求，以获得更大的竞争优势，因此，航空关联产业对航空运输业或航空物流业的依赖性较强。在产业空间指向性影响下，航空关联产业将围绕机场选址和布局。同时，航空关联产业的存在和发展增加了航空运输的市场需求，需要机场不断提供更丰富和更全面的航空运输服务，进而推动了航空核心产业和航空引致产业的发展。

航空引致产业是为航空核心产业和航空关联产业提供配套服务的产业，其类型以第三产业（即各类服务业或商业）为主。航空引致产业同样与机场的航空运输活动没有必然的直接联系，尽管部分旅客的消费购物需求可能带来休闲娱乐业和住宿餐饮业的发展。但航空核心产业、航空关联产业作为航空引致产业发展的主要动力，这些产业衍生的需求将远远高于航空运输本身带动的需求。如航空核心产业中的航空产业、高科技制造业和现代农业及其产业价值链向高端演进对地区的教育、培训和科研环境提出了更高要求，航空关联产业中的总部经济、旅游业和会展业等带来的大量商务或旅游客源将大大促进地区的休闲娱乐和住宿餐饮等产业的发展，而上述各产业的发展需要地区具备完善的商务服务环境，促进了如金融、人力资源中介和广告等产业的产生，并为这些产业提供可靠、持续的市场需求。

三、代表性临空产业

黄由衡等（2012）整理了国际上关于临空经济产业结构的研究，提出推进临空经济发展需要重点发展机场运输服务业、临空物流产业、高端制造业、总部经济、会展业、航空维修业、科技研发、机场现代服务业等。

（一）机场运输服务业

机场客货吞吐量的增大诱发越来越多的航空公司在机场周围设立基地分支机构，随之带来航空运输相关产业的大量聚集，例如，航空公司运营基地航空配餐、飞机维修、航油和航材企业等。由于机场土地面积有限，因此，部分航空运输产业必然向机场周边布局。

（二）临空物流产业

全球经济化加强了世界各国经济与贸易的相互依赖性，空港作为国际物流网络中重要的节点，已成为连接全世界生产、交换、分配和消费的中心环节，各类货物在此可以根据需要进行重组、简单加工、仓储、分拨、配送、中转，因此，空港成为国际物流网络的中枢。借鉴国外空港物流发展的大型枢纽机场经验，机场成为多式联运的节点，随着连接机场的公路、铁路等交通系统的改善，拥有大面积、邻近的可利用土地的机场能够在此投资建设全国性或者区域性物流中心。

（三）高端制造业

对于以航空为导向的高端制造业，无论是原材料、零部件的采购，还是产品的销售，因体积小、重量轻、附加值高、市场变化快等特点而几乎都采用航空运输，正是这种对航空运输有较高的依赖性，使得电子及通信设备制造业具有明显的临空指向性。这一类产业主要集中在电子及信息通信、计算机制造、生物制药、电子机械、精密仪器和光学仪器、软件、医疗器械等领域。

（四）总部经济

随着经济全球化和信息技术快速发展，总部经济作为中心城市的一种新型经济形态。企业总部与企业加工制造基地在空间上实现分离，总部趋向于中心城市，全球性总部是跨国企业的经济枢纽，需要对布局在世界的各个分支进行控制协调，其要求的区位优势重点在于便利的交通条件，尤其是临近国际枢纽机场。因此，大量发展成熟的总部经济都会在机场周边地区出现和发展。

（五）会展业

会展业是在社会生产方式的演变与经济全球化推进的背景下应运而生的。会展活动是体现企业实力、发掘潜在客户、谋求市场机遇、寻找合作伙伴、扩大企业知名度和影响力的重要手段。参展商地域分散性大，展品具有价值高、科技含量高、运输数量少和运输时间要求短的特点，这就要求会展运输活动具备很强的航空指向性。从国内外发展趋势分析，越来越多的会展中心考虑在机场周边布局，这样为参展商参与会展活动提供最便捷的交通连接和运输途径，降低参展商的运输成本和时间成本，保证展品安全、准时、可靠地运达目的地，减少展品在运输过程中发生延误或被损坏的可能性。

（六）航空维修业

"准时、无差错"是每家航空公司运营的目标，而飞行安全是第一位的。飞机维修是航空公司航班准点和飞机适航状态保持的坚实基础。航空公司的运营安全是航空公司获得发展和获得利润的关键因素。与许多交通工具维修一样，飞机维修也需要提前制订飞机维修计划和维修方案，不同机型和不同航空公司都有着不同的维修方案。一般来说，飞机维修分为两种：一是航线维修，主要以日常检测为主，由航空公司的机务人员完成，通常耗费的是人力成本。二是系统维修，通常由制造商或航空公司自行提出。由于飞机的价值高、结构复杂，属于技术密集型产业，一般而言，航空公司均不选择自己进行系统维修，而是采用合资公司或独资子公司的形式，成立专门的维修公司，由专门的维修公司完成飞机系统维修。一般维修公司均将厂址选择在机场附近，形成航空维修中心，利用邻近机场的巨大优势，节约大量的运输成本和用地成本，同时，为当地产业结构优化以及向高、精、尖产业发展奠定了扎实的基础。例如，波音、空中客车公司（又称"空客"）这两大国际飞机制造巨头所制造的飞机"心脏"——航空发动机都是租用而非购买的，其发动机的日常维护和修理不是由飞机制造厂家或航空公司负责，而是由发动机公司驻扎在机场的专业人员进行维护和修理。

（七）科技研发

在充满竞争的全球经济体系中，产品的研发创新对于企业来说至关重要。基于产品特性聚集于机场周边的大量高科技企业及其研发机构，依托相应的科学园区以及高等教育机构，可以充分发挥其知识资源和科研设施方面的优势，极大推动了临空经济的发展。同时，这些大多是技术含量高、极具创新意识的企业非常看重的研发机构或高等院校，通过与其合作，实现科技成果及时、充分地转换为生产力，进而带动企业的发展，使其引领行业的技术潮流，这对企业的发展来说是非常重要的。

（八）机场现代服务业

机场的迅速发展推动着临空服务业的发展。通信服务、电子商务和法律广告等服务集聚于此。公司宿营地、高档购物中心、健康护理服务中心也越来越多。以法兰克福机场为例，在该临空经济区内的44000多家企业中比例最大的是各类服务性企业，大都从事着航空业或与其相关的行业。除传统服务业外，机场周边也开始重视发展高层次的第三产业，即现代服务业，例如，文化休闲、会议、创意产业、旅游服务、金融租赁、航运保险、飞机租赁等。从事这些服务业的企业经常要拜访客户或接待客户来访，知识网络和航空运输网络不断交织，使二者的关系越来越紧密。

临空经济区会由于机场区位、交通条件、腹地经济基础、政策指导等不同，在产业选择和发展阶段上有所区别。一般而言，临空经济区内的代表性产业就是上文所列的航空运输、航空制造、航空物流、高端服务业等产业。本书列举了国内发展时间较早、发展程度较好的临空经济示范区的产业选择类型，各临空经济区的具体产业发展情况见表1-4。

表1-4　国内部分临空经济示范区的主导产业类型

机场名称	园区名称	产业类型
北京首都国际机场	北京大兴国际机场临空示范经济区	高端服务业、航空保障业、生物医疗、高新技术产业，以新一代信息技术和智能装备为储备的"1+2+2"临空产业体系
广州白云国际机场	广州临空经济示范区	航空运输、物流、维修、制造、通航、金融、空港能源，鼓励高附加值航空产品研发制造、发展高端服务业、高新技术产业和先进制造业
深圳宝安机场	深圳宝安临空经济示范区	运输业（客运、货运）、民航综合服务业，配套服务、传统的制造业、物流配送、商务餐饮、住宅开发和高新技术产业等
长沙黄花国际机场	长沙临空经济示范区	航空运营、空港服务、航空物流、飞机维修、综合保税等产业，推动低污染、低环境风险产业与城市融合协调发展
成都双流国际机场	成都临空经济示范区	电子信息、生物产业、绿色能源，形成"1+3"现代适航产业体系
青岛胶东国际机场	青岛胶东临空经济示范区	航空客货运、航空保税物流、航空维修、航空培训、航空机电与零部件、航空电子仪器、航运保险、贸易融资、特色餐饮、健康养生等产业
上海虹桥国际机场	上海虹桥临空经济示范区	发展航空运输、航空关联产业、总部经济、高端临空服务业、全国公务机运营、低碳绿色发展。
重庆江北国际机场	重庆临空经济示范区	临空高端制造业，打造集研发、制造、服务为一体的全产业链集群，发展高技术产业、临空高端智能制造、临空国际贸易、临空会展等现代服务业以及保税港区、总部经济等临空服务贸易业。

续表1-4

机场名称	园区名称	产业类型
杭州萧山国际机场	杭州临空经济示范区	临空物流业、跨境电商、智能智造、临空总部经济、临空服务业、科技研发、孵化、冷链物流、生物技术、智慧电子
郑州新郑国际机场	郑州航空港经济综合实验区	航空物流业、高端制造业、现代服务业，以电子信息、生物医药为重点，大力发展专业会展、电子商务、航空金融、高端商贸

（图表由作者根据网络信息自制）

第四节　临空经济区

一、临空经济区的概念

传统意义上的"机场"主要作用是要"吞吐"旅客和货物，这取决于航空运输网络上关键的节点定位。当机场的规模不断扩大、运输数量大幅增长，加以航线网络在全球范围内的完善，传统机场就会向具有现代意义具备多功能的综合性"空港"发展。与此同时，机场临近地区的土地利用模式会随着空港不断加强的集聚效应和扩散效应而发生变化，其经济结构、产业结构随之改变，原先远离城市中心"孤岛"般的机场和周边区域不断融合发展，最终演化为具有强大辐射能力的经济区域——临空经济区。

美国学者 Mckinley Conway 最初将临空经济区定义为机场综合体（Airport Complex），认为它是在机场的辐射范围下，利用航空运输综合开发周边地区，集休闲、娱乐、工业等为一体的大型机场综合体。结合流量经济和产业集群理论，刘雪妮（2008）认为，临空经济区是以一定的区域经济和航空业发展为背景，利用流量经济产生的规模效应吸引航空性的产业集群，并通过该集群所产生的经济能量带动周边产业，形成相关产业有机关联并逐步向外围辐射的经济区域。

王浩（2020）认为，临空经济区是以航空枢纽为核心，结合城市交通设施，发展航空客货运、保税物流、商务办公等传统空港区产业，同时发展特色的临空经济产业集群，具有时效快、质量高、产品附加值高及服务质量突出等特征。曹允春等（2020）从开放发展角度出发，认为临空经济区是以临空经济为基础，以机场及周边地区为发展空间，以临空产业为核心的一种特殊经济园区，更是一种依托机场资源的新兴高端区域发展模式。李团社和田飞（2021）认为，临空经济区就是以机场为核心发展航空客运、货运、物流、机场购物、休闲度假、旅游商务及与机场相关的其他产业而形成一个多功能经济区域。

为推动临空经济区健康有序发展，2015年7月5日，国家发展改革委与民航局联合出台了《关于临空经济示范区建设发展的指导意见》。该意见指出，临空经济区是依托航空枢纽和现代综合交通运输体系，提供高时效、高质量、高附加值产品和服务，集聚发展航空运输业、高端制造业和现代服务业等高端产业体系而形成的特殊经济区域，是民航业与区域经济相互融合、相互促进、相互提升的重要载体。该意见同时明确了临空经济区的建设任务：

（一）优化空间发展布局，促进区域协同发展

按照集约发展理念，推进"多规合一"，规范空间开发秩序，着力推进与城市规划、交通基础设施规划以及区域规划的有机衔接。统筹考虑包括航空港区、综合服务区、产业集聚区、现代物流区、生态防护区等在内的功能分区，形成畅通高效的交通网络、绿色宜居的生活环境、集约有序的城市空间。

（二）推进航空枢纽建设，构建立体交通系统

提升机场客货运功能，加快航空货运仓储设施和货运转运中心建设，完善物流转运设施，提高货物换装的便捷性和兼容性，优化航线网络，完善陆路、水路交通运输体系，加快发展多式联运，促进航空、公路、铁路、水运等多种运输方式高效衔接、互动发展，打造"门到门"快速运输系统，提高客货运中转效率和机场服务水平。

（三）发展优势特色产业，构建高端产业体系

依托航空货运网络，发挥产业和市场优势，积极引进发展航空设备制造及维修、电子信息等高端制造业，发展壮大航空物流、专业会展、电子商务等现代服务业，促进专业化分工和社会化协作，打造各具特色的产业

集群，推动产业创新升级，形成以航空运输为基础、航空关联产业为支撑的高端产业体系。

（四）提升开放门户功能，辐射带动区域发展

创新对外开放体制机制，推进民航管理先行先试，研究推进航权开放，加快航空口岸建设，促进通关便利化，构建国际化营商环境，提升参与国际产业分工层次，建设富有活力的开放新高地；发挥交通、产业和开放优势，强化产业集聚和综合服务功能，延伸面向周边区域的产业链和服务链，实现更大范围、更广领域、更高层次的资源配置，促进合作共赢。

（五）加强生态环境保护，促进绿色低碳循环发展

统筹处理好经济发展和生态环境保护之间的关系，坚持生态优先，严格建设项目及产业准入门槛，严禁开展不符合功能定位的开发建设，大力发展循环经济，尽量使用存量建设用地，强化用地开发强度、土地投资强度等用地指标的整体控制，促进资源节约集约利用，提高能源资源利用效率，控制主要污染物排放总量，加强环境风险防范和提升应急处置能力，推动形成绿色低碳的生产生活方式，着力改善生态质量。

综上，本书认为临空经济区是在我国新发展格局中，以枢纽机场为核心，以机场及周边地区为发展空间，以交通线为纽带，吸引一系列具有临空指向性的产业并形成产业集聚，具有时效快、质量高、产品附加值高及服务质量突出等特征，是能够发展成为区域战略性增长极的多功能经济园区。

二、临空经济区的构成要素

任何一个经济区域（也包括临空经济区）都具有不可缺少的三个要素：经济中心、经济腹地和经济网络，这三个要素相互吸引、相互影响、相辅相成。肖李春（2007）认为，机场是经济中心，起着核心、引领作用，指引临空经济区健康发展；经济腹地则围绕机场进行核心布局，依托机场各项优势，以机场为中心，根据机场周边的土地情况进行分层级地分布，形成产业生态合理结构；以综合交通、通信为代表的网络将机场与临空经济区各产业、临空经济区和母城更加紧密地联结在一起，并提高各要素在临空经济区范围内外的流转速度，为临空产业区资源优化配置和产业

转型升级奠定了基础。

（一）临空经济区的中心

机场能级作为临空经济区系统的中心引擎，在临空经济区内有着绝对的区位优势，起着核心作用，其能量强度和功能大小将直接影响临空经济区的发展，会辐射到与航空有关的多个产业，如制造业、物流业、总部经济、旅游业、服务业、金融业和房地产业等。

（二）临空经济区的腹地

机场强大的辐射作用所覆盖的范围就是临空经济区的腹地，它是临空经济区赖以生存的基础。腹地内部可分为机场控制区和城市引导区。机场控制区是指在机场以外，为保证飞机飞行安全和机场正常运营而确定的控制发展范围。该区域发展受到各种因素的影响，如净空限制、电磁环境及振动等，因此，该区域适合发展符合环境要求的精密仪器制造业、高新技术产业等。城市化引导区处于机场控制区外层，是在经济、交通上受到中心城市和机场的双重作用，并由机场直接带动的相对集中的城市化区域。在这个区域范围内，噪音影响较小，同时保持着地处机场沿线的便利优势，因此，适宜发展居住、教育、旅游、特色农业及临空农业，能充分带动当地经济快速发展。

（三）临空经济区的网络

临空经济区的网络主要包括综合交通运输网络和通信网络，它们是临空经济区产业健康管理的基础。首先，航线网络是临空经济区发展的基础，航线网络的覆盖范围代表着临空经济区业务的覆盖范围。其次，作为联结城市与航空港的设施，高速公路和铁路的质量以及网络的建设将直接影响到临空经济区的发展。最后，在整个交通运输网络中，要充分考虑公共运输、道路承载、能源供应和公共信息系统等与临空经济区高度相关的产业项目，促进动态交通、静态交通的协同发展，使交通运输与各产业形成一个有机的生态整体，支撑着临空经济区成为联系国际和国内市场的桥梁和纽带。同时通信网络是连接企业与企业之间的纽带，其功能、效率和可靠性直接影响着临空经济区的经济潜力和吸引力。

三、临空经济区的五大特征

临空经济区既有基本的经济功能，又具有独特的临空指向性。郝爱民（2019）认为，临空经济区作为临空产业的集聚区域和一种新兴的产业聚集形态，体现出不同于传统的产业聚集区的五大特征：

（一）交通立体性和全球易达性

行业竞争和企业选址的规则正被高效快速的网络化发展改变着，随着数字化、全球化、航空和以时间为基础竞争的发展，产品快速抵达市场成了各行各业竞争的制胜法宝。枢纽机场的全球航线网络和其周边布局的综合立体网络，使得人员和货物能在最短时间内到达目的地。大量跨国公司顺应全球化高效快速的发展趋势，在机场周边设立了分公司或子公司，带动了机场及其周边地区的经济发展。临空经济区正是具有了交通立体性和全球易达性特征，满足了临空企业高效快速的全球化发展需求，提高了临空企业的竞争力，在整个区域发展中占有越来越重要的地位。

（二）临空经济区内产业具有临空指向性

临空经济区以机场为核心，机场是临空经济区形成产业聚集效应的根本依托，会影响到区域内部各个产业的发展。因此，选择在临空经济区内分布的企业、产业一般都具有较强的临空指向性。判断产业是否具有明显的临空指向性，主要取决于以下三个因素：第一，便捷的航线连接性。产业发展需要利用航空枢纽丰富的航线资源到达目的地的优势。第二，运输的快速性和时效性。产业的从业人员和货物运输对于时间的要求高，需要利用航空运输的快速性优势。第三，所运输的产品具有高价值性。由于航空运输的成本高，产业所提供的产品和服务的单位体积或者单位重量必须具有高价值。

（三）临空经济区内产业聚集性

临空经济区的机场具有聚集效应，会使得关联产业在空间上集聚。同时，临空经济区内各产业技术的快速研发、落地的优势带动产业升级，从而吸引更多的关联产业集聚在机场周边。因此，区内产业具有产业集聚性特征。临空产业作为一种现代高科技产业，涉及多个产业、多种技术和学科领域的交集，需要相当规模的配套产业支撑，因此，集聚性产业发展是临空经济发展持久高效发展的必然选择。例如，美国的西雅图、芝加哥，法国的图卢兹，德国的汉堡，加拿大的蒙特利尔等，为发挥产业的关联和外溢效应，均以大型航空总装企业为核心，聚集了大量的航空配套企业和相关机构。这些产业注重整合资源，形成了结构完整、有完备上下游产业的集中性临空产业集群，与外围产业相互支持，进而实现了临空产业的集聚效应。

（四）临空经济区内产业技术先导性

区域内产业拥有一定的技术先导优势，指引着技术发展和产业结构的演进方向，这一战略引导性使得临空经济在整个国民经济体系中占有重要的战略地位。临空产业涵盖先进制造技术、喷气推进技术、自动控制技术、计算机集成技术、信息网络技术、仿真技术等高新技术，涉及千余种专有技术和制造工艺，是典型的技术密集型产业。临空产品的研发和制造具有高度的复杂性、实践性和过程性。同时，临空经济区内吸引的其他相关产业也是高附加值产业，包含了部分高科技产业，拥有较为先进的技术，从而带动产业升级。

（五）航空经济区空间布局圈层性

空间布局圈层性是临空经济的空间特征。在临空经济区，各个关联产业对机场的依赖程度不同，形成的经济单元与机场联系的密切程度也有区别。通常，企业会按照其经济收益原则来进行布局，这种与机场不同的联系紧密度自然影响到机场周边的用地布局，久而久之，机场周边区域的空间布局会显现出产业分布和功能分布的圈层性。

通常，与机场联系紧密度较高的产业布局于距离机场较近的区域时，能够获得较大收益；与机场联系紧密度较低的产业布局于距离机场较远的区域时也能够获得较大收益。机场附近土地价值昂贵，距离机场越近，单位面积土地的价值越高。因此，企业若布局于距离机场越近的区域，其承担的成本就越高；反之，企业若布局于距离机场越远的区域，其承担的成本就越低。企业在临空经济区内选址时，会根据成本收益原则选址于能够让其获得较大净收益的区域，最终形成了机场周边地区呈现圈层空间布局结构。依据国际上机场空间结构模式，通常临空经济区以机场为核心，由内向外形成四个圈层区域，即中心机场环、紧邻空港区商业服务环、空港相邻地区与空港交通走廊沿线地区的制造配送环、外围辐射区。

四、临空经济区的发展模式

由于机场的区位、交通条件、腹地经济基础等因素的不同，各临空经济区在产业选择和发展上表现各异，逐渐形成不同的发展模式。综合了刘雪妮（2008）、曹允春（2013）、赵冰和曹允春（2018）、郝爱民（2019）等学者的研究，本书归纳了八种类型国内临空经济区发展模式，以主导产业为参考来划分，可分为综合枢纽导向型，航空物流型，商务贸易型，物流商贸型，航空制造驱动型，通用航空驱动模式，区域资源环境导向型，旅游、观光和休闲型等八种发展模式。

（一）综合枢纽导向型发展模式

综合枢纽导向型发展模式所依托的机场是连通区域或洲际的复合型航空枢纽，充分利用大型枢纽机场优良的空运区位、强大的中转功能和巨大的容量所带来的航空旅客及货物在临空经济区内大规模集散形成的要素流动，重组、整合并运作，从而吸引生产性和生活性服务业人才，多产业并重、集群式发展的模式。机场的复合性运营及其巨大的客货流量给周边带来了独特的流量经济。临空经济区内第一、二、三产业联动发展，高科技产业园在机场周边区域有序分布，既发展高端制造业，又在航站楼附近建设高级商务楼，形成世界贸易中心。

（二）航空物流型发展模式

航空物流型发展模式是指通过机场的航空物流驱动，在机场周边形成以航空物流为主导的临空经济发展模式。航空物流业是推动临空经济发展的主要动力，它与机场货运功能直接相关，借助于机场的口岸条件和运输条件，联通货运区、物流区、产业区，形成完备的供应链。航空运输的货物一般具有重量轻、体积小、技术精、附加值高、鲜活等特点，如航空快件、黄金宝石、鲜活产品、高级冷冻食品、花卉、贵重药品、精密机械、高档电子产品及零部件、救援性航空运输服务等。

（三）商务贸易型发展模式

商务贸易型发展模式侧重于发展商务贸易设施、会议中心、办公设施、星级宾馆等，其功能定位类似于城郊型中央商务区。伴随着临空经济的成熟，在临空经济区集聚了大量的人力、物流和信息，为公司总部的管理人员捕捉市场需求信息提供了便利。同时，完善的高档办公设施增强了临空经济区对公司总部的吸引力，使公司总部不断地向临空经济区集中，从而在临空经济区产生总部经济集聚效应。

（四）物流商贸型发展模式

一些大型枢纽机场邻近的临空经济区，同时发展航空物流产业和商务贸易。临空经济区内除了注重发展航空物流产业之外，还注重发展酒店、餐饮业、购物、商业中心会展中心、金融业，咨询业，其功能定位类似于中央商务区。

（五）航空制造驱动型发展模式

航空制造驱动型发展模式是指以飞机总装制造为龙头，在机场周边形成以航空制造产业集群为主导，构建完整的航空制造产业链的临空经济发展模式，可吸引飞机设计、制造相关的供应商及下游的服务产业，形成了相关的研发、制造、维修服务、航空培训、航空金融及航空旅游、航空展览企业的集聚，并延伸发展其配套服务业。

（六）通用航空驱动模式

通用航空驱动模式指的是在通用航空机场周边形成的以通用航空产业集群为主导的临空经济发展模式。通用航空产业是指围绕通用航空运营而形成的通用航空设施设备研发制造、基础设施、运营服务以及运营保障等一系列产业的总称。起降次数多的机场，更有可能聚集通用航空产业，可涵盖固定基地运营商（FBO）、飞行学校，以及餐饮、运输、租赁、物业、制造、旅游等多个领域，甚至可配备消防、警察、空中救护、搜救和媒体飞机基地，进一步增强机场的虹吸效应和扩散效应。

（七）区域资源环境导向型发展模式

区域自然资源特别是旅游资源丰富、旅游业发达的地区机场，充分利用区域自身条件发展休闲娱乐、购物、会展等产业，优化临空经济区的环境条件和服务质量，从而带动当地服务业的发展。一些地区虽然自然环境资源丰富，但由于地形复杂、地处偏僻，往往经济发展缓慢。机场的建设和环境经济的发展将有力增进地区与外界的联系，使地区的自然资源和旅游资源得到充分利用，改善区域产业结构。

（八）旅游、观光和休闲型发展模式

一些具有良好区位和交通条件的机场可发展为以客运为主的交通枢纽型空港城，包括旅游、观光和休闲等产业。临空经济区还能充分利用周边地区的旅游资源，大力建设特色公园、观海风景区、水上乐园、美术馆、音乐厅、科学馆、博物馆等文化娱乐活动场所，强化自身的旅游休闲功能。

第五节　空间布局

一、空间布局的概念

空间布局一般指区域内的生产力布局或经济布局，其主要研究对象包括产业布局、重大基础设施布局、功能区布局和城镇布局。在杨忠臣（2004）看来，空间布局的主要任务之一是要在特定空间下对规划内容加以行动落实和具体实现，其过程不单指各系统内部的协调统一，更强调各系统之间的组织配合。本书以临空经济为出发点，重点探究城市空间布局、临空经济区内的布局结构及其产业布局。

空间作为城市经济社会活动的载体，其发展模式一直是城乡规划学研究的主题。无论是早期的田园城市、卫星城，还是后来的新城、新区，都在尝试寻找适应于当时社会发展规律的城市空间发展模式。孙娟等（2014）归纳了当前两种较为主流的城市空间发展模式：一种是基于规划理想的新城模式，通过新城对特大城市空间结构进行重新构筑；另一种是

基于现实市场导向下的圈层模式，城市空间更多在市场力导向下呈现同心圆圈层扩张。而田园城市、新城（卫星城）等规划理念由西方传入，逐渐深入地影响了国内许多特大城市的规划思路。这些城市空间发展理想模式，希望大城市外围能够形成功能相对综合，有一定公共服务，生活、生产和服务设施相对均衡的综合性新城，形成抵消大城市向心力的"反磁力中心"，包括大学城、海港新城、空港新城等。邢佰英（2017）认为，可以通过新城建设缓解老城的人口增长压力等困境，建构新的空间格局，拓展新的城市发展空间，优化城市结构，提升城市的综合竞争能力。

张振国（2020）指出，城市空间布局是指在一定的区域经济空间内，根据当地的自然资源或社会资源，通过制定推行相关政策，实现优化产业布局与区域空间的社会发展。本书认为，这一系列的活动的重要中间环节就是资源的利用开发与资源相关产业的构建。针对临空经济区内部，要精准对标临空产业，对公共设置建设、产业支持、功能完善、生态建设等多方面统筹兼顾，做出合理的布局规划，促进临空经济区的优化发展，这不仅带来航空业的发展，更能辐射周边地域，是能联合带动众多相关产业集群、要素集聚的聚集性经济发展。

曹颖（2005）认为，研究产业空间布局的目的就是实现布局的优化，即寻求各产业空间组织的最佳形式和一般规律，以求合理利用区域资源，实现最大效益。魏晓芳等（2010）认为，产业布局问题其实就是一个在特定的交通环境下的综合产业区位问题。产业区位是指资源在地理空间上的配置、构成及其关联性。克鲁格曼认为，产业区位的形成源于向心力与离心力的共同作用。而闫文奇等（2019）在参加2019年中国城市规划年会时提出，产业空间布局是指在城市或区域等一定地理空间上产业经济活动的分布和组合。在静态上，产业布局指的是产业的各部门、各要素在空间上的分布和地理上的组合；在动态上，产业布局表现为各种资源、各生产要素甚至各产业和各企业为选择最佳区位而形成的在空间地域上的流动、转移或重组的配置与再配置的过程。本书认为，产业空间布局其实是对产业在一定区域内分布的安排和布置，其合理程度会直接影响该区域的竞争优势和经济发展速度。产业空间布局是市场机制选择最佳区位而导致的结果，但是在现实社会中，产业的布局也离不开政府规划和引导。

二、空间布局的结构类型

根据机场在不同城市中的位置，孟津竹（2012）提出临空经济区内部的空间结构对应可分为圈层式、轴带式、扇形式、卫星式、网络化等多种类型。

（一）圈层式空间结构

圈层式空间结构可分为圈层模式和偏侧模式。圈层模式是指临空经济区的发展从各个方向以相对均匀的速度向外蔓延，逐渐形成同心圆。而偏侧模式是指在圈层模式的基础上进行不规则形态发展与变性，形成原因是机场的某侧是海域或是限制开发的相关区域。例如，泰国曼谷在发展第二国际机场时，刻意将机场周边的空间布局规划为同心圆状。

（二）轴带式空间结构

轴带式空间结构是基于机场带动周边的交通沿线发展，逐渐形成沿交通线路延伸，连接机场和中心城区的空间结构。例如，美国得克萨斯州综合开发的"绿之丘"，它连接达拉斯机场和市区，建设有办公室、商务中心、商务园区、工厂、住宅小区、大学等。轴带式空间结构能解决机场至中心城区的交通运输问题，密切两者间的关系，从而发挥临空经济区潜在的经济效能，是临空经济区的主要发展形态之一。

（三）扇形式空间结构

扇形式空间结构是由于以机场为核心的同心圆辐射区域因地理、经济等因素缺失了一部分而形成的，这一缺失部分可能没有受到临空经济区的影响或是影响甚弱，从而导致空间结构上出现残缺。例如，我国上海浦东国际机场地区，靠近机场的江镇、施湾、祝桥等形成了一个扇形空间结构，这部分成为临空经济区发展的重要区域。

（四）卫星式空间结构

卫星式空间结构是将机场看作卫星的母星，将其中相关产业、功能区看作卫星的空间结构。其特点是相关产业在临近机场的地区发展会较为迅速，围绕机场四周不规律地形成不同的功能分区，从而形成如商务中心、大学城、游乐中心等。该空间结构能充分发挥城市基础设施的效应，避免投资的分散和低水平的开发建设。卫星式空间结构不是在机场四周随意开发而成，而是根据自然条件、交通条件、经济基础等有选择性地开发，从而留出机场周边的农田、森林等绿地，有利于区域内生态环境的保护。

（五）网络化空间结构

网络化空间结构是由各极化核心及极化区域构成的相互嵌套的空间结构。它是一个具有开放性的区域系统。传统的空间结构强调规则和秩序，而网络空间结构则强调活力和竞争。在这个结构内，位于不同层次的城镇作为网络节点，在分工中更注重协作。整个网络空间结构强调基于网络联系的外部经济性和网络成员间的专业化联系，而网络节点间社会经济活动的高级化和复杂化，使整个空间结构呈现高黏合度。具体体现在围绕信息及知识的创新活动，在产业、人口、资金、技术、景观等要素之间形成较强的相互依赖性。

三、空间布局的一般规律

（一）空间层次性

从国内外理论与实践看，GlenE，et al.（1993）和李晓江（2001）认为，临空经济区的空间布局大多集中于机场周围6~20千米范围或在临空交通走廊沿线15分钟车程范围内。根据临空经济区内不同的经济单元与机场之间的联系紧密程度，通常参照"中心—外围"模型，以机场为核心向外分层为四个区：空港区、紧邻空港区、空港相邻地区与空港交通走廊沿线地区，以及外围辐射区。

1. 空港区

一般在机场周边的1千米范围内，主要是机场所在的区域，包括了机场的基础设施和与机场运营相关的行业，如飞机后勤服务、旅客服务、航空货运服务，以及航空公司的办事机构等，是属于直接服务于机场正常运营的功能区。在空港区，服务业、物流业、临空制造业、商贸业、高新技术企业等产业所占比例最大。

2. 紧邻空港区

紧邻空港区通常在机场周边的1~5千米范围内，属于临空经济区的活跃地带，主要设有临空工业园区、航空物流园区和口岸加工区等。由于该区域紧邻空港，又不易受到机场运行带来的噪音和环境影响，吸引了大量与机场运营无直接联系却有一定临空指向性的产业和城市功能设施在此布局。通常情况下，紧邻空港区的经济增长率和就业增长率都比其他区域更高。

3. 空港相邻地区与空港交通走廊沿线地区

空港相邻地区与空港交通走廊沿线地区一般在机场周边的 5~10 千米范围，或在空港交通走廊沿线 15 分钟车程范围内，通过城市公共交通（如城市快速环路和高速公路系统）与机场相连，具有高速交通可达性。该区域主要发展航空公司总部、金融保险机构、高科技产业、会展中心和跨国公司总部等"附属产业"和"吸引产业"。

4. 外围辐射区

外围辐射区通常在机场周边的 10~15 千米范围，是临空经济区的边缘地带，也是受机场辐射、影响最小的区域，临空经济的辐射作用和集聚作用会在该区域减弱，产业呈现多元化和生活化的特征。外围辐射区内既有该区域原有的产业，也有受到机场吸引从别处迁移过来的产业。

（二）时序性

王晓川（2003）提出，都市区中的不同区位受空港的影响不同，与空港相关联的产业在各个区位中也有着不同的发展时序和特征。段莹和马祎静（2015）基于"航空大都市"理论出发，认为临空经济区的空间布局会随着临空经济时序发展改变而改变，与发展阶段可基本对应。一般分为机场建设阶段、功能提升阶段、以港带城阶段和航空都市阶段等四个阶段。

1. 机场建设阶段

机场建设阶段主要是建设机场的基础配套。此时的机场规模有限，客货运量都比较小，以满足基本运输功能为功能定位，相关设施紧靠机场建设。

2. 功能提升阶段

功能提升阶段主要是完善机场的服务功能。一方面为机场提供服务和利用机场资源的航空运输、飞机制造等产业；另一方面在临空经济区周边拓展信息交流、物流贸易等功能，同时引入商务办公等具有服务性的设施。此时的机场有了一定的吸引力，但与周边地区或中心城区的交流活动仍较有限，城市功能拓展需进一步展开。

3. 以港带城阶段

以港带城阶段主要是发展空港相邻区。伴随着机场客货运量的增长和航线的丰富化、国际化，具有高临空指向性的临空产业被吸引，逐渐落地于机场周边地区，并发挥其强大的集聚和扩散作用，集聚其他产业落地，初步形成制造、生产、运输、销售等产业链运作模式，加强对第三产业服务业的吸引力度，促使区域逐步演化为临空产业聚集区，并且初步带有城市功能和城市特征。

4. 航空都市阶段

航空都市阶段主要是形成与航空密切关联的城市新区。该阶段，临空产业聚集进一步加速，带动配套产业、人流、资金、要素和资源汇集，发展形成产业链完备、具备商业和居住等综合性城市功能的空港新城。

四、空间布局的功能组合

临空经济区一般以空港为核心，在外围以不同功能组合进行临空经济区内部的空间布局。例如，郑州航空港经济综合实验区、北京大兴国际机场临空经济区和广州空港经济区起步区。

（一）郑州航空港经济综合实验区

郑州航空港经济综合实验区是典型的"一核领三区"空间结构：以空港为发展极核，围绕机场形成空港核心区；以轴线辐射周边形成北、东、南三区。具体来说，空港核心区主要发展航空枢纽、保税物流、临港服务、航空物流等功能；城市综合性服务区集聚发展商务商业、航空金融、行政文化、教育科研、生活居住、产业园区等功能；临港型商展交易区主要由航空会展、高端商贸、科技研发、航空物流、创新型产业等功能构成；高端制造业集聚区主要由高端制造、航空物流、生产性服务、生活居住等功能构成。

（二）北京大兴国际机场临空经济区

北京大兴国际机场临空经济区规划布局了科研创新区、高端产业制造区、航空服务功能区三大功能区，构建了高质量的产业链和创新链。

（1）科研创新区以北部的科创基地为主要载体，同时辅以孵化器，南部则以产业组团为单位形成产业研发创新和中试的布局。同时，在专业会展中心打造了创新成果体验展示中心。

（2）高端产业制造区主要布局在机场南部，重点发展航空装备制造、智能制造、生物医药、新一代信息技术等高科技制造业。同时，北部的物流服务片区为高端制造业提供全球供应链配套支撑。

（3）航空服务功能区主要布局在机场北部，围绕机场形成航空维修保障产业，围绕保税区形成航空保税仓储物流服务，并依托空港形成临空总部基地和相关产业及生活人员的城市功能配套服务业。

（三）广州空港经济区起步区

广州空港经济区起步区位于广州临空经济示范区最北部，其功能定位为国际航空产业城的枢纽门户，规划出"一带三区、两心引擎"的空间结构，具体包括：一条绿色公园带、三个功能区（物流园区、制造园区、空港社区）和两个中心（空港大道门户中心、花山站 TOD 中心）。整体产业布局通过轴向发展、点轴成带、网络化发展，形成"南商、北运、西城、东绿、中流经济、组团发展、生态间隔"的网络空间格局。在空港经济区核心区布局航空核心产业，外围布局配套项目，通过交通走廊连接并将航空产业向外辐射，与周边白云国际机场和花都区协同发展。

第六节　空港新城

一、空港新城的概念和特征

1970 年，美国航空专家麦金利·康维（Mckinley Conway）出版了《航空城》一书，书中最早提出了"航空城"的构想。"航空城"是指航空联合商业发展，逐渐形成的一个围绕机场的机场综合体，该综合体周边有航空物流中心、工商发展园区、商贸购物中心和居民生活园区等。北卡罗来纳大学约翰·卡萨达教授（2007）认为，空港新城（Airport City）的兴起是从传统机场对旅客和货物提供营运开始的。空港新城不仅有机场的公共设施与服务，还有许多非传统机场的设施与服务，例如，零售店、购物中心、旅馆、娱乐设施、会议及展示中心、办公大楼、物流中心及自由贸易港区等，对于在机场工作的人员也配有生活服务和医疗设施，是带动当地市场发展的商业中心。

纵观世界发达城市的空港发展历程，可以将机场理解为由早期单纯满足航空运输需求发展到今天综合性的城市新增长地区，该发展历程共有三个阶段，其中最后一个阶段就是 Aerotropolis（空港都市区）阶段。

从概念性质看，吕小勇和赵天宇（2014）认为，空港新城是由以机场为基础的空港及其相关产业聚集的周边地区组成的区域，它不是一个行政上的概念，而是一个城市功能实体。孔旭等（2021）从广义的角度出发，认为围绕临空产业建设起来的空港新城，通过促进就业、提高从业人员技能素质、完善区域产业链等措施，可带来巨大的经济社会效益，形成"港—产—城"优势互补的联动效应。他将空港新城定义为以机场为中心，兼具航空物流、商业、居住等功能的临空经济区。

从发展阶段和进程看，曹卫东和车前进（2011）认为，空港新城是交通运输业促进经济发展和城市化发展的第五次浪潮过程中的城市化产物。空港新城具有功能多样性：既具有新型城镇化的特点，为中心城市疏散人口，缓解交通和就业压力，又由于其空间上靠近机场，产业上围绕机场需求，从而具有服务机场、利用机场的能力。孙月梅和翁玲玲（2020）提出，通过立体化的交通网络形成多式联运，可实现产品的商业运输。而且，由于空港在城市的郊区，便捷的交通条件也能够实现空港与主城区、周边地区的无缝连接。以机场的枢纽地位以及便利的交通网络为基础，空港区域逐渐演变为人流、物流、资金流、信息流的重要场所，并为其所在区域经济的发展提供良好的地理空间。由此可见，以机场的枢纽地位以及便利的交通网络为基础而形成的具有城市功能的经济空间载体，成为区域性中心城市的一种新的发展模式，将有效促进并带动中心城市的发展，成为中心城市发展演变的副中心城区，也就是以航空运输为导向的空港新城。

从空港新城的具体内容和要素来看，曹允春等（2016）认为它是指依托临空经济发展而成的，有适合临空产业从业人员工作、生活、居住的生态和人文环境，即依托空港建立、具备城市功能的区域。以机场城市为核心，外围有以航空为导向的商业圈及住宅区，有宽敞的快速道路、机场地铁衔接，再辅以汽车、巴士、货车、铁道等交通运输工具，就形成了空港新城。钟婷（2018）认为，机场与城市的关系密不可分，随着机场功能逐渐由单一化向多元化发展，机场不再是早期依附于城市发展的交通基础设施，承载简单的送客、货功能，机场周边逐渐演变成一个具有相对完整的城市功能的区域，形成具备生产制造、商业、国际交流、居住、休闲购物、研发等多功能的城市片区，变成以机场为核心发展的区域，呈现明显的港城一体化趋势。

综上，本书认为，空港新城是在第五波发展理论浪潮和城市化发展下，以枢纽机场为依托，在外围形成的以空港为导向的商业圈及住宅，辅之以较为完善的综合交通体系，能够满足临空产业从业人员工作、生活、居住的生态和人文环境的城市化产物，即依托空港建立、具备城市功能的城镇化区域。

二、空港新城的系统要素

在曹卫东和车前进（2011）看来，空港新城是一个由空港运营、产业发展、港城相融"三位一体"构成的系统。其中"空港"是基础资源，也就是系统产生和发展的前提条件；"产业"是抓手，产业的集聚和扩散作用能为空港新城跨越式发展起到推动作用；"城市"是载体，是临空经济发展的平台和产业落地的空间基础，为空港持续高质量发展提供物质空间。整个空港新城可以看作三个要素系统，分别是空港子系统、产业子系统和城市子系统，即曹允春等（2016）研究提出的"港—产—城"（AIC）理论体系。

（一）空港子系统

空港具体包括机场基础设施（包括航站楼、跑滑系统、机坪机位等设施）、空域资源、航线网络以及机场陆侧综合交通设施。空港子系统实际上是一种资源，借由机场的建设、运营和升级，才使区域具备了发展空港新城的基础条件和资源因素。空港子系统在发展过程中会涉及民航局（包括内设机构、地区管理局、直属单位等）、地方政府、机场集团、航空公司及其他航企等相关主体。

（二）产业子系统

空港新城下的产业子系统是指集聚在临空经济区内的各类临空指向性产业，主要包括航空核心产业、航空关联产业和航空引致产业。该子系统在发展过程中涉及民航紧密型产业发展的民航局、机场集团、航空公司及其他航企；民航合作型产业、民航松散型产业发展的地方政府（包括省、市、区、县等各级行政机关，以及针对临空经济区成立的派出机构、临空经济区管理委员会和上述单位主导设立的行使临空经济区管理委员会职责的各类临空经济或民航发展公司）、相关高科技制造企业、服务业企业等。

（三）城市子系统

空港新城是指以空港为核心，依托临空经济发展而成的，能满足临空产业从业人员就业、工作、生活、居住的生态、人文环境。空港新城是依托空港而建立和发展，逐渐具备城市功能的城市区域。空港新城内的基础设施、公共服务设施、生态环境、人文环境、城市综合功能等一定程度上都影响临空经济能达到的高度和空港新城能达到的竞争力水平。空港新城子系统在发展过程中涉及的主体主要是地方政府、机场集团、航空公司及其他航企等。

三、空港新城形成的原因

韩春风（2019）研究美国空港都市区时指出，在航空交通运输时代，围绕航空机场所引致的人口集聚和空港产业集聚，逐渐形成规模可观的空港经济，最后发展成为以空港为中心的空港新城。作为城市必不可少的两大要素——规模人口和产业集聚保证了城市的存在与发展。机场的客货运量在向空港、临空经济、空港新城的演进过程中不断扩大，从而以机场为核心的区域不断引致临空产业和相关人口，形成规模可观的临空经济，与此同时，城市功能不断完善，最后形成以空港为中心，具备完备城市功能的空港新城。因此，可以说空港新城是临空经济在区域内发展到一定水平、一定规模、一定阶段的产物。一个经济不发达的地方可能会有航空现象，但很难集聚临空产业，形成临空经济和空港新城。所以，空港新城不是凭空出现的，其产生是空港经济不断发展壮大的结果，而社会经济水平的提升、内源性动力和外源性动力的作用、产业的集聚、政府的制度安排与政策鼓励是空港新城兴起的主要原因。

（一）社会经济水平的提升

丛海彬等（2017）表示，当一个区域经济规模不断扩张，新兴城市不断崛起，内部人口及产业规模不断扩大，就形成了较为广阔的经济腹地。

同时，该区域与其他城市、区域和国家的经济文化交流越来越频繁时，新机场的建立完善和周边区域的功能升级的必要性和紧迫性就日趋凸显。但如果一个区域经济发展水平不高，没有机场或已有机场规模不大、航线较少，那么，临空经济和空港新城都不会出现；如果一个区域的经济水平基础较好且建设了新机场，即使临空经济尚未形成，新机场的建设发展也向相关产业和企业提供了利好的市场信号，并直接影响着其布局和选址。当企业逐渐在机场周边设立工厂、仓库、物流中心、商贸中心和服务业等时，对时间和速度要求较高的产业和衍生产业开始集聚布局在新机场附近，临空经济就进入孕育阶段。

（二）内源性动力和外源性动力的作用

内源性动力源于机场本身的发展状况。机场发展速度越快，区域性作用越强，机场能级随之升级，机场就可能由支线机场变为枢纽机场，机场所承载的客货运量随之增大，这些都会对企业选址和产业集聚产生催化作用，从而出现空港经济的快速发展，基于时间的竞争优势也就应运而生。

来自机场外部的外源性动力也是促进空港经济成长的重要因素。随着第三次、第四次工业革命进行，新兴产业如雨后春笋纷纷出现，致使具有高时效性、高附加值的航空运输的市场需求不断扩大，从而带来航空运输量大幅增加。张蕾和陈雯（2012）以第二次世界大战后为例，城市郊区化运动迎来新的高峰，城市外部的综合交通体系趋于完善，同时，主要枢纽机场正在城市外延区域大范围开发，大量的生产性企业外迁，从而引发了新型经济区位选择的改变，导致一种经济活动的空间集聚。例如，高新技术产业、航空制造产业等都选择在机场周围集聚，促进了临空经济的结构调整和更新迭代。

（三）产业的集聚

航空运输业的核心业务和基础内容就是航空的客货运。以此为核心，临空产业通过产业链关联，吸引了工业制造、生物医疗、高新技术等前向产业和航油、航空器材、航空维修等后向产业的集聚。美国著名经济学家道格拉斯·诺斯（Douglas C. North）认为，区域发展的基础是面向全国市场的有活力的产业。输出型的产业获得收入会购买当地的商品和服务，促进了当地经济发展，进而吸引相关企业在当地选址布局。空港新城逐渐形成了航空运输产业集群、高新技术产业集群、生物医药产业集群、工业制造产业集群、农业园艺产业集群等，集群的存在会协调企业生产，促进集群内部企业相互学习和竞争，提升效率，促进这个空港新城的经济高质量发展。

（四）政府的制度安排与政策鼓励

中央政府和地方政府发布的政策对保障和促进空港经济长期健康稳定地发展具有重要作用。政府对空港区域制定长期、统一的发展规划和战略，促使其能快速、精准步入大规模开发和布局的阶段。例如，第二次世界大战后，美国政府将军事用途的机场改为民用机场，在制定政策时，充分考虑了民用机场的需求和属性，使机场周围区域发展成为拥有临空主导产业、辅助产业配套的分布合理、功能完善的空港新城。2012 年国内首家获国务院批复的郑州航空港经济综合试验区，以郑州航空港为主体，以综合保税区和关联产业园区为载体，以综合交通枢纽为依托，以发展航空货运为突破口，致力于打造国际航空物流的超级转运中心。截至 2019 年，该地区生产总值达 980.8 亿元，比上年同期增长 10.2%，航空口岸旅客吞吐量达 2913 万人次，货邮吞吐量达 52.2 万吨，稳居中部地区"双第一"，郑州航空港经济综合试验区正在向现代航空都市有序迈进。

四、空港新城的一般特征

曹允春（2009）依据已有对空港新城的定义和成因分析，归纳出空港新城具有航空运输功能、临空产业的集聚、圈层式的结构分布、综合交通便利、全球的连接性良好、科技发展水平高等特征。

（一）航空运输功能

拥有快速安全优势的航空运输功能的空港新城是区别于其他新城的重要之处。空港新城的发展依托于大型枢纽机场，大型枢纽机场区别于其他传统交通工具的关键在于具有高效快捷的航空运输功能。在机场和空港新城的发展过程中，机场的航空运输功能不断凸显和增强，区域内的城市功能不断完善。

（二）临空产业的集聚

空港新城仅拥有机场的运输功能是不能支撑整个区域的经济发展和

功能完善的，因此，临空产业的集聚、优化尤为重要。临空产业通常包括商业贸易、生物医药、工业制造、文化娱乐等，这类产业的发展依赖于航空运输功能，同时，其集聚和发展也有利于空港基础功能以及服务功能的增强。

（三）圈层式的结构分布

空港区内的各类产业并不是均匀分布在机场周围的，由于各类产业的属性不同，对航空运输的需求程度也不同，它们按照对航空运输需求大小，从内到外分布，呈现圈层式的结构。

（四）综合交通便利

空港新城的交通网络不仅有航空运输的主体功能，还有铁路、公路等运输方式的辅助，各种运输方式的协调统一，大大提高了运输效率，有利于空港新城内部和与外部区域的资源、要素、人才、资金等交换流动。

（五）全球的连接性良好

空港新城往往依托于大型枢纽机场，因此，所辐射的范围更大、更广，承担的运输功能不仅服务于国内市场，而且服务于国外市场。

（六）科技发展水平高

空港都市区是空港发展的高级阶段，需要高新技术的支持，因此，空港周边的产业不乏高新技术产业。

空港新城除了具有以上特征，吕小勇（2015）在研究中还发现，空港新城具有较高的协同发展性，临空产业与城市功能融合、空间整合，可以促进空港"点—线—面"协同发展。"点"是指空港及其配套设施，"线"是指空港交通网络与基础设施网络，"面"是指自然基质和城市建设用地组成的经济腹地。空港新城以机场的枢纽性功能为基础，借助综合交通运输网络，在特定的空间范围内统筹不同层次要素间的内在联系，形成了以物质性网络（交通运输、电信、电力等）和非物质性网络（各种市场要素的流动）组成的区域网络，从而构成一个相对完整、全面的具有临空特性的城市区域。

第七节　航空大都市

一、航空大都市的概念

航空大都市（Aerotropolis），由国际航空城之父、美国北卡罗来纳大学教授约翰·卡萨达（John Kasarda）首次提出。卡萨达在其著作《航空大都市——我们未来生活的方式》（2007）中将格哈特·伦斯基、雷蒙德·弗农、阿莫斯·霍利等人的理论进行分析对比，在传承和创新的基础上提出了航空大都市的概念模型，并在"临空经济区"发展模式和前景分析的基础上提出"五波理论"（如图1-2所示）。在卡萨达看来，建设航空大都市的关键在于如何以智能的方式最大限度地减少问题，同时给机场、机场使用者、临空企业、周边社区及居民和所辐射范围的更多服务对象带来效益最大化。

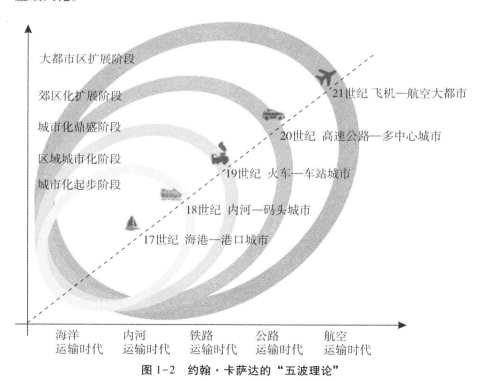

图1-2　约翰·卡萨达的"五波理论"

在速度经济时代和交通运输业的第五次发展浪潮背景下，机场因其高效率和强外向性成为带动区域经济发展的引擎。航空大都市的中心区域是空港新城，它以枢纽机场为核心，以综合交通网络为连接区域运输和经济的纽带，成为全球生产和商业活动的重要结点，吸引与机场相关联的机场运营、通用航空制造、航空物流、航空旅游、国际生活、会展博览等聚集在一起。以约翰·卡萨达为首的学者普遍认为，随着越来越多的服务型企业在机场及周边集聚，区域内部的基础设施和公共服务等越来越健全，作为空港新城的下一个阶段的航空大都市便逐渐形成。曹允春教授（2013）将航空大都市的形成与发展划分为港极化空间阶段、临空产业综合体空间阶段和知识创新空间阶段（见表1-5）。

表1-5　航空大都市形成阶段及特点

形成阶段	阶段名称	阶段特点
第一阶段	空港极化空间阶段	由航空运输区向临空产业区发展
第二阶段	临空产业综合体空间阶段	临空产业区不断完善城市功能
第三阶段	知识创新空间阶段	形成充分体现创新的高端产业城市综合体

白阳明等（2021）结合多位学者的研究总结出，在速度经济下，航空大都市是一种伴随着高消费、高流动性的航空旅客，强调机场、产业、生活、生态协调发展的新型城市形态。作为全球人流、物流、信息、资本、知识和文化的流动枢纽，航空城对区域经济产生了重大影响。美国法案明确指出了航空大都市区高效、高性价比和可持续发展的特点。

本书采用曹允春教授（2019）对航空大都市的定义：航空大都市是以空港为核心，以高附加值、高航空依赖度、强外向型的临空产业为经济发展载体，以高收入、高国际比例的空港居民为社会发展构成并伴有高消费能力、高流动性的航空旅客，以自然环境和人工环境协调完善为生态特点，突出全球通达性、地域吸引力、临空产业辐射力、空港社会创新力、多元文化融合力和区域国际影响力的空港周边区域，强调以人为本的空港、产业与生态和谐发展的新型城市形态。①

---

① 曹允春，沈丹阳. 以空港为核心构建航空大都市的关键要素研究[J]. 港口经济，2013（1）：42-47.

二、航空大都市的要素特点

约翰·卡萨达（2007）提出了航空大都市的概念模型（如图 1-3 所示），他认为，世界高效、快速以及网络化地发展正在改变着行业竞争及商业企业选址的规则，这些规则随着数字化、全球化、航空和以时间为基础竞争的发展而不断发生着变化。这个概念模型是 2000 年萌芽并逐渐形成的，约翰·卡萨达考虑到如今机场作为全球生产和商业活动的重要节点，一定会成为带动经济发展的引擎，不断吸引集聚众多富有临空偏好的产业，进而提出了航空大都市概念模型，即机场位于同心圆的圆心，并围绕核心机场来构建航空大都市。随着机场辐射范围的扩大，同心圆辐射的范围也随之扩大。约翰·卡萨达归纳出航空大都市的模型内容主要包括设施和产业两大要素。本质上，约翰·卡萨达所设想的航空大都市并不一定是一座城市，更像是一个超导体，可以保证为那些希望在这里从商的人提供零阻力的基础设施。卡萨达认为，零阻力是节约时间、降低成本、节省空间的途径，而且很多是隐形的，如自由贸易区、便捷的旅客清关手续、简便的审批手续、充足的劳动力等。航空大都市结合了弹性里程（Elastic mile）、空间摩擦和虚拟社区的所有优势。

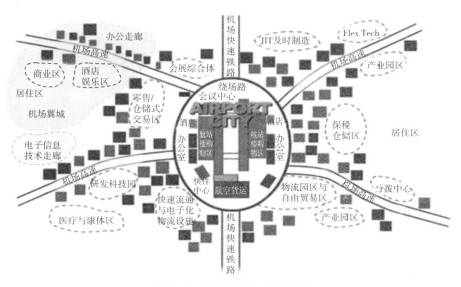

图 1-3　航空大都市空间模型

根据约翰·卡萨达提出的航空大都市模型，段莹和马祎静（2015）归纳出航空大都市具有两个特点：①空间结构方面，航空大都市发展一般呈圈层发展模式，机场位于整个区域的圆心，随着空港区域的辐射作用和集聚作用的增大，这一同心圆的范围也就随之扩大。这是航空大都市最为常见的一种发展模式，也是其重要的突出特点。②交通方式方面，以机场为核心、便利的多式联运交通网络为航空大都市的发展提供了网络保障。只有利用空港区域内高效便捷、互联互通的综合交通系统网络，机场才能和周边地区、中心城区实现客货流的快速运转，从而使得航空大都市内部及与其他区域的联系更加紧密，驱动航空大都市与周边区域联动式发展。

三、航空大都市的形成和发展条件

约翰·卡萨达等（2016）认为，不同的机场及其周边地区在航空交通运输枢纽地位、经济基础、可用作商业发展的土地、所有权、路面、通达性、土地发展的相关政策等方面都各不相同，而这些因素又是决定一个国家（包括合同的执行能力、物流运输能力、基础设施条件、财政规则、资本控制等）或机场地区能否吸引到相关的项目和投资者的关键，也是决定航空大都市在这一地区能否发展成功的关键。同时，他提出，影响航空大都市总体发展的因素和条件具有具体性和多样性，但总有一些重要的共同要素是所有航空大都市发展都需要着重解决的：①一个强有力的本地市场，能匹配相应的、充足的航空服务；②发达的航空和陆面交通网络，能促进相关商业发展；③满足消费者与投资者的需求或得到主要股东（政府或私人）的长期支持；④空间合理布局的地产发展，从而使得航空大都市中所需要的产品加工企业或生产商（商业）服务企业落户于最佳位置；⑤匹配相应完善的基础设施配套财政经费、项目经费等，从而吸引开发商和目标客户们在此进行投资。

四、航空大都市的类型划分

曹允春（2013）认为，航空大都市的分类主要是根据其影响的地域范围或关联性产业资源类型数量来区分的。

（一）以航空大都市影响的地域范围来划分

参考空港的辐射范围、临空产业价值链网络的控制力、航空资源的聚集类型和空港新城国际化程度四个方面，以此作为评价要素，可以将航空大都市分为世界级航空大都市和区域级航空大都市。

1. 世界级航空大都市

世界级航空大都市是指在航空运输网络、临空产业价值链网络和空港新城国际化等方面具有较高的国际影响力、控制力和枢纽功能的航空都市，如阿姆斯特丹、孟菲斯、仁川和迪拜等城市。世界级航空大都市应当是高产业的城市综合体，是航空都市的最高级形态，它有着规模化、现代化和国际化的城市特点，具有显著的国际竞争力。

2. 区域级航空大都市

区域级航空大都市是指世界上某一区域范围内的航空运输网络、临空产业结构和空港新城国际化等方面具有较强影响力的空港周边地区，如爱尔兰香农机场自由贸易区，天津临空产业区，日本羽田国际机场、成田国际机场周边城市区域等。

（二）以临空关联性产业资源类型数量来划分

在世界范围内观察各成熟的航空大都市可以发现，他们往往是借助了当地较为雄厚产业基础、发达的区域航空运输能力、高水平的区域经济发展状况等因素，集聚了某种临空关联性产业资源，从而形成航空大都市。例如，爱尔兰香农自由贸易区在临空高科技产业发展方面具有广泛的影响力，从而成为由临空高科技产业主导的航空大都市。

对于具备多种临空关联型资源聚集条件的地区，强化整合、利用、组织多种临空关联性资源的能力，就能发展成为多种临空关联型资源协同发展的综合性航空大都市。例如，荷兰史基浦国际机场周边地区就是集航空枢纽服务业、航空物流业、航空航天产业、商贸休闲业、花卉产业、时装产业、专业及金融咨询业、配套生活服务业等于一体，并突显总部经济特色的综合性航空大都市。

第二章　主要理论依据

第一节　产业竞争力理论

一、产业竞争力理论的核心含义

产业竞争力理论是由哈佛商学院的迈克尔·波特教授于 1990 年在《国家竞争优势》一书中提出的，也被称为国家竞争力理论。迈克尔·波特认为，竞争力通常直接体现为"某国某产业的出口值和直接投资额"。他在研究中发现，以往的比较优势原理和竞争优势原理都无法解释特定国家在特定产业上的核心竞争力，因此，他将关注的焦点放在思考为什么一个国家在特定的产业领域有特定的竞争力。波特对多个国家、多个产业进行深入研究后指出，产业竞争力是指某国或某一地区的某个特定产业相对于他国或地区同一产业在生产效率、满足市场需求、持续获利等方面所体现的竞争能力，进而提出了"钻石模型"。

产业链在全球化分工的背景下，产业竞争力源自一个区域的企业在高端或战略性产业中的那些能够产生高附加值收益的环节上占据主导优势。这种主导性优势的形成除了依赖"链主企业"自身在激烈的市场竞争中所拥有的核心竞争力这一关键要素外，也受到产业上下游的生产要素、需求条件以及相关支撑产业等产业环境因素的共同影响。除了产业内在的四个要素，波特认为，国家在经济社会发展过程中所创造的战略机会，以及政府在营造良好营商环境方面的积极理性作为也是培育产业竞争力不可或缺的两个外部条件。

多年来，各学者基于国家竞争优势形成因素，在波特提出的"钻石模型"的基础上有了新的拓展研究：①国际化钻石模型。英国学者邓宁（1993）将跨国公司的活动看作第三个外生变量添加到波特的钻石模型中，以适应日益增加的跨国界经济活动和跨国公司的经营活动对模型中各要素的影响。②双钻石模型。鲁格曼和克鲁兹（1993）在分析加拿大的国家竞争优势时，将有着自由贸易协定的另一国的钻石模型与本国钻石模型联系分析，才能解释加拿大竞争优势的来源。③九因素模型。韩国汉城大学教授乔东逊对韩国经济发展进行研究时指出，韩国经济增长的关键动力在于具有良好教育的、充满活动的和富有献身精神的"人力"要素，由此构建了解释韩国产业竞争力的"九因素模型"。④新钻石模型。中国复旦大学芮明杰教授（2006）认为一个国家的产业竞争力从本源上看应该是内生的，波特的"钻石模型"却忽略了这一点，因此，他为"钻石模型"加了一个核心——知识吸收与创新能力。芮明杰教授认为，有了这个核心才能真正发展产业的持续的竞争力。在对产业竞争力分析方面，以"钻石模型"为基础的分析框架，基本能得到学者们的普遍认可。

刘颖琦等（2003）提出竞争优势有别于比较优势，它是指各国或各地区相同产业在同一国际竞争环境下所表现出来的不同的市场竞争能力。徐萍（2006）认为，产业竞争力是产品的生产经营者在一定的市场环境下，掌握资源要素、开发产品、占据市场并获得经济效益和社会效益的能力。郑奇洋等（2021）认为，产业活动包括生产、分配、交换与消费四个经济环节，产业竞争力可理解为一国或区域通过其在生产、分配、交换与消费等环节上的系统优势而获得更高生产效率和附加值的能力。

在考虑国内不同于欧美等发达国家的经济体制及欠缺完善的产业环境，传统的"钻石模型"难以直接应用于我国经济产业的竞争力分析的情况下，张春香（2018）、朱宗乾（2019）、龙耀辉（2020）等学者都对"钻石模型"进行了修正，将政府作为关键要素和决定性要素分析，从而可以促进其他要素的快速发展和合作互动。

二、产业竞争力的影响因素

对于产业竞争力的分析，研究者们普遍基于比较优势原理和竞争优势原理，以波特创立的竞争力研究框架——"钻石模型"作为研究产业竞争力的经典范式。波特认为，一国的经济环境对产业竞争优势有很大影响，其中影响最大、最直接的因素有四个，即生产要素、需求条件、相关及支持产业与企业战略、结构和同业竞争，这四个要素在两两相互影响的过程外，还存在两大变数，即政府与机会。波特将这四个产业内在因素和两个外部条件组合构成一个理论框架，并形象地称之为一个国家（地区）打造主导性产业核心竞争力的"钻石体系模型"（如图2-1所示），并将其用于分析一个国家（地区）是否具有较强产业竞争力以及如何形成独特的竞争优势。

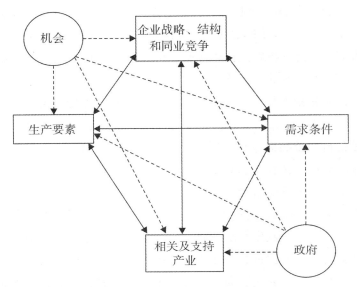

图2-1 产业竞争力钻石体系模型

（一）生产要素

生产要素通常指一个城市的生产要素状况，具体包括人力资源、自然资源、知识资源、资本资源和基础设施等。迈克尔·波特从生产要素特征的角度对其进行了分析。波特把各种要素划分成基本要素（或初级要素）和高级要素两类，他认为，高级要素相对初级要素对竞争优势的形成具有更重要的作用。与基础要素不同，高级要素受个人、企业和政府投资、战略所影响，它需要持续性地投入，同时对生产要素也有着较高要求。例如，政府在教育方面的投资就是通过提高人口的常用知识、普通技能和知识水平来培养人才，也会通过提升高等教育质量与科研机构的科学研究水平提升地区整体的高级要素质量。周晓梅（2021）将完善的区域内现代化综合交通体系作为资源要素的高级要素部分，指出公路、轨道交通、高速铁路、城际铁路和航空等不同运输方式的立体换乘、无缝衔接奠定了区域的交通基础，从而疏通客流、货流等，提高了区域的产业竞争力。

（二）需求条件

李海霞（2021）提出，在市场经济条件下，产业的竞争最终体现在市场需求的竞争。市场提供服务的能力，是一个国家一项产业发展的前提。对任何产业来说，竞争力是在市场依托下进行的，没有市场需求也就无所谓竞争力。市场需求条件是指产业所在地及腹地区域的消费者对产品的需求情况。

波特的钻石理论十分强调区域内需求在刺激和提高国家竞争力中的作用。波特认为，在一个国家中，如果消费者是成熟且苛刻的，那么就利于该国企业不断改善生产、加强创新、优化产业结构，达到产品高质量标准，从而提高产业竞争力和国际竞争优势。张春香（2018）以文化旅游产业为基础，将需求条件分为国内需求和国际需求，并参考一些经济指标来判断区域的需求。廖嘉玮等（2020）在研究南方冰雪旅游产业时，将产业需求条件归纳为需求市场是否旺盛、消费能力强弱和文化氛围是否浓厚三个方面。岳德虎（2012）认为，正确引导人们消费并充分调动区域内群众对产品的消费欲望，产业就可以更好、更快地发展。因此，不断增强人们的消费意识、拓宽消费领域、提升消费层次，让当地群众乐于消费意义重大。

（三）相关及支持行业

相关及支持行业这一影响因素是指在国内（区域内）是否具有国际竞争力的供应商以及关联辅助行业。因为关联或辅助产业在高级生产力要素上的优势会扩散到本行业中，从而帮助该行业在区域内取得有利的竞争地位。波特发现，一个产业的强势离不开其关联的优势产业的带动，如专业化供应商、相关产业厂商、服务供应商、合作企业和相关机构等。这种产业间互动影响和发展的重要结果之一就是一个国家（地区）内成功的行业呈现集聚趋势，逐渐形成上下关联行业集群，这也是波特最具影响力的研究结果。例如，正是因为有强势油墨、制版、造纸业的存在，德国的印刷行业才能世界闻名；正是因为有特种钢工业的先进技术，瑞典在制造组装金属产品领域才能长期处于领先地位。因此，若产业所在地存在极具竞争力的关联性行业，该产业也将在发展过程中具有极强的竞争力。相关产业和关联产业的发展水平也就成了取得竞争优势的重要因素。在廖嘉玮等

（2020）看来，除了支持性产业以外，知名品牌和核心技术也是相关与支持性产业的重要组成部分。

（四）企业战略

企业战略要素具体是指国家或地区支配企业创建、组织和管理的条件和范围内的竞争情况。波特就此提出了两个观点：第一，不同国家或地区有着各具特色的"管理意识形态"，这些"意识形态"会促进或阻碍国家或地区形成相应的竞争力优势。例如，在德国和日本的企业中，拥有工程师背景的人能在最高管理层占据重要的支配地位。波特将此现象出现的原因归结为这些国家的企业注重加工制造过程和产品设计。此外，在许多美国的企业中，拥有财务管理背景的人在最高管理层占据重要的支配地位。波特认为是由于许多美国企业（尤其是 20 世纪的美国企业）缺乏对改进加工制造过程和产品设计的关注。廖嘉玮等（2020）也认为相关企业精准化、差异化的市场定位是影响企业战略乃至产业竞争力的重要因素。此外，某一产业中存在激烈的国内竞争与该行业能保持竞争优势之间存在密切的联系。因为竞争会向企业施加快速创新、改进质量、降低成本等一系列的压力，促使企业努力寻找提高生产经营的效率和降低成本的途径，这一过程会让这些企业逐渐成长为更强的具有竞争优势的企业。

（五）政府功能

波特不仅认为只有生产要素、需求条件、相关及支持产业与企业战略、结构和同业竞争这四个要素同时存在，才能有效地影响和促进产业竞争力的发展，而且还极力强调政府对四个要素中的任何一个方面都可以产生积极或消极的影响。例如，政府行业补贴、资金市场政策、教育政策等都对本国资源与人才要素有影响。政府可以通过制定国内产品标准以及规范和影响购买者需求的法规，刺激国内需求。同时，政府可以通过政策和法规影响某个行业的关联和辅助性行业，甚至可以影响一个行业内企业之间的竞争。此外，政府可以为企业制造新的机会和压力，如发展基础设施、开放资本渠道、培养信息整合能力等。

波特指出，虽然从事产业竞争的是企业，而非政府，但政府必须要扮演好其在整个市场大环境下的角色，才能成为扩大钻石体系的力量，为企业提供其所需要的资源，创造产业发展的环境。

（六）主要机遇

机会是可遇而不可求的，机会的有无会使四大要素发生变化。波特指出，对企业发展而言，形成机会的可能情况大致有几种：基础科技的发明创造、传统技术出现断层、外因导致生产成本突然提高（如石油危机）、金融市场或汇率的重大变化、市场需求的剧增、政府的重大决策和战争等。机会是双向的，它往往在新的竞争者获得优势的同时，使原有的竞争者优势减弱甚至丧失。因此，在机会出现时，只有能满足时机新需求的产业才能抓住机会，形成竞争优势。

三、产业竞争力的培育重点

产业经济学研究主要内容包括产业资源、产业结构、产业组织、产业布局和产业政策。

（一）产业资源

资源是指一国或一定地区内拥有的物力、财力、人力等各种物质的总称，是从事生产活动、获取生产成果的必要消耗。产业资源主要包括自然资源、资本资源、人力资源、技术资源、信息资源等优化配置。Grant（1999）将资源分成六种，即物质资源、人力资源、财富资源、技术资源、声望和组织资源。周德群（1999）根据不同的资源形态将资源划分为有形的硬资源和无形的软资源。硬资源主要是指自然资源、空间资源等一切客观存在的物质，它起基础性作用。软资源则是人类社会在经济发展过程中逐渐积累并衍生出来的一切非物质资源，包括科学知识、生产技术、信息资源、时间资源、制度体制、政策措施等人类社会创造的且独有的要素，这些要素对于生产力水平的提高起到决定性作用。蔡继明（2015）分析了新古典价值论，该理论将产业资源演化为资本、劳动力、技术、土地、管理、制度等综合生产要素。杨丽和王晓晓（2018）在研究国家文化产业竞争力中，将产业资源分为文化资源、人力资源、文化设施和资本资源。陈超（2018）从高校体育产业出发，将产业资源分为人力资源、场馆设施资源、传统资源、经费资源、信息资源、组织资源和环境资源。高希龙等（2021）以企业资源基础论（RBV）为视角，将酿酒产业资源分为基础资源（自然条件、区位条件）、战略资源（人力资源、生产设施、配套产业、政府政策、支持型机构、市场环境和企业组织）和高阶资源（品牌与文化）三类。潘玮和沈克印（2021）认为，在数字经济时代，人工智能与大数据的结合必然导致数据成为产业第一要素资源。

（二）产业结构

产业结构主要指国民经济各产业之间及各产业内部的相互联系和比例关系。主要包括：生产资料和生产生活资料两大类之间的关系；重工业、轻工业和农业的构成关系；工农业各部门内部的构成关系、工农业和交通运输业的比例关系；第一、第二、第三产业之间的相互联系和比例关系等。合理的产业结构可以提高经济效益，促进社会生产的发展。当前，产业结构升级是区域经济增长不可或缺的重要途径。优化升级产业结构能让市场资源在各个产业之间分配更合理、社会生产效率更高、经济效益更高。张蕊等（2019）通过研究发现，产业结构升级过程中，产业结构合理化及产业结构高级化均有利于经济增长。产业结构高级化对经济增长的影响比产业结构合理化更大，也就是向以知识、技术密集型产业为主的高级结构调整和转变的过程及趋势更能促进经济增长，提升区域竞争力。

（三）产业组织

产业组织理论主要研究企业、行业（产业）和市场三者的组织形式及其相互关系的理论，其核心是企业行为模式、竞争状况、社会福利效果和政府监管措施。吴汉洪（2019）归纳出产业组织领域的核心是竞争与垄断，并总结出它们对市场和经济的影响，特别是企业之间的交易关系、资源占有关系、利益关系和行为关系。围绕产业组织领域的核心，一个最基本的因果关系显现出来，即市场结构和市场绩效何为"因"，何为"果"。西方学者对这个问题有两种看法：第一种看法是市场结构决定厂商行为与市场绩效；第二种看法与第一种看法相反，认为厂商的市场绩效决定其市场地位。

产业组织的分析方法有很多，包括"结构—行为—绩效"方法（S-C-P）、博弈论方法、新经验产业组织分析法等，其中，最常见的是"结构—行为—绩效"方法。黄祖辉（2018）梳理了研究产业组织的三维视角：①从新古典经济学的视角看，组织就是主体。在经济活动中任何组织都是一种主体，应从企业角度研究市场结构，如分析不同的市场结构（完全竞争、寡头和垄断等）下企业的行为和不同产业组织类型（如投资者所有的企业和社员所有的合作社等）的市场行为。②从新制度经济学的视角看，组织就是制度。不同的组织形式就是不同的制度安非。在一定的技术条件下，作为制度的产业组织，决定着产业主体的行为和产业的效率。新制度经济学正被广泛地应用于该视角下的产业组织制度的研究。新制度经济学的产业组织理论所关注的是作为制度的组织的产生和变迁及其制度的效率。③从管理学的视角看，组织就是网络。在信息化和互联网时代，作为网络的产业组织是一个相互协调的动态网络，在行业、产业发展中发挥着桥梁、纽带和载体的作用。

程宝栋等（2010）认为，研究产业组织的目的在于通过对经济运行过程中产业组织状况的分析，得出对特定市场效果和竞争秩序状态的判断，从而为政府维持基本的市场秩序和竞争效率提供实证依据和理论指导。余东华和李云汉（2021）在高质量发展的新阶段，研究发现数字技术驱动的产业数字化转型推动了产业链群生态体系形成和产业组织创新，在数字技术驱动下，产业链、价值链、供应链和创新链等多链融合发展，形成产业链群生态体系，它是以数字生态为平台、产业生态为核心、创新生态为动力、环境生态为背景的一种新型产业组织形态，通过打造产业链群生态体系推动产业组织创新，从而实现产业转型升级和高质量发展。任保平和邹起浩（2021）认为，产业组织形态社会化趋势越来越明显，由纵向集中向扁平化、分散式过渡。这是由于新一代信息技术的扩散效应和数字化平台的不断完善，市场交易成本显著降低，产品形态、商业模式不断创新，生产活动逐步打破了时间和空间的限制而导致的。企业可以将分散的生产者组织起来参与生产活动，将碎片化的时间拼凑起来服务于生产过程，使得社会化生产的范围更加广泛，这样，能够实现更加精细化的社会分工，完成个性化产品的生产，更好地满足市场需求。

（四）产业布局

产业布局是指一定时期内，产业在国家或区域范围内的空间分布和组合。不同时期、不同国家（地区）的产业布局存在显著差异。一定时期在一个国家会形成什么样的产业布局，一般取决于这个国家的资源禀赋（包括自然资源和人力资源状况）、地理位置、自然环境、科技发展水平和科技发展路径、所处的发展阶段、经济制度、国际产业分工等因素。合理的产业布局应该能够保障资源配置的长期最优和经济的持续、稳定和快速发展，还应该符合环境保护和生态平衡的要求。形成合理的产业布局的最有效途径是建立和健全市场经济体制，通过完善的市场机制来引导产业布局。

产业布局理论主要研究产业空间分布规律，为合理布局提供规划方案和政策。在静态上，产业空间布局是产业内各部门和各要素在空间上的分布和地理上的组合；在动态上，产业布局体现着各种资源和生产要素甚至企业为选择最佳区位而形成的地域上持续性的流动、转移或重组。

（五）产业政策

产业政策是一国为实现产业结构合理化和优化升级以促进经济和社会发展，构建良好市场竞争秩序所采取的宏观管理的一整套政策，主要包括产业结构政策和产业组织政策。产业政策以市场机制为基础，对产业资源、产业结构、产业组织和产业布局等进行定向调控。宋凌云和王贤彬（2013）研究指出，产业政策是国家未来发展战略的重要体现，承担着引导市场资源流向的重任。韩金红和袁勋（2021）认为，产业政策的传递、落实对我国政府合理配置资源和推动产业结构优化升级具有十分重要的作用，当前的研究更多集中在政策如何优化资源配置和完善市场结构上。产业政策会冲击企业现有商业模式，影响企业产出，进而对整个产业或经济产生影响。考虑到产业政策是内含于产业资源、产业布局和产业组织各部分之中，因此，对于具体的产业而言，产业资源、产业布局和产业组织就涵盖了产业政策发展的基本过程，产业竞争力的培育也可以从这几方面考虑。

在回答美国西南航空公司提出的"竞争力是什么"的问题时，波特表示，它成功的关键因素是什么，正确的答案是每一件事都重要。美国西南航空公司的战略涉及全部经营活动，而不是其中的一部分。它的竞争优势来自经营活动的适应性与相互加强的方式。这也就是说，作为产业竞争力的培育，机场各种要素和条件都是必要的，并且这些培育点越系统、越全面、数量越多、质量越高，产业竞争力的基础就越坚实。

一般来说，产业竞争力的培育重点主要还是两个方面：一方面是产业内部要素，另一方面是产业外部条件。要将产业内部因素作为分析产业竞争力培育方向的基本准则，因为产业内部因素是决定产业竞争力的主要自变量，产业外部条件只是次要的或辅助性的自变量。同时，也要重视企业在产业竞争力中的关键性作用。因为，产业是由企业组成的，企业及其所生产的产品是产业竞争力的载体，所以，企业的竞争力也就决定着其所在产业的竞争力，而区域的产业竞争力可以说是企业竞争力和产业竞争力的综合表现。因此，培养产业竞争力的立足点要放在企业层面，突出企业的发展战略、经营规模、管理方式与水平、组织结构等这些对企业和区域产业竞争力有举足轻重作用的要素。

四、提高产业竞争力的途径

在郭京福（2004）看来，产业竞争力应是企业在生产经营的动态过程中形成的，而不是通过各类产业竞争力因素自发地形成的，因此，需要通过一系列方法将产业竞争力因素转化为竞争力。本书根据产业竞争力理论，结合区域经济发展理论，归纳出四个提高区域产业竞争力的策略途径。

（一）调整优化产业结构

经济发展与增长最直接且最有决定意义的是产业结构的优化与升级。良好的产业结构是经济增长和经济可持续发展的必要条件，产业结构状况对产业竞争力水平具有十分重要的意义。"配第—克拉克定理"和库兹涅茨的研究结果表明，产业结构越是优化，资源的配置越向高级产业转移，同时原有产业的资源使用效率越高，区域整体产业竞争力水平越高。建立地区的产业优势正是在现有的资源禀赋条件基础上，通过产业结构的不断优化来实现的。相反，不合理的产业结构不利于产业优势的发挥，制约着地区经济的发展。经济增长水平与产业结构水平相关变动已经得到了大量理论和实践的证明，而产业结构的变动，实质上正反映了产业体系中各产业的竞争力和地位的相对变动。

（二）利用资源要素培育特色产业

利用资源要素培育特色产业，就要对包括自然资源、资本资源、人力资源、技术资源和信息资源等在内的产业资源要素进行优化配置。不同地区依托独特的资源禀赋选择和培育的特色产业具有较高的产业关联度、生产控制力和增长推动力，从而具有较高的竞争力。尤其是随着现代科学技术的快速发展，高新技术引进更需要引起重视。现代科学技术具有高度的创新性、渗透性、倍增性与带动性，可以说技术因素是直接影响区域产业竞争力的决定性因素。而科技进步对区域经济增长作用的大小取决于科学技术成果在生产实践中的推广应用程度和生产技术的革新。一项知识形态的科学技术成果只有在生产实践中得到推广应用并取得效果时，才能转化为现实形态的生产力，推动区域经济增长。

（三）坚持市场需求导向

需求结构是产业结构变化的原动力。在市场经济条件下，产业的竞争最终体现在市场需求的竞争，特别是在买方市场条件下，市场竞争和开拓是产业发展的关键因素。无论是传统产业还是新兴产业，没有市场需求就无所谓竞争力。市场对某一产业的产品和劳务需求较大，则该产业相对就具有较高的竞争潜力。需求既是竞争力提高的结果又是进一步提高的前提条件。产业结构不仅受到本地区需求结构的影响，而且受到其他地区需求结构的影响。在国际分工的条件下，地区产业结构作为总体产业结构的一部分，还受到国际市场需求结构的影响。较大的出口规模和较强的出口创汇能力是增强产业竞争能力的重要条件。对于一个城市来说，对国内外各种资源要素的集聚和优势能力的扩散则是产业竞争力的集中表现。

（四）制定并实施合理的产业政策

产业政策是指政府制定的关于产业保护、扶植、调整和完善经济发展措施的综合体现，主要包括产业结构政策和产业组织政策。从宏观角度看，国家可以通过经济、法律、行政的手段实施产业政策和区域政策，提高区域产业竞争力。例如，我国深圳经济特区产业竞争优势的形成主要得益于国家给予特区的优惠政策。从中观角度看，一个区域可以在国家宏观政策的指导下，结合区情制定符合实际的财政货币、投资、产业政策，促进主导产业群、辅助产业群和基础产业群的形成，进而提高产业竞争优势。从微观角度看，通过制定企业发展政策，指导企业优化结构，增强企业发展活力和提升企业竞争力，为区域产业竞争优势的形成提供微观基础。地方政府在实施本地产业政策时，一方面不能违反国家制定的有关产业政策和各项法律法规，另一方面要考虑本地产业发展的需要，积极协调好区域之间、各种类型组织之间的关系，为各地发展特色产业创造良好的宏观环境。随着政府机构改革的推进，应当弱化地方政府在产业政策方面的作用，尽量发展起全国统一大市场，解决地区封锁、产业结构雷同的弊端，处理好市场与政府干预这两种资源配置手段的关系。

（五）培育具有核心竞争力的产业组织

提高核心竞争力，最主要的是要培育拥有核心竞争力的产业组织或市场主体以及产业生态。本书以产业组织理论为指导，运用 S-C-P 模型从市场结构、市场行为和市场绩效三个方面分析产业组织。产业生态需要产业融合，余东华（2005）认为，产业融合的本质是由技术创新推动的产业组织形态的创新，在产业融合过程中，产业、企业之间实现新的联系，在产品替代性和融合程度增强的同时，产品的差异化程度也随着消费者的认定及偏好不同而增大，产品融合与产品差异化相伴而生，由此增强了产业的竞争效应。在数字经济时代，产业竞争力培育需要把握经济社会发展的新趋势，抓住新一轮科技产业革命带来的契机，在数字技术驱动下，产业链、价值链、供应链和创新链等多链融合发展，形成产业链群生态体系，优化产业生态，推动产业组织创新，促进制造业转型升级和高质量发展。余东华和李云汉（2021）提出，产业链群生态体系是构成国内大循环的产业基础，是打通国际大循环的基础平台，是形成双循环新发展格局的重要支撑，也是提升产业竞争力、融入国际大循环的重要基础。

第二节 产业集聚理论

一、产业集聚的科学内涵

Krugman（1991）提出，产业空间分布最显著的特征就是集聚，产业集聚作为许多国家在国际竞争中产业发展的必经阶段，为地区经济发展起到了重要的推动作用。产业集聚理论一直为国内外学者所关注，他们分别从外部经济、产业区位、竞争与合作、技术创新与竞争优势、交易成本、报酬递增等角度探讨了其形成原因与发展机理。

产业集聚理论最早是由马歇尔（1890）提出的，他还引入了"内部规模经济"和"外部规模经济"这两个重要概念。他认为，工业集聚的特定地区成为"产业区"，由于受到"外部规模经济"的影响，大量相互关联的中小企业在"产业区"内集聚。产业区提高企业效率的三个因素是劳动市场共享、专业性附属行业的发展以及技术溢出。这一理论被称为"古典产业区位"理论，成为得到广泛认可的聚集理论之一。Ellison 等（2015）进一步将以上三个因素概括为"劳动力（Labor）""物（Goods）""知识（Ideas）"。

其后，韦伯（1997）将空间地理因素考虑到产业发展的因素中，形成了工业区位论，这是工业企业空间位置选择的理论，为了生产上成本最低而形成集聚的现象。他认为，工业区位的形成主要受运费区位因子、工资区位因子和集聚区位因子三个方面因子的影响，并且他以企业为研究对象，从微观的视角提出了产业集聚形成一般会经历两个阶段，在产业集聚形成过程中，专业化水平、市场需求及基础设施水平对集聚形成影响较大。

后来，作为"新经济地理"学派的代表，保罗·克鲁格曼（Krugman，1991）等学者对经济活动的空间集聚和区域增长集聚的动力进行解释，将垄断竞争、外部性和前后相关联效应结合在一起，通过分析产业集聚的原因和形成机制，认为需求、外部经济以及历史偶然和累积循环的自我实现机制会形成产业集聚。通过构建"核心—外围"模型（CP 模型），分析产业集聚形成的原因以及"报酬递增规律"对产业集聚的影响。同时，他还认为产业集聚在特定区域形成以后便会一直延续下去，也就是说产业集聚具有路径依赖性。而迈克尔·波特（1990）在《国家竞争优势》一书中，从企业竞争战略和竞争优势角度对集聚现象进行分析，构建出"钻石"模型，并利用该模型分析产业集聚现象。迈克尔·波特认为，产业集聚是指在某一特定领域中（通常以一个主导产业为核心），由于相互之间的共性和互补性等特征，大量相互紧密联系的企业以及相关支撑机构在空间中集聚并形成了强劲、持续竞争优势的现象。这些产业基本上处在同一条产业链上，彼此之间是一种既竞争又合作的关系，呈现出横向上扩展和纵向上延伸的专业化分工格局，通过相互之间的资本、技术、知识和人才溢出效应，使得技术、信息、人才和政策以及相关产业要素等资源得到充分共享，聚集于该区域的企业因此获得规模经济效益，进而大大提高整个产业集聚的竞争力。在产业集聚区域，特定产业间形成一个有机整体，企业内部既有分工又有协作，既有竞争又有合作，集聚区域企业间这种相互作用形成的竞争和压力有助于企业持续提升创新力，能进一步催化产业升级的进程。因此，可以看出，产业地理集中是由市场竞争导致的结果，这样的集聚有利于提升产业竞争力和国家竞争力。

随着时代背景的变化，研究对象的不同，集聚理论经历了较为丰富的演变。国外学者尝试通过实证研究探索产业集聚的决定因素和机制。Duranton and Overman（2005，2008），Ellison et al.（2010）和 Behrens and Bougna（2015）分别在美国、加拿大与欧洲对投入产出联系、知识溢出效应和劳动力池效应对单一产业集聚做出了积极贡献。Billings and Johnson（2016）针对美国丹佛大都市圈的实证研究也验证了交通基础设施的可及性、消费者的可及性和知识溢出对区域内的产业共聚具有很强的积极作用。Ellison et al.（2010）认为，产业集聚的三大核心驱动力是劳动力"蓄水池"、毗邻市场及知识溢出所带来的正外部性。单个企业选择在地理位置上靠近某些特定企业，一定是希望可以从这一过程中获益，而这些特定的企业可能来自具有相似产业性质或者与其有业务往来的产业，也可能来自看似毫无关联或者从无业务往来的产业。王缉慈（2004）对产业集聚的基本观点是，在地理位置接近的公司和其他的经济单位之间所发生的联系不仅产生规模经济和范围经济，即低成本的优势，而且可以获得差异化的优势。新的产业集聚观点认为，企业间以及和相关机构之间的地理位置接近可能促进"学习型经济"。在区域中，企业之间存在贸易的和非贸易的相互依赖，交流隐含经验类知识，使区域成为有利于学习和知识溢出的环境。新的产业集聚研究注重共享集体资源、发展技术人才市场和提高交易效率。新的产业集聚群体包含的内容更加丰富，即除了包括相关产业的价值活动外，还有促进企业联系的各种机构、各种国家组织（如广告、营销、电子商务、培训和教育机构等），以及会展、研讨会等各种公共活动，促进企业之间的各种非正式交流，进行区域治理，把区域内孤立和分散的企业组织起来，共同形成国际竞争力。

产业集聚更应该被看作一个由产业内部各要素通过人际网络关系、价值链关系和竞争合作关系构成的特殊产业生态系统。这些关系网络的规模、广度和深度决定了产业集聚的生态系统成功与否。因此，密切产业集聚内各企业间的联系交流，加强竞争合作和互促互动，是由产业集聚优势转为产业竞争优势的关键所在。

在临空产业中，曹允春教授特别提到了民航紧密型和民航合作型产业需要利用空港所拥有的航空运输资源，倾向于在空港周边布局。这两种类型的产业在发展过程中，将不断对其所在产业链的上、下游产业产生一定协作引力，吸引其前向、后向及相关产业在空港周边集聚，最终形成具有一定规模的临空产业集群。当前，产业集聚对机场航空运输资源的需求程度将比之前的要大得多，临空经济区竞争力必须通过进一步丰富完善其航空运输资源才能够满足临空产业集聚的需求。

二、产业集聚与产业竞争力的关系

根据迈克尔·波特的研究成果，我们可以从产业竞争力角度理解产业集聚为竞争优势的提高提供动力。对产业竞争力各要素的综合度量反映了产业获得资源、利用资源的能力，从而影响着该产业是否具有足够吸引力形成产业聚集。在工业化国家，产业竞争优势促进产业聚集，产业聚集再反作用推动产业竞争力发展，同时也强化了城市化的经济基础，为城市化中后期持续发展提供重要动力。

（一）产业集聚是企业产业竞争力的推动力

产业集聚对于企业的产业竞争力的增强最直观的影响来自这一区域整体所形成的特有品牌。正如孙卫东（2019）指出的品牌能树立差别化优势、专业化优势和规模优势，品牌是垄断性的无形资产。王胜今等（2017）总结出，由于区域内若干企业共同努力形成区域品牌，围绕这一品牌的产业竞争力就会增强，能在市场中占据优势。区域品牌同时会吸引同质性产业继续集聚，在区域内的数量和规模不断增加，引发区域内部企业之间的激烈竞争，但迫于竞争的压力，区域内企业之间也会自发地寻求技术创新的可能，最终结果则会使得区域内企业均获得产业竞争力的进一步提升。

除了形成比较优势外，产业集聚在提升企业的产业竞争力的作用还在于，一个区域一旦形成产业集聚现象，就意味着对相关企业形成一种天然的保护机制。尽管来自市场的竞争压力总是会波及整个区域，但这种竞争压力也会在产业集聚的结构中逐级逐层分担到各个企业。所以，从结果来看，产业集聚越强的地区通常能够承受更大的市场波动，在其中的企业在对于生产要素投入如何寻求均衡的取舍中也更具主动性优势。

孙卫东（2019）认为，产业集群中的中小企业会积极寻求协同创新与转型升级的路径，通过对信息资源的深度开发和广泛利用，不断提高生产、经营、管理和决策的效率和水平，从而提高企业经济效益和企业竞争力。区域内中小企业通过"互联网+"和服务平台积极与大企业协同创新，应用信息技术提高创新发展能力，增强自身的核心竞争力。程长林（2021）根据产业集聚效应的相关研究成果，从微观层面认为产业集聚有利于提升企业间的关联性，促进企业提高中间产品在产业链不同位置的投入产出效率，形成产业联盟。产业集聚不仅可提供产业链上游弱势企业的市场话语权和竞争力，而且可有力地促进产业链下游企业优化组织结构，如生产与服务的模块化、个性化、批量化等。

（二）产业集聚是提高产业竞争力的重要途径

苏雪串（2004）提到很多产业集聚或具有国际竞争力的产业通常具有地理集中性。这是因为一个国家的经济体系中，各个关键要素都具有地理集中性，竞争者往往集中在某个城市或地区。根据《中国城市竞争力报告NO.1》可以归纳出产业集聚可以扩大产业规模（需求和供给）、降低产业进入壁垒、促进新企业的延伸、构建有竞争力的价值链环节，为产业持续创新注入动力，从而提升这个产业的竞争力，促进产业不断发展。具体来说：

（1）产业集聚具有规模效应和外部效应。其中，外部效应上，产业集聚会促进企业间的技术、管理知识的交流学习，强化人才的培养和利用；产业集聚也有利于外部服务业的专业化发展和配套设施建设。

（2）产业集聚有利于提高专业化水平。它主要通过两个方面提高产业的专业化水平：第一，产业集群专注于一个产业，从而达到高质量和低成本的目标，提升产业竞争力，形成品牌效应；第二，集聚内企业会细分产业链，从而实现分工协作。在专业化分工协作的基础上，产业集聚有利于提高效率。这是由于内部管理关系在不同企业形成产业集聚过程中被市场交易关系取代。

（三）产业集聚有利于提升城市竞争力、推动城市化进程

陆根尧和盛龙（2012）认为，产业集聚与城市化的共同基础是集聚效应，二者本质上都是经济活动在一定的空间范围内聚集的过程，并都是集聚效应作用的结果。但产业集聚不仅为城市化要素集聚奠定基础、降低城市化成本，还促进了城市产业结构的转变，并能提升城市竞争力。吴丰林等（2010）总结出产业集聚形成后，能降低交易成本、企业成本，提高效率，扩大产业规模，促进新企业衍生，降低产业的进入壁垒，保证产业持续创新和克服产业衰退等，从而提升整个城市的竞争能力。

产业集聚促进城市竞争力提升，首先是通过产业集聚形成地方产业分工和利于创新的文化环境，创造出更好的内生增长机制；其次是形成区位

特色品牌，吸引更多的人才、资金和技术等生产要素，提升经济实力；最后是促进城市产业结构的高级化和合理化，加快产业结构转换，促进产业结构优化升级，为提高城市产业竞争力提供强有力的产业支持。

杨晓兰和倪鹏飞（2017）认为，现代化大都市及都市区的竞争力更多地体现在多样化的产业集聚、多元化的城市要素以及多层次的城市空间集聚与集群。城市竞争力的提高必然带来城市经济增长，而经济增长是城市化进程的基础，城市发展是地域生产力的集中表现形式。因此，陆根尧和盛龙（2012）总结道，产业集聚有利于提高城市竞争力，而城市竞争力的提高又会加快城市化进程。因为只有提高城市竞争力，才能吸引更多的人才、资金和技术等生产要素，使城市的规模不断扩大，辐射能力不断增强。因此，产业集聚提升了企业、产业竞争力和城市竞争力，夯实了产业基础和经济基础，推动了新型城市化进程。

三、产业集聚的形成路径

（一）基于产业链而形成的产业集聚

迈克尔·波特认为，很多产业集聚或具有国际竞争力的产业通常都具有地理集中性。他在考察加利福尼亚葡萄酒集聚区和意大利皮具时装集聚区时，发现它们都是由几条相互联系的产业链组成的，也就是说，产业集聚区内的这种集中，是以"产业链"作为骨干串联起来的。产业链主要用于分析企业内部和企业间为生产最终交易产品所经历的价值增值过程，它涵盖了产业从原材料到最终消费品的所有阶段。从组成结构来看，产业链一般由生产原材料等初级产品以及生产零部件等中间产品的上游企业和生产最终产品的下游制造商组成，上下游企业有着纵向关联。产业链的关键是产品的"链接"和"衍生"，核心是"供应"过程中的"价值"增值。在产业集聚中，产业链就需要不断连接原有资源和产品形成新的资源和产品，循环往复，不断提升。

苏雪串（2004）认为，产业链是在一定的技术经济关联基础上，产业部门之间依据特定的逻辑关系和空间布局关系，形成具有价值属性和结构属性的关联式链条。它主要有四个特征：①它是特定的产业集聚区内关联产业的企业集合，同时和集聚区内政府及其他机构保持密切联系，这是它与一般供应链的不同之处；②产业链中的企业之间有着一种长期、稳定的战略合作关系（从战略供货到核心业务领域的合作），这是它与一般市场内交易竞争关系的不同之处；③产业链是由各自独立的企业联合而成，这是它与通过一般途径实现的纵向一体化的不同之处；④产业链中的企业能在各方达成共识的关键性领域独立自如地运营，这是它与松散的企业联合的不同之处。

产业链能够保证较为稳定的供货和采购的上下游关系和信息交换互通。基于产业链形成的产业集聚主要依赖产品生产的专业分工，可以划分为围绕龙头企业的集聚和依赖产业市场的集聚。王辑慈曾指出，产业链的发展与产业集聚的关系密切相关，区域经济发展需要借助产业链联系紧密、合作优良的产业集聚。葛春景和郝珍珍（2013）研究临空经济区产业集聚时认为，靠引进龙头企业来形成产业集聚，离不开对区域经济发展特点和机场规模基础的把握，适时选择能作为带动区域发展的核心产业作为主导产业，并为企业充分提供富有竞争力的发展硬环境和软条件，以企业入园优惠政策吸引主导产业和行业内、国内外知名大型企业入驻，通过引进培育龙头企业，带动作为主导产业的其他企业发展，夯实产业稳固性。因此，基于产业链形成的产业集聚需要通过吸引龙头企业、特色企业或优势企业的建立落地，从而吸附和带动其他中小企业入驻，推动产业链上下游集聚，实现以科技驱动区域产业转型升级。

（二）基于技术创新溢出而形成的产业集聚

和产业链相似，创新链也是一条环环相扣的链条，由基础研发、技术研发和产业化等多个环节形成的复杂集合。创新是产业集聚形成及发展的主要推动力量，包括区域知识技术基础与知识溢出、创新态度与机制、集体学习曲线等。创新可以大幅度降低成本，改变产业生产方式，在短期内改变产业布局，形成并发展产业集聚。王洁（2007）指出，技术创新过程是从根本性创新开始经历渐进性创新，然后再进行根本性创新组成的螺旋发展过程。核心产业出现根本性创新，并且创新与区域因素结合。例如，创新依托于大量的未编码知识形成移植的障碍，出现产业集聚的概率会大大增加。产业集聚一旦形成，会诱发大量的渐进性的技术创新促进该地区迅速发展，地区经济发展反过来刺激创新发展，从而进入良性循环，形成高效的区域创新系统，形成产业集聚。创新主要包括制度创新、技术创新和管理创新等，它们互相影响、互相作用。

张其仔和许明（2020）从创新链出发，认为在产业创新系统中，企业与高校、科研机构之间经过相互合作，逐步形成产、学、研一体的创新链。在企业—高校—科研机构之间形成创新链的过程中，三者合作非常密切，展现了良好的、健康的合作关系。此外，高校、科研机构与企业的合作目标应当是高度一致的，并且高校和企业之间要形成专业人才培养模式，如建立博士后流动站、科研中心等。在企业和科研机构的合作模式上，科研机构主要是帮助企业完成科技成果转化。因此，"产、学、研"合作创新是产业链创新发展的基本模式，同时，也为产业集聚实现技术创新和发展，并快速实现科技成果转化做铺垫。

实践证明，大多数具有科技创新能力的产业集聚都是以科技创新系统为基础的。在世界范围内，成功的产业集聚都源于集聚与科技创新的互动发展，如美国硅谷。所以，企业要整合创新资源和要素，并积极与高等学府、科研院所和研发机构深度对接，达成长期战略合作，搭建利于产业集聚的科技创新平台，建立"新型'产—学—研'机制"，以形成具备强创新力的科技创新网络，全方位提升区域产业集聚的创新水平，逐步建立产业培育链条，通过孵化器、校企合作平台、研发机构等创新平台加速成果转化，推动全球高科技技术创新成果落地实施。

（三）基于区位优势而形成的产业集聚

除了生产技术、管理水平等企业内部因素以外，企业所在的区位条件、市场环境、政策环境、文化环境、劳动力素质和竞争环境等外部因素对产品成本都有影响。王洁（2007）曾指出，区位优势对企业有较大的吸引力。在交通基础设施条件较好的地区，企业可以降低运输费用，使得原材料、产品的输入和输出变得比较便利。另外，交通便利的地区，人员流动频繁，信息交流也会较快，对企业也有吸引力。水、电、天然气甚至气候条件等方面都对工业生产和生活有一定的影响。较好的区位条件有助于区域内企业的生产经营，帮助产品取得竞争优势，加快集聚过程。规范的市场秩序有利于企业开展生产经营活动。信用环境可以降低交易成本，促进网络效益发挥作用。也就是说，这一区域有生产某种产品的资源禀赋、地缘禀赋、优惠政策或历史传统优势，如原材料、更好的交通条件、优良的工业区基础设施、手工艺人才等，从而能够吸引中小企业聚集到区域周围。同时，产业集聚无论是自发形成的还是由政府规划的，政府的支持都必不可少。区域产业生态体系就是依靠政府对某一区域规划和投资兴建起来的。例如，西伯利亚科学城、日本筑波科学城等都体现了政府的区域发展取向。以计划方式形成的集聚主要是为了减少运输费用，增强企业间协作等，通过政府集中投资与扶持，可以短期内快速形成工业区甚至是产业集聚。

（四）其他因素形成的产业集聚

程长林等（2021）根据马歇尔提出的经济外部性、韦伯的区位论等多种理论总结归纳，认为集聚的形成与效应溢出一般可从内源性和外源性两方面来看。

1. 内源性形成

产业集聚内源性主要体现在以马歇尔提出的外部性、规模经济的基础上，结合产业发展达到一定阶段后，企业内部生产线专业化水平不断提高，流程分工更加明晰，且共同的生产资源在空间范围内互利共享，降低了交易费用，提高了产业效率，形成了区际差异，促进了产业在地理空间层面的集聚。产业链各环节组织在生产分工的安排下，形成专业的行业组织联盟，通过组织程度的集中，引领要素在核心区域内积聚。在此基础上，通过规模扩张，发挥规模效应。因此，外部经济在一定的地理空间内将吸引各种资源向该区域流动，形成区域产业增长的中心。

2. 外源性驱动

产业集聚产生的外源性动力主要来自资源禀赋优势、政策驱动和资本驱动三个方面。资源禀赋上，受区域资源禀赋优势影响，当地产业发展具有先天的自然竞争力，资源可获得性高、成本低、收益高，进而吸引其他关联产业向中心区域转移，形成资源引导型产业集聚区，如临港经济集聚区、海湾贸易集聚区等。资本驱动方面，生产性服务业，尤其是金融业集聚多数是在资本驱动的基础上形成的。其中，信用是该类型产业集聚的核心竞争力，能不断提高资本价值。此外，区域发展过程中，企业及其外部的网络联结对于企业发展以及区域产业集聚发展具有关键作用。

四、产业集聚的作用分析

产业集聚在一定程度上有力地推动区域社会经济发展和城市化进程，吕鲲（2019）提出产业集聚的具体作用有以下三个方面：

（1）产业集聚整合了人才、信息资源、技术和资金等，形成了一个充足的劳动力市场和交易市场。产业集聚在空间和时间上缩短了企业之间的距离，从而形成了一个可共享的信息数据库，能根据企业的需求为不同的企业提供服务。产业集聚既可以降低企业生产和交易的成本，又能为企业提供良好的、利于创新的外部环境。产业集聚所形成的人才多样化和信息透明化，为各企业通过吸纳不同的人才和获取必要的信息来满足自身发展需要、提高生产效率提供了可能。

（2）产业集聚有利于发挥地区优势，发展区域特色经济。一个区域内的产业集聚就是将地区所特有的经济"集聚化"，形成区域化科学布局和专业化生产，从而加快区域经济发展，放大区域优势产业，形成区域品牌效应。例如，江苏张家港精细化工产业集聚。张家港市因港得名，水陆交通便捷，运输能力强，并可达长江中下游地区及各大中城市。作为国内唯一的内河港型保税区、唯一的区港合一保税区，以及唯一的以化工物流为主的保税区，张家港有着天然的综合区位，以"培育地方优势和特色产业，提升区域经济实力"为目标，进一步发挥了化工业产业基础优势。

（3）产业集聚对于促进企业竞争，产业部门细化、专业化，加快产业创新发展有重要的意义。多个企业在相近的空间内集聚，必然会产生一定的竞争压力。面对这种压力，区域内的企业只有通过降低产品的成本、提高自身产品的质量、不断创新技术，才能在竞争中处于优势地位。同时，在这种竞争环境中，企业也可以将产业链进行分解细化，提高每一条链条的专业化，为产业向前发展提供强劲推力。

第三节　产城融合理论

一、产城融合的概念

产业是城市发展的基础，城市是产业发展的载体。产城融合是在我国经济转型升级的背景下针对产城发展分离提出的一种发展思路。张道刚（2011）认为，产城融合发展思路要求产业与城市功能融合、空间整合，二者相伴而生、共同发展，"以产促城，以城兴产，产城融合"，城市化与产业化发展要有一定的匹配度，不能一快一慢，脱节分离。

　　产城融合不是一蹴而就的，因此，制定合理科学的产城发展规划就需要全面综合理解产城融合的内涵。"功能混合"理论作为相对独立的城市规划理论对产城融合的定义起到了决定性作用。"功能混合"理论是以功能分区理念为基础，通过继承和改进而提出的城市规划理念。20 世纪二三十年代，《雅典宪章》提出了功能分区理论，为工业革命以来城市膨胀、交通混乱、环境恶化等城市问题提供了理论基础和指导。面对功能分区的功能单一化、忽视规划尺度、缺乏与周边地区的联系、城市区块割裂等严重现象，1977 年发布的《马丘比丘宪章》将"多样性"特征和"新城市主义"等理论加入功能分区理论，从而形成了较为系统的"功能混合"理论。它在强调各项城市功能相互作用关系的同时，也充分肯定了各项功能的相对独立性。产城融合概念可以看作"功能混合"理论具体化的延伸，即主要处理"生产"功能与城市其他功能的混合。同时，产城融合的内涵也继承了"功能混合"理论的基本理念，如人本主义、多样性特征、功能互补互利、区域联系紧密等。

　　"功能混合"的规划理念可以有效地指导工业园区内的各项功能平衡发展，将生产、居住、游憩、交通和商业等功能组织成一个有机的整体，相互依存，互补互利，达到"以产带城，以城兴产，产城共荣"的发展模式，逐步"消化"城市边缘的规模巨大、功能单一、布局混乱的具有功能分区印记的工业园区，从而将工业园区转型成功能完整、配套完善、协调发展的"新城"或"新区"，避免其继续为城市的正常运转带来负面影响。

　　李文彬和陈浩（2012）总结了对于产城融合内涵的理解，主要着眼于人本导向、功能融合和结构匹配三个方面。就人本导向而言，产城融合的本质是城市规划从功能主义导向回归至人本主义导向。产城融合的提出体现了由注重功能分区和产业结构，转向关注融合发展、关注人的能动性和创新性。就功能融合而言，随着城市不断发展，城市内的产业结构不断优化升级，从以制造业为主转为制造业和服务业并驾齐驱的发展态势。因此，统筹产业与城市的功能融合、空间融合有助于产业转型升级、城市优化发展。就结构匹配而言，产城融合发展的核心是促进居住和就业的融合，即居住人群和就业人群结构的匹配。只有产业结构、就业结构和消费结构相互匹配，才能促进真正的产城融合发展，从而实现新城内多元要素的综合协调发展，保证区域内产业与城市功能相辅相成、良性互动、协调发展。

可以说，产城融合是新时代产业和城市发展的战略要求，是对过去产业园区发展模式或单一城市发展模式的再思考、新探索。综合多位学者的研究，卫金兰和邵俊岗（2014）归纳出产城融合主要有三个特征：城市与产业共生，生活与就业并存，制造与服务互动。

曹允春教授（2016）等针对临空经济所特有的三要素，提出"港—产—城"理论体系（AIC 模式，即空港、临空产业和新城），并通过三种相应的融合模式来分析临空经济的发展途径。临空经济的融合驱动模式可能组合成"港产融合""港城融合""产城融合"三种模式。其中，"产城融合"模式是指临空产业与空港新城的融合发展，以达到临空产业、空港新城良性互动、共同发展、持续向上的模式。具体而言，即通过"产"驱动"城"的作用机理，以产兴城，以产业为保障，驱动城市的服务配套进一步更新和完善；同时，通过"城"驱动"产"的作用机理，以城促产，以城市为基础，提供产业发展空间和经济发展载体，促进临空产业链的上下游延伸完善、产业结构的优化升级以及空港新城的功能配套不断升级。

二、产城融合的发展路径

（一）基于产业开发区的产城融合

"产城融合"广义上指产业化与城市化的融合，狭义上指产业园区与城区的融合。产业开发区在发展中遇到开发区与母城分离、园区有产无城或有城无产、经济与人口城镇化不平衡等问题，因此有学者提出了加快开发区的"产城融合"发展模式。

苏林等（2013）认为，这种产业开发区的"产城融合"发展模式应满足人的需求，实现产业结构、就业方式、人居环境和社会保障等由"园区"到"城市"的转变。实际上，国外的纽约曼哈顿、国内的苏州新加坡工业园等范例早就表明，一个成熟的产业园区，一定是特色鲜明的城镇社区。由此可见，开发区的产城融合的重点就是要激发城镇社区这一结构单元的活力，将产业园区作为城镇社区进行精心打造，使城镇社区提升为"产业发展服务区"，产业园区从而实现"工业园区—产业集中区—产业社区"的转型升级，并为从产业社区再向城市特色功能区改变而积蓄力量，完成经济发展从单一的"生产型园区经济"向多功能的"生产、服务、消费等多点支撑"的"城市型经济"转型，让产业在新城建设中迸发活力，同时得以升级优化，为新城的城市功能和配套设施完善提供动力。

针对既有开发区的产城融合，是需要在人口城镇化、经济城镇化和空间城镇化三维结构中，得到产业、城市和人三方面相互作用的良性结果。

首先，要处理好人和城镇的关系。要达到新型城镇化目标，提高人口城镇化率及城镇就业率，开发区就需要在充分吸纳农业转移人口就近市民化的同时，引进高校毕业生、专业技术人才等高层次人才智力库，提高当地人口素质。开发区城镇需要提供良好的工作、生活和学习等环境，以保证人口集聚及居民安居乐业。

其次，要处理好人和产业的关系。为实现产城融合，人和产业之间应解决好三个方面的问题：一是产业发展所服务的人群充分与否，产业目标市场明确与否；二是支撑产业发展所需要的就业人口以及人力资源供给数量充分与否；三是就业结构与产业结构协调与否，即劳动者专业知识、技术和能力等结构与产业发展需求是否匹配。在产城融合的开发目标下，既应尊重区域内产业布局对就业数量、质量和结构等要求，也要确保民生康乐等人的发展需要。

最后，要处理好城镇与产业的关系。产业和城市的发展一体化最直观地表现着产城融合，既要注重城镇规划建设与产业布局、产业集聚之间的适应度，又要在城镇空间拓展、基础设施等内涵建设与产业转型升级、经济持续发展之间寻求动态平衡。因此，奚昕和曹晨（2019）提出，需要以产业和经济发展驱动城镇空间建设发展，提升城市内涵和外在实力。而城市强大的竞争力和良好的平台形象，也会为产业区发展集聚人才、要素、资源和资金等，推动产业开发区的优化提升。

（二）基于产业新城的产城融合

张省和周燕（2020）认为，产业新城是以人为核心、以产业发展为基石、以产城融合为标志的城市发展创新模式。可从三个方面理解其内涵：第一，产业新城的核心在"产业"。产业新城中产业是广义的，包括生产、服务、教育、技术等。一个成功的产业新城必须有明确的支柱产业，而且该产业必须在城市 GDP 中占有一定比重，与辅助产业共同组成一个具备强抗风险能力的产业体系，带动城市发展。第二，产业新城的关键在"新"。这不是指必须新建或新开发，而是强调要独立于主城区以外。其概念是相对于老城区而言的，强调在老城区周边建立新的反磁力增长地区，以重振老城区的活力，而非对老城区进行全面改造。同时，"新"还体现在运营模式的优势和创新，产业新城不再是传统的单一政府直接开发的模式，而是更多地强调政企合作，通过市场化手段共同促进新城的建设运营和发展。第三，产业新城的根本在"城"。产业新城与传统产业园区的根本区别是产业新城具有完整的城市功能。除了产业的基本配套，还需有完备的市政、生活、住宅、商业、教育、医疗和休闲娱乐等功能配套，而且各类功能用地须科学合理，形成一个真正意义上的"城"。它应当有着政府主导、市场主体、政企携手打造的特征。同时，选址是围绕核心都市圈外布局。周边用地配比相对比较科学，新城内配套设施合理，交通网络便捷，城市功能在建设发展中不断完善。同时它也有着鲜明的"产城融合"的特点。这些新城建设一般都是政府政策主导的重点工程，规划设计、投资建设等各个环节都有较好的保障，也具有一定的科学性。

从空间维度来看，以"产城互促"推动"产城融合"作为规划思路，提出产业布局规划在产业对象重组、产业空间指向、产城融合关系、规划协同等方面的方法转型。就空间统筹的结构前提而言，对产城融合的理解不能仅停留在"局部"功能关系的认识上，必须要从城市甚至区域的整体出发，看待微观的功能与服务融合问题，否则将会导致城市整体运行效率的降低和功能体系的涣散。产城融合的关键在于产业发展与城市功能的良性互动、互融互促。对于在郊区新建设的新城来说，产业的简单迁入远远不够，更需要快速配备、落实城市的基础设施、生活配套设施、公共服务设施和城市生态环境，带动制造业升级以及相关生产性服务业和生活性服务业的集聚发展，从而吸引中心城区或外来人口，特别是高素质和高技术人才，实现产业多元优化、城市功能完善、区域竞争力提高的三者协调。

（三）基于特色小镇的产城融合

钱峰（2021）表示，随着城镇化发展和产城融合研究范围的不断增大及深入，产城融合已不再局限于城市，而是涵盖了不同类别的城镇。而特色小镇在赵佩佩和丁元（2016）看来既不是行政区划单元上的"镇"，也不同于产业园区、风景区的"区"，而是位于城市周边、相对独立于市区，具有明确产业功能、文化功能、旅游功能和社区功能的重要功能平台。李硕扬和刘群红（2018）总结其为一种以某种特色产业为支撑发展起来，以产业发展带动小镇全面发展的城镇化发展模式，追求的不只是针对产业与城镇的发展，更是注重人的发展，要达到一种"产、城、人、文"相结合的发展状态。叶娟惠（2019）认为，特色小镇作为城镇的新型发展模式，在发展过程中要遵循"产城融合"的理念，才能有效发展新型城镇化。寻求到"产、城、人、文"全面融合发展的道路，促进特色小镇各功能有机融合，并有效规避和解决当前特色小镇发展问题的必要选择。同时，她根据前人学者的研究总结出了特色小镇的四个特点：一是产业特色。以特色产业为支柱，特色文化为重要内容，多核驱动特色小镇发展。二是机制创新。以政府为引导、企业为主体的市场化开发运营管理机制。三是形态"精而美"。小镇一般规划面积不超过3平方千米，以历史文化、风俗习惯、生活方式等软文化为基础，建成3A级以上旅游景区。四是功能融合。以产业集聚、旅游开发、文化挖掘与生活宜居相融合为发展模式，实现兴业、安居、游乐等功能。

刘畅等（2012）提出，"产城融合"的一般路径通常表现为"产"先于"城"，即首先通过产业的快速发展集聚人气，然后为产业人员提供较为完善的城市功能配套，如住房、医院、市场、学校等。但是前文提到特色小镇有四"特""精而美"，因此特色小镇的培育建设不能直接照搬原有的规划思路，即特色小镇走"产城融合"的一般路径并不合适。施郁文和林巍（2018）总结出特色小镇的形成首先需要经过特色产业的选择和高水准规划，之后，小镇的特色产业培育和配套功能设施必须同时展开，共同推进，才能有效聚集其所需的高端要素，推动产业转型升级，具体发展路径如图2-2所示。

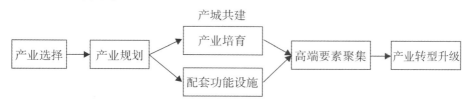

图2-2　特色小镇的形成机制（施郁文、林巍，2018）

产城融合应当是特色小镇的发展要求和必然选择，特色小镇的发展又会促进产城融合进一步优化。叶娟惠（2019）认为，产城融合要求产业发展的同时带动城镇基础设施、人才、文化之间的协同发展；而特色小镇作为新型城镇化背景下经济发展的新引擎、新动能，通过对传统产业的升级改造，由传统的加工制造向设计、品牌、技术转变，增强产业的特色，调整小镇产业结构升级，推动小镇配套设施、文化、社区协同发展，提升小镇发展质量，促进产城融合。李硕扬和刘群红（2018）表示"产城融合"的发展理念是实现特色小镇"产、城、人、文"全面融合。谢涤湘和王哲（2021）表示，产城融合的目的是以城市为基础，承载产业空间与发展产业经济，以产业为先导，驱动城市更新和完善服务配套，进一步提升土地价值，以形成产业、城市、人之间的可持续发展模式。而特色小镇的发展重点在于"城"，适合生活居住的"城"才能将人留下，产业才会得以持续发展。

根据国内特色小镇的发展来看，李硕扬和刘群红（2018）将特色小镇的功能，定义为特色小镇对一个地区的经济、文化、社区所起到的作用。它作为特色小镇定位这个复杂系统的核心组成部分，是特色小镇发展战略的前提和基础，直接地影响着小镇的产业发展和城市建设。特色小镇的功能具体可以划分为产业培育功能、科技创新功能、农业推广功能、休闲旅游功能、文化传递功能和生态居住功能。特色小镇以其自身独特的文化和功能，将产城融合的思想应用于特色小镇的发展战略之中，并明确了发展方向，要打造"产、城 、人 、文"有机融合发展的共同体。产城融合视角下特色小镇的功能定位应该遵循特色小镇的这一发展方向，以此四个角度对其功能的定位明确出具体的发展路径，其具体模式如图2-3所示。

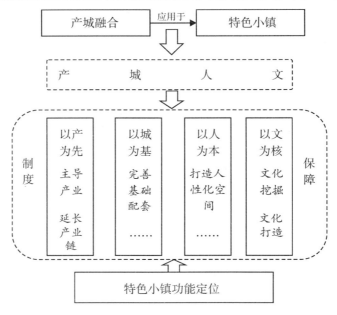

图2-3 产城融合视角下特色小镇功能定位的发展模式（李硕扬、刘群红，2018）

（1）以产业为先导，实施精准特色产业定位、产业选择和产业规划。坚持核心主导产业"特"的优势，延伸产业链，促进特色小镇多产业的跨界融合，使核心产业、配套产业和衍生产业共荣、共生、共享，形成"产业本身+产业应用+产业服务"的产业生态。

（2）以城建为基础，完善基础配套设施。加强小镇交通、休闲娱乐、教育、医疗等基础设施和服务配套建设，提供一个宜居、宜业、宜游的活力功能体。

（3）以人本为根本，打造人性化空间。综合考虑特色小镇未来的居住和工作主体，打造优美的自然生态环境、舒适的工作生活环境、令人满意的服务环境和易于接纳的城镇文化精神，吸引人才、聚集人才、留住人才，打造一个人性化的空间。

（4）以文化为核心，促进文化的传承。充分挖掘当地的特色历史文化，将文化植入产业发展、休闲旅游、社区生活中，促进小镇特色文化的保护、传承和开发。

（5）以制度为保障。谢涤湘和王哲（2021）认为，特色小镇前期建设不一定能兼顾产业和城市同步发展，因此相关部门以政策文件来保障特色小镇规划和建设的科学性，以积极的扶持政策招商融资、引入人才，发挥政府的职能作用。钱峰（2021）提出，对于城镇功能建设需要构建层次鲜明、完善的规划体系，只有明晰小镇项目建设、运营、监督的标准，明确政企职责和分工，运用科学的规划方法，营造公平的发展氛围，才能在后期逐步完善城市功能，让小镇持续发展。

三、新型城镇化背景下的产城融合

《国家新型城镇化规划（2014—2020 年）》提出了"工业化和城镇化良性互动"的发展理念，而落实这一理念最为重要的关键点就是在新型城镇化中如何实现产城融合。很显然，在了解产城融合与新型城镇化的关系基础上，丛海彬（2017）认为，纳入考虑"产"与"城"的互动与融合，是连接新型城镇化研究中宏观与微观视角间沟壑的桥梁。他还着重探究了新型城镇化背景下产城融合的人本导向特征，因为这是推进以人为本的新型城镇化的趋势。

在城市化发展过程中，中国始终坚持走有自身特色的新型城镇化道路，不断对城镇化建设体制加以完善，使得城镇化由快速发展阶段迈入高质量发展阶段。然而，颜丙峰（2017）认为，随着城镇规模的快速扩张，出现了产业与城市发展不协调的现象，例如，城市扩张速度超过产业发展所导致的"空城"现象，产业发展超过城市承载力所导致的"堵城现象"，传统产业衰退而新产业接续不良所导致的"衰城"现象。因此，朱梦婷和谢雨涵（2021）表示，"产城融合"是针对城镇化推进的形势和问题提出的新理念。

（一）产城融合与新型城镇化关系

产城融合是一个涉及面广且复杂的系统工程，不仅要实现产业空间布局与城市空间规划的契合，实现人口在产业、城市的均衡分布，而且更重要的是要实现城市功能与产业定位之间的有效匹配。

相比传统城镇化，新型城镇化更强调城镇化内涵的全面提升。片面追求人口、城镇区域的传统城镇化，导致城镇化建设偏离了本来的发展目标，产生了各种弊端。新型城镇化是在建设传统城镇化与构建和谐社会之间矛盾日渐突出的背景下产生的，它走出了传统城镇化的误区，由片面追求城市规模的扩张，逐步改变为以集约高效、产城良性互动、各方面协调发展，产业空间布局与区域经济发展良好融合的城镇形态，同时培育和发展与新型城镇化发展相适应的产业，使城镇成为具有较高品质的适宜人们居住、生活的地方。马野驰和祝滨滨（2015）认为，产业与城镇化具有天然的互动关系，新型城镇化是产业集聚的空间载体，产业是新型城镇化建设的动力源泉。

因此，贺传皎等（2018）与丛海彬等（2017）都认为在新型城镇化背景下，在政府推动力、市场需求拉动力、技术驱动力、资源环境约束力等综合作用下，产城融合发展思路应当紧密围绕人本导向、功能融合、空间整合、结构匹配和机制健全这五个方面进行，以促进人口、知识、要素、土地、技术等生产要素双向循环和良性流动。

1. 人本导向

产城融合要以"产""城""人"互动为基本点。产业是城镇建设的物质基础，城镇是产业发展的必要载体，而"人"是产城融合发展的核心因素和关键主体。谢呈阳等（2016）认为，人是产业和城市之间有效互动及融合上升的关键连接点，"人本导向"反映了居住人群与就业人群结构的匹配状况。以人的发展为目标，重点关注"人"的就业问题、收入问题、农业转移人口市民化问题、人力资源综合素质不断提升等公共服务供给问题。只有解决这些"人"的问题，才能实现产业发展、城市建设和人口集聚相互促进、融合发展，才能形成以产带城、以城促产的持续良性互动。

2. 功能融合

产城融合是产业集聚功能与城市承载功能的融合，既包括以产业业态、城市形态、人口集聚为主的实体要素融合，又包含以政策、观念和制度等为主的非实体要素的融合。在实体要素融合上，可以新产业、新业态为导向，集聚创新资源；对内对外的基础设施要互联互通，水电路气等基础设施城乡联网、共建共享。而在非实体要素融合上，需要以一些实体要素为依托，来促进观念、思想等融合，包括合理布局教育、医疗、文化、旅游、体育等公共设施，配套建设居住、商业、娱乐、休闲等生活娱乐设施，丰富居民的文化生活；同时更具针对性的政策、制度颁布，促进优质就业和稳步定居。二者在融合过程中相互影响，相互促进，两个系统通过实体要素和非实体要素之间的交叉渗透形成了多个子系统，因此，要提高产城融合的功能效用，需要以系统内要素互动来实现产业要素、空间要素、人口要素、思想要素与制度要素的融合协调发展，才能最终达到产业和城市竞争力同步增强的目的。

3. 空间整合

按照生产空间集约高效、生活空间宜居适度、生态空间山清水秀的原则，科学规划空间发展布局，统筹规划包括产业集聚区、人口集聚区、综合服务区、生态保护区等在内的功能分区。在保证基本的产业发展和城市功能健全的基础上，使绿色建设、绿色生产、绿色消费发展模式成为常态，节能节水产品、再生利用产品成为主流。保证"生产、生活、生态"空间的合理布局和持续发展。

4. 结构匹配

结构匹配是产城要素组成及重构的反映，需要在统筹处理好经济发展与生态环境保护关系的前提下，在产业结构、就业结构、消费结构等方面相互匹配。居住和就业是产城融合发展的微观基础，通过促进居住与就业的协调，从而实现居住人群和就业人群结构的匹配。新型城镇化下，越来越多的农村人口向城市集聚，向第二、第三产业转移，并转变为城市人口，其就业、收入、消费结构逐步改变，以此结构促进产业结构，再促进城镇化建设发展。而这种城镇化发展再反向促进产业结构、就业结构、消费结构等结构优化并相适应。这一过程中，产业要素、人口要素和新型城镇化过程中的经济、政治、文化、制度等方面深入融合，形成一种交互影响、相互促进和融合协调发展的动态协调系统，最终形成产业—城镇—人之间良性循环、持续向上的发展格局。

5. 机制健全

在影响乃至决定产城融合发展的基本因素中，产业集聚是产城融合发展的动力机制，经济要素流动、集聚与融合是产城融合发展的实现机制，相关制度安排与创新是产城融合发展的保障机制，资源环境供给是产城融合发展的约束机制。其中，颜丙峰（2017）认为，实现机制是产城融合的关键机制。产业结构转换引发的经济要素转移流动能够实现规模集聚与优化组合，其结果就是产城融合的可持续发展。

（二）产城融合中的人本导向

正如宋朝丽（2019）所言，产城分离是功能主义城市规划的产物，过于注重物质环境与生产效率的提升，却忽略了人的感受。为解决产城分离而提出的产城融合，通过对城市的空间布局、配套设施、生态环境、产业结构进行调整，最终达到生产、生活、生态的平衡与融合，提升了城市居民的幸福感和生活品质。

传统产城融合的方式有两种：一种是"以产带城"，即先发展产业，以产业驱动城市功能逐步完善，如上文提到的基于产业开发区的产城融合建设，就是这一模式；另一种是"以城带产"，即先完善城市功能，再吸引企业入驻，形成产业优势，如各城市新区、产业新城的建立。但随着社会实践和理论研究的深入，人们越来越意识到，人是产城融合中最为关键的因素之一。正如谢呈阳等（2016）提出的"新型城镇化"理论，其中的"新"体现的就是"以人为本"，该理论将对人的关注提升到前所未有的高度。颜丙峰（2017）认为，新型城镇化是人的城镇化，其本质表现为坚持"以人为本"来提高城镇化建设的质量水平。推进"以人为本"的新型城镇化发展趋势，是从过去的"功能导向"到现在的"人本导向"的一种转向回归，是对人、环境和社会关系的重新认识和合理组合，以实现最大社会效益的驱动。杨晓锋（2017）提出，提升人的发展水平是产城融合的最终目的；作为产城融合的中间介质，"人"既是产业繁荣的投入要素，又是城市建设发展的服务对象；人力资本可被看作最活跃、主观能动性最强的生产要素。

朱梦婷和谢雨涵（2021）归纳的人本导向下的产城融合发展体系（如图2-4所示）是要求以人的效用提升为最终目标，围绕人的多方面需求逐步完善城市功能，合理配置生产要素，努力实现城镇生产性和功能性的融合，最终实现产业繁荣、城市建设和人的和谐可持续发展。

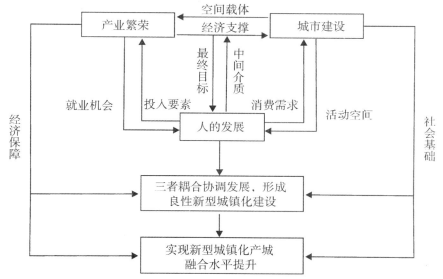

图2-4　人本导向下的产城融合发展体系（朱梦婷、谢雨涵，2021）

谢呈阳等（2016）从"人"的视角出发，总结"产"与"城"需要融合的原因至少有三点：第一，在经济理论中，"人"通常被抽象成劳动力，劳动力是"产"的重要投入要素，因此，"人"与"产"具有天然的不可割裂性；第二，与普通生产要素相比，普通生产要素仅需要提供不同的储存空间，而劳动力存在多层面的需求，因此，"人"与"城"必然存在千丝万缕的联系；第三，城市功能的获得在很大程度上来自作为"产"之一的服务业。Browning Singelman（1975）提出，与工业产品相比，服务具有无形性、不可储存性、生产与消费同时性三大特征。尽管在现代信息和通信技术的影响下，江小涓（2011）表示上述三个特点都已受到不同程度的挑战和质疑，但改变却有限，大多数服务活动尤其是消费服务仍受到明显的时空限制。因此，服务业很难对"人"实现"跨区域"供给，即"城"的功能无法作用于不在其地理范围内的"人"。

同样从"人"的视角出发，"产"与"城"之间能够相互促进：第一，"城"能够通过提高"人"的效用水平来吸引高质量的劳动力，进而提升地区的产业发展水平。但劳动力（尤其是高质量劳动力）会因个人需求无法被满足而产生流动性，而劳动力的流失将导致产业升级陷入瓶颈。第二，"产"能够通过促进"人"的集聚，为"城"的繁荣提供必要前提。如上文所述，城市功能的获得主要来自服务业，而由于生产与消费的同时性，需求规模是制约服务业发展的根本条件，Hill（1997）提出，只有大量消费者和经济组织集中在一起，才可能提供服务产业化所需的足够大的市场需求。工业发展能够引致劳动力集聚（这在中国伴随城镇化的高速工业化发展中已得到体现），为作为城市功能载体的服务业的催生提供良好环境。

张新芝等（2018）总结新型城镇化在本质上是"人的城镇化"，其根本目的在于人的发展，打造人更美好的生活方式，完成人的现代化，促进人的全面发展。因此，宋朝丽（2019）总结前人观点，提出要建立"以人为本"的城市发展新典范，打造"产、城、人、文"四位一体的立体融合发展模式。产业布局、城市功能都必须以"人"为中心来展开。在城市空间设计上，不一味追求恢宏大气、地标建筑、政绩工程，而是从人的生活习惯、人的生理特征和心理需求出发，创造适合人的城市环境、宜人的城市景观和设施。"以人为本"的产城融合不仅是人口、建筑、广场、道路、交通、设施等人文因素的集合，而且要追求在产业发展和城市功能完善的过程中凝练出特有的文化特色和城市精神，要营造开放民主、共同参与的城市氛围，同时，要通过城市形象宣传、城市活动策划、城市品牌塑造等活动，打造积极向上、勇于进取的城市形象。

综上所述，新型城镇化背景下的"产城融合"应该是"产业""人"和"城市功能"三者的融合。在"以人为本"的指导思想下，"产城融合"的最终目的是在提高"人"的效用水平的前提下，实现产业与城市发展的共同繁荣。

（三）产城融合在新型城镇化的空间模式

汪增洋和张学良（2019）认为，我国城镇化正在经历转型发展，主要是由数量扩张型向质量提升型转变。要解决服务于增长目标的数量扩张型在长期发展过程中积累的城镇之间、城乡之间发展不平衡、不充分的问题，就需要以人的城镇化发展为目标，夯实经济增长的内需基础，实现城镇化和经济发展的良性互动发展，同时，通过产城融合进一步推动城镇化和工业化协同发展，加快中国城镇化转型发展为质量提升型（如图2-5所示）。

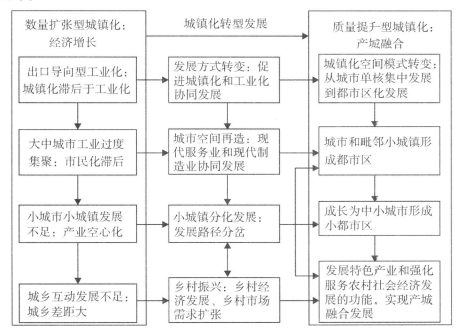

图2-5　中国城镇化转型发展和空间模式转变（汪增洋、张学良，2019）

本质上，产城融合是产业、就业、人口、公共设施等方面的空间配置问题，罗守贵（2014）提出，产城融合不仅存在于单个城镇内部，也存在于城镇体系的不同城镇之间、区之间。这就需要跳出单个城镇，在更大范围的空间尺度上，从城镇内部结构、城镇规模结构和城镇空间布局结构等多方面优化资源配置，促进产城融合发展，提高城镇化质量。

1. 城镇内部结构方面

在中国进入工业化后期之后，现代服务业已成为大中城市产业发展的重点，推动中心城市空间再造、加快现代服务业和现代制造业发展，有利于优化城市的就业结构、收入结构和消费结构等。

2. 城镇规模结构方面

部分工业和服务业因中心城市产业升级，向城市外围地区扩散，小城市和小城镇因获得产业发展机会，得到快速增长，产业空心化问题将得到缓解，中心城市"摊大饼"的发展趋势将得到减缓，区域范围内的城镇体系结构也将得到优化。

3. 城镇空间布局结构方面

在工业化后期，中心城市一些产业开始加速向外围的城镇扩散。同时，城市集聚效应将继续使得技术、人才等先进生产要素向城市流动，加快了城市产业和城市功能升级的速度，中心城市对外围地区的辐射效应进一步增强，毗邻中心城市的小城镇受中心城市的影响，成长速度和产城融合水平均得到了提升，逐渐融入城市与城市一体化发展，社会经济联系紧密的都市区逐渐形成。这时，工业化早期阶段形成的以城市单核发展为特征的城镇化过程，开始向以中心城市与外围地区互动发展为特征的都市区化城镇化过程转变。欧阳慧和李智（2021）表示，这是城镇化由集聚发展向分散发展转变过程中的普遍规律。也就是说，在中国进入工业化后期阶段，中心城市与小城镇构成的都市区将成为城镇化质量提升的主要载体。还有一些远离中心城市、具有较大本地市场潜力的县城和县级市将发展成为中小城市，并与毗邻小城镇形成小都市区。城镇化空间模式将表现为，中心城市和毗邻小城镇形成都市区，相邻都市区构成城市群、城市带，距离城市较远的一些小城镇发展成为中小城市，形成小都市区（如图2-6所示）。都市区和小都市区发展能够促进资源空间配置在城镇内部、城镇体系的不同城镇之间、地区之间的优化，有利于大中小城市和小城镇发展质量共同提升，以及大中小城市和小城镇协调发展城镇化格局的形成。

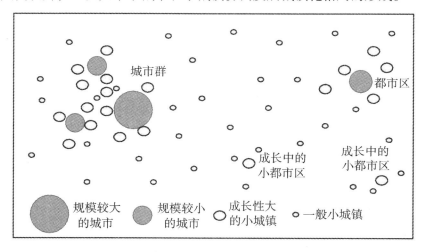

图2-6　新型城镇化空间模式（汪增洋、张学良，2019）

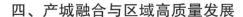

四、产城融合与区域高质量发展

我国进入经济发展新常态，经济由高速增长阶段向高质量发展阶段转变，经济发展方式由规模扩张型向质量效益型演化。经济动能也发生了转变，由于劳动和资本等要素价格上涨，传统要素驱动向创新驱动转变。冯烽（2021）认为，产城融合发展是国家级新区实现高质量发展的内在动力。吴福象和张雯（2021）表示，"产""城""人"融合的目的是在一定空间范围内打造可持续发展的生态系统，表现为"产"转型升级、"城"功能完善和"人"效用提升三个方面的协同性和循环性，可以看出"产""城""人"融合是区域高质量一体化的必然形态。

（一）产城融合推动区域高质量发展的作用机理

在产城融合的发展理念下，产业的注入为新区经济的发展提供动力，经济的发展将推动区域基础设施建设，基础设施的完善提升了区域空间质量与形象，进而形成人口向新城集聚，人口的集聚为新区增加了劳动力供给，同时也拉动了对新区居住、教育、卫生、娱乐等消费需求，推动了服务业发展和用地价格的提升。地租的上升将会淘汰一些低附加值的产业，也将促进新区建设更为集约，空间布局更为优化，更好地承载了产业升级对高端人才的需求，高素质、高技术人才的集聚将倒逼新城文化、生态环境、公共服务等配套设施不断完善。新城功能的多元化和高端人才的集聚将为产业的新一轮升级提供良好的硬件保障、产业基础和创新要素，从而实现产业结构优化和区域高质量发展（如图2-7所示）。

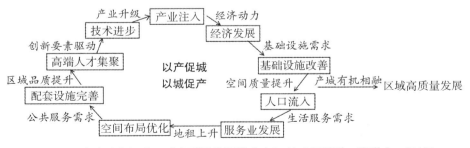

图2-7 产城融合促进区域高质量发展的内在机制（汪增洋，张学良，2019）

（二）产城融合推动区域高质量发展的方法策略

1. 创新产城融合模式，着力构筑面向未来的现代产业体系

（1）实现城市高质量发展，关键在于打造具有高附加值、能够引领未来发展方向的现代产业体系。构建现代产业体系需首先认清"产"和"城"的辩证关系，必须从过去过度依赖土地、房地产和粗放型的工业项目中解脱出来，创新发展理念和招商方式，通过建设更加开放、高效的平台与机制，集聚优质生产要素，形成创新型经济，迈向产业链高端，实现城市跨越式建设和发展。

（2）重新认识"产"与"城"的关系，用现代产业体系支持城市创新发展。高质量城市发展必须立足长远，对产业和城市的功能嵌套、业态变迁等进行统筹考虑，既要通过城市建设和功能完善吸引高端产业、人才，也要主动培育战略性新兴产业、高端制造业、现代服务业和创新研发产业等，形成具有发展前景的现代产业体系，夯实城市发展的经济基础。

（3）创新产业选择理念，迈向产业链、价值链高端。要构筑面向未来的现代产业体系，就要科学研判科技变革趋势，一方面要选择面向未来、引领未来的产业，例如，与绿色城市发展理念相符的产业、与本地比较优势相结合的产业等，同时，在众多产业中，明确主导产业，并"少而精"地发展产业。另一方面，针对企业要有序引导其向数字化转型升级，有效破解劳动力、土地等要素的约束，在推动传统产业提质增效的同时，提升新区的全要素生产率。

2. 加强区域协同合作，推动区域一体化发展，实现"产""城""人"融合再升级

根据区域经济理论，一个区域的高质量发展，不仅受到本区域因素的影响，还受到其他区域因素的影响。因此，在区域高质量一体化进程中，应利用不同区域要素之间相互赋能，加强区域间协作，实现"产""城""人"融合在区域高质量一体化过程中进一步升级发展。吴福象和张雯（2021）认为，随着区域发展形态的转变，区域一体化与"产""城""人"融合之间会逐渐形成共生效应。一方面，区域一体化是助推"产""城""人"融合发展的有效路径。区域一体化有利于整合用工需求，促进劳动力技能与产业的高效匹配；有利于比较优势发挥，从而使产业链、创新链在空间上实现互补协同；还有利于优质资源共享，从而兼顾人民福利的效率与公平。另一方面，"产""城""人"融合是区域高质量一体化的重要内容。实现区域高质量一体化发展，需要同时考量高质量发展与区域一体化两个重要维度，这意味着不同区域的要素应以实现整体高质量和可持续发展为核心目标来进行互动。

3. 创新招商引资方式，深化体制机制改革，优化营商环境，保障产城融合发展

首先，优良的市场化营商环境是招商引资的金字招牌。城市要完善基本的营商环境，不能忽视传统税收、土地等优惠政策，但以往的招商引资策略很难在传统要素驱动向创新驱动转变过程中再吸引长期稳定的企业，因此，一个公平透明、公平竞争的营商环境对于企业至关重要。城市要把"放、管、服"落到实处，强化服务企业的意识与责任，提高行政审批效率，以现代信息化技术为企业提供精准服务，创新管理与服务流程和程序，提高监管能力和服务水平，保持企业的市场主体活力，切实提升营商环境与公共服务水平。

其次，要充分认识到高效完善的公共服务体系是留住企业高端人才的重要法宝，要在改革开放上先行先试，深化体制机制改革、创新招商引资方式，由"招商引资"转变为"招商引智"，在市场准入、财政投入、金融服务、用地用电和人力资本等方面，积极推进机制和政策创新，尝试通过营造良好的城市环境和社会环境，提高城市开放度，使城市管理、城市服务与国际接轨，用宜居宜业的环境和平台吸引人才，使城市建设的招商方式由招企业向招人才转变、由招项目向搭平台转变、日聚集资金向聚集创新要素转变。

4. 推进"三生"共融，提升城市人文特色和生态功能，为产城融合提供可持续发展动力

党的十八大报告指出，"生态—生产—生活"空间的发展目标是生产空间集约高效、生活空间宜居适度、生态空间山清水秀。追求城市环境品质已成为当前许多城市生产空间、生活空间、生态空间融合发展的主要方向。在李承蔚等（2016）看来，追求城市环境品质包括生态环境的美丽化、城市风貌的特色化和社区营造的景观化三个主要特征。

首先，生态环境的美丽化是对建设"美丽中国"战略部署的响应，要始终强调对生态的统筹和对自然的尊重，通过"梳山理水"等方式引导生态空间相互联系，构建多元、协调的生态网络格局。宋莹和李娜（2015）

认为，特别要把握好生态建设重点，处理好发展与环境的关系，有效提升城镇化品位。在城镇化建设和产业布局过程中必须注重环境保护，如果破坏了生态环境，就可能永久失去区域原有特色。可以加快发展具有污染小、能耗少、潜力大、效益好等特点的新兴产业，这是产业结构优化升级推进产城融合发展的必然选择；也可以利用资本市场的力量来培育壮大新兴产业，为可持续发展奠定坚实基础。规划应依托现有自然生态脉络，大力开展生态修复工作，促进人与自然协同，推动绿色、生态、环保的环境友好型城市建设。

其次，李承蔚等（2016）也提出，城市风貌的特色化强调对城市公共领域与人文精神的关怀，要求城市功能的规划建设要加强对公共空间归属感和场所感的营造，在城市建设中植入特色文化，可通过对科技创新、环境景观、文化内涵和综合服务等关键要素进行统筹开发与利用，各要素融入城市的"三生"空间，体现城市人文特色的魅力，形成多元开放的文化，提升城市文化的品位，突出城市自身内在的特质与精神，引导城市向人文城市和生态文明示范城市转型。

最后，在营造社区的景观化方面，李承蔚等（2016）强调要注意加快区域环境整治，实施景观绿化、道路沿线整治等环境提升工程，升级景观效果，开阔区域视野，营造亮丽、整洁的宜居环境，完善社区功能。总之，要在满足居民基本生活、生产需要的基础上，引入更高端的服务和更优美的环境，打造优美、人文、宜居的优质城市空间。

第四节 空间布局理论

一、国土空间布局理论

（一）国土空间布局的概念

2020 年，中共中央十九届五中全会明确了"十四五"时期经济社会发展要实现的六个方面的主要目标和多项重要举措。其中，提到了优化国土空间布局，推进区域协调发展和新型城镇化。十九届五中全会提出，要坚持实施区域重大战略、区域协调发展战略、主体功能区战略，健全区域协调发展体制机制，完善新型城镇化战略，构建高质量发展的国土空间布局和支撑体系。全会明确要求，继续推进京津冀协同发展、长江经济带发展、粤港澳大湾区建设、长三角一体化发展，打造创新平台和新增长极。

按照《生态文明建设大辞典》所述，国土空间是指由国家及其主权权利管理的地域空间，是国家公民得以生活和发展的立足地，包括空间内的陆地、陆上水域、内水、领海和领空等。从"以人为本"的视角看，国土空间应该是人民群众安居乐业的场所和环境，也是一切经济社会活动的载体。按《辞海》解释，布局是重在人为的物质实体的排布放置，有可调控性、人为操作性的结果或状态。根据《国民经济和社会发展第十一个五年规划纲要》确定的全国国土空间布局，需参考不同区域的资源环境承载能力、现有开发密度和发展潜力，来统筹谋划未来人口分布、经济布局、国土利用和城镇化格局。余德贵（2011）提出，国土空间布局是一定地域范围内，承载具体国土空间活动的土地空间上的配置及其相互作用关系。杨建新（2019）总结归纳国土空间开发格局和布局后，认为国土空间布局是对人口、资源、环境和未来潜力等国土空间要素的统筹安排，强调各要素之间的空间协调匹配及流动关系，注重主导功能在地域空间上的差异性和协调性，强调通过相互作用和融合协调以实现宏观战略引领。匡文慧（2019）认为，优化国土空间开发格局和布局迫切需要控制国土空间开发强度，调整空间结构，促进生产空间集约高效、生活空间宜居适度、生态空间山清水秀，以实现国土空间高效开发、合理布局和集中统一管理，这对当今和未来国家可持续发展以及建成和谐美丽的社会主义现代化强国愿景目标具有重要的战略意义。

本书认为，国土空间布局是指在一定地域范围内，参考不同区域的资源环境承载能力、现有开发密度和发展潜力，对人口、资源、环境和未来潜力等国土空间要素进行统筹安排，优化区域内的经济布局、国土利用布局和城镇化格局，追求各要素之间的空间协调匹配及高效流动，以促进生产空间集约高效、生活空间宜居适度、生态空间山清水秀，实现国土空间高效开发、合理布局和集中统一管理。

（二）国土空间治理与区域经济布局

1. 空间治理

"治理"的内在含义是国家事务和资源配置的协调机制。空间治理则是指通过资源配置实现国土空间的有效、公平和可持续地利用，以及各地区间相对均衡的发展。刘卫东（2014）认为，"治理"与此前的"管制"有不同概念，它摈弃了传统的二分法（如市场与计划），承认政府、市场、社会和法制在国家管理中的不同作用。这是重视多方参与的过程，其中包括市场机制、社会参与等，政府也作为其中一方。因此，一个国家的空间治理体系或治理结构可以被看作政府职能、市场机制、社会参与和法制作用的有机组合。

张兵等（2014）认为，国家空间治理的制度安排深受我国工业化和城镇化历史过程的影响，是在经济社会发展、城乡建设、专业理论和技术进步的基础上长期发展、不断借鉴、逐步完善的结果。所以，国家空间治理体系的构建不应另起炉灶、重复建设，而是应用既有规划工具，多方治理主体协同配合来发挥空间管制的作用。

谢英挺（2017）归纳出我国空间治理的三个特征：①规划成为重要的空间治理工具。在我国从计划经济向市场经济转型的过程中，空间规划已成为国家空间治理的一个重要工具。张兵等（2018）表示，包括城镇开发边界在内的规划工具，也逐渐成为国家空间治理体系建设的新举措，兼有控制城市扩张、促进城市转型发展、塑造美丽国土空间的综合作用。参考《生态文明体制改革总体方案》，需要"构建以空间治理和空间结构优化为主要内容，全国统一、互相衔接、分级管理的空间规划体系"，并辅以法律保障，通过空间规划编制体系、行政体制和法规机制等制度设计来实现治理体系与治理能力的现代化。②行政体系对空间治理仍有重要影响。在我国，空间治理会涉及多方，但各级政府作为空间治理的权威一方，在空间治理过程中始终起着重要的作用。提升空间治理能力的一个途径正是关注我国的行政体系特点，从厘清政府事权、提高行政效能的角度出发，通过顶层设计，以空间规划事权的边界划分与再分配来改进空间规划体系，为空间治理能力优化奠定基础。③市场和社会各方介入空间治理的新途径。在我国的城镇化进程中，政府和市场合作构成的"增长联盟"成为发展的主要推动力。与西方不同，我国的空间治理采取的是以政府为主导，市场和社会各方介入空间治理的方式。实践中，开展"多规合一"的城市大多重视空间规划体系和治理体系的建构，注重政府、市场和社会的多方协同及共同参与治理，城市发展较为有序。因此，构建可持续发展、科学合理的空间规划体系，能促进政府、市场和社会多方在体系框架内通过对话博弈，共同参与到空间治理的过程中，实现治理体系和治理能力的现代化。

2. 区域经济布局

习近平总书记（2019）在中央财经委员会第五次会议上指出，各地区要根据自身条件，走合理分工、优化发展的路子，形成优势互补、高质量发展的区域经济布局，提升产业基础能力和产业链水平，打好产业基础高级化、产业链现代化的攻坚战。这是区域协调发展战略的根本目标①。

经济布局一般是指生产力和产业结构在地域空间上的分布、联系和组合，是国民经济发展的一项重要战略部署。经济布局一般分为两大类：一是产业布局，包括农业、工业、商业、运输业等布局；二是区域生产力布局，包括国家布局、地区布局、城市体系布局、地点布局和厂内布局等。经济布局合理的综合标志是国民经济结构合理，地区间发展较平衡，对自然资源和技术的利用比较经济、有效、合理，以及环境保护和生态系统较为平衡。因此，经济布局要做好科学论证，把产业布局和区域布局结合起来。

蔡之兵（2020）认为，在市场机制的充分作用下，不同地区的产业结构与各自区域优势的演变相匹配是形成优势互补区域经济布局的起点。若一个地区的产业结构完全与自身区域优势变化情况无关，则意味着市场经济规律对地区产业结构无法发挥作用，最终形成的区域经济布局也就不可能是优势互补的结构，更不可能满足高质量发展的要求。因此，需要对地区产业结构演变与区域优势演变的匹配情况进行分析，其中，对区域优势进行解构是首要工作。易淼（2021）也认可了区域优势的重要性，结合当前区域经济布局，他认为区域各城市立足自身比较优势，不断发挥产业集聚与扩散效应，使产业关联日益加强，从而奠定了重要的区域产业体系基础。

3. 空间治理与区域经济布局的关系

我国幅员辽阔、人口众多，各地区自然资源禀赋差别之大在世界各国中是少有的，统筹区域发展历来都是一个重大问题。当前，我国区域发展形势整体向好，同时也出现了一些新特征，一是区域经济发展分化

① 习近平. 推动形成优势互补高质量发展的区域经济布局 发挥优势提升产业基础能力和产业链水平［N］. 人民日报，2019-08-27（1）.

态势明显。全国经济重心进一步南移。各板块内部出现明显分化，有的省份内部也有分化现象。二是发展动力极化现象日益突出。经济和人口向大城市及城市群集聚的趋势比较明显，包括北京、上海、广州等特大城市。三是部分区域发展面临较大困难，如东北地区、西北地区等经济发展相对滞后。

党的十八大以来，党中央提出了推动长江经济带发展、黄河流域生态保护和高质量发展、京津冀协同发展、粤港澳大湾区建设、长三角一体化发展和成渝地区双城经济圈建设等区域发展新战略。这是在正确认识当前区域经济发展新形势下的重要战略举措。

由此可见，空间治理是形成优势互补的区域经济布局的重要途径之一，这是需要重点落实主体功能区战略，促进不同区域分工合理、结构优化的重要手段。

空间治理涉及规划政策、要素配置与集聚等，这涵盖了调整完善区域政策体系，发挥各地区比较优势，促进各类要素合理流动和高效集聚，加快构建高质量发展的动力系统，增强中心城市和城市群等经济发展优势区域的经济和人口承载能力等，实现优势互补、高质量发展的区域经济布局。

具体而言，完善空间治理，是要完善和落实主体功能区战略，细化主体功能区划分，按照主体功能定位划分政策单元，对重点开发地区、生态脆弱地区、能源资源地区等制定差异化政策，分类精准施策，推动形成主体功能约束有效、国土开发有序的空间发展格局。这是在遵循产业和人口向优势区域集中的经济规律、积极发挥地方比较优势、发挥价值创造作用、实现基本公共服务均等化的民生底线基础之上，迈向优势互补、高质量发展的区域经济布局的战略性手段。

（三）国土空间布局与区域经济高质量发展

1. 国土空间布局的主要空间形式

我国经济由高速增长阶段转向高质量发展阶段，对区域协调发展提出了新的要求。不能简单要求各地区在经济发展上达到同一水平，而是要根据各地区的条件，走合理分工、优化发展的路子。习近平总书记针对区域经济发展新形势，作出深刻研判：经济发展的空间结构正在发生深刻变化，中心城市和城市群正在成为承载发展要素的主要空间形式。我们必须适应新形势，谋划区域协调发展新思路①。

"十三五"期间，我国将长江经济带上升为国家战略，编制了长江经济带规划，提出了"一轴两翼、三极多点"全国国土空间布局设想，"一轴"即长江干流沿线，"两翼"即沪蓉、沪昆铁路沿线，"三极"即长三角城市群、长江中游城市群、成渝城市群，"多点"反映城市群之外的地级城市的支撑功能，体现了促进要素高效集聚、集中发展的空间布局思想。卞文志（2019）表示，这些区域战略规划都是基于当地的资源禀赋、环境承载能力和比较优势，找准战略定位，建立政策协调机制，促进产业分工协作，打造核心竞争力，实现经济一体化发展。各地区会根据各不同主体功能区的定位，因地制宜，确定优先开发、重点开发、限制开发、禁止开发区域等。在区域协调发展战略布局下，国家的区域经济布局呈现出了良性演进态势，区域城市体系、区域产业体系、区域市场体系和区域对外开放体系不断完善。

2. 国土空间布局如何促进经济高质量发展

不平衡是普遍的，要在发展中促进相对平衡，就要遵循区域协调发展的辩证法思维。新形势下促进区域协调发展，需要按照客观经济规律调整完善区域政策体系，发挥各地区比较优势，促进各类要素合理流动和高效集聚，增强创新发展动力。樊杰（2020）以都市圈和城市群为空间载体，打造强劲有力的区域经济布局引擎。

所谓都市圈，是都市辐射带动的区域，都市规模大，辐射半径就大。肖金成（2019）认为，主城区常住人口超过300万人的城市才可被称为都市，超过500万人可称为大都市，大都市的辐射半径可达150千米，一般都市的辐射半径可达100千米。规划建设都市圈的出发点是提高都市的辐射力和带动力，消除行政壁垒，促进交通一体化、市场一体化和公共服务一体化，而不是单独增强都市的吸引力和集聚力。在都市的引领和带动下，周边的中小城市和小城镇将获得发展机遇，周边的农村也将获得发展机遇，大中小城市协调发展的城镇体系逐步形成。

城市群是指在一定的区域空间内集中了一定数量的城市，城市之间内联强度较大，区域内综合性基础设施齐全，生产力的集中程度较高，人口

---

① 习近平. 推动形成优势互补高质量发展的区域经济布局[J]. 求是，2019（24）：1-2.

密度较高，群体的体系效应得到充分发挥的城市"集合体"。按城市群的空间分布，可将其分为三种基本类型：放射状城市群、多边状城市群和沿交通线路分布的线状城市群。城市群的建设，将使相应地区的经济资源得到再度开发和组合，产生一批新的各具特色的产业带，在国民经济发展中发挥先导作用。

樊杰（2020）以我国"十四五"时期高质量发展的国土空间治理与区域经济布局为例，提出以下建议：

（1）继续推动全国人口和经济同步向长三角、珠三角与京津冀城市群集聚，实现人口和经济占比趋同并稳步提升，打造世界级城市群。在长三角的沪宁杭、珠三角的广深珠核心片区，加快全域城市化进程。以京津冀协同发展为核心区，整合辽东半岛和山东半岛，打造全球最大的湾区。

（2）探索首都功能在国家级中心城市优化配置的方案，助推国家级中心城市再上一个新台阶。"一带一路"相关功能和国家公园管理功能可将西部地区的西安、乌鲁木齐、西宁或成都作为备选地。

（3）在都市圈内，遵循城与乡应各具特色、"城、乡、都"让人民生活得更美好的理念，适应郊区化、逆城市化的趋势，探索城里人下乡安居乐业、农业转移人口市民化的城乡间人口双向流动的新机制，深化农村土地制度改革，鼓励新经济业态和新消费模式在城乡间灵活布局，形成城乡等值发展的区域一体化新格局。

（4）增强中心城市功能。可考虑增设直辖市。选择我国沿边地区伊犁、满洲里、丹东、崇左等城市，比照经济计划单列市的方式，设立享受副省级待遇的固疆稳边型枢纽城市。

（5）促进西北地区高质量开发。把青藏高原和西北干旱区构成的大西北地区高质量开发作为国家重点战略区，部署相对贫困地区致富发展的持久战。充分发挥区域内可再生能源和矿产资源、生物资源、自然和文化景观等比较优势，壮大可再生能源开发规模，加快矿产资源绿色开采和加工技术升级改造，发展具有药物疗效或养生功效的生物医药和健康食品产业，壮大以国家公园为品牌的全域旅游产业。

（6）以新型区域经济一体化为纽带，完善开放、合作、共赢的区域经济布局。着眼国内，以增强区域经济整体优势为导向，加快都市圈城乡一体化、城市群区域一体化、以创新型地域经济综合体为引领的跨省区域经济一体化的发展，继续以经济合作为纽带推进港澳台与内地（大陆）之间的深度融合。

二、城市空间布局理论

（一）城市空间布局的核心内涵

2015 年中央城市工作会议提出，要科学规划城市空间布局，实现紧凑集约、高效绿色发展。空间是城市存在的基本形式。城市发展历史表明，城市发展是自然因素和人文因素在特定地理空间上相互耦合、综合作用的结果，有着相对复杂的空间过程。城市空间是城市社会、经济、政治、文化的运行载体，各种类型的城市活动所形成的功能区构成了城市空间结构的基本框架。李保华（2013）认为，城市空间布局是一种城市内部关系的外在表现。城市的空间是政治和资本的产物，城市的布局模式在某种程度上也反映出某种社会关系，城市的空间不仅被社会关系所支持，也生产社会关系和被社会关系所生产。肖雪（2014）将城市布局的定义归纳为城市建成区的平面形状以及内部功能结构和道路系统的结构与形态。按照功能布局，可将城市空间分为居住区域、工业区域和商业区域等不同的区域，各区域由于城市的性质和规模不同，内部结构也千差万别。赵弘和何芬（2017）提出城市空间布局体现了城市功能在空间上的分布形态，是影响城市运行效率与可持续发展能力的一个重要因素。

从城市空间功能结构上来说，何海兵（2005）提出城市空间结构主要是从空间的角度来探索城市形态和城市相互作用网络在理性的组织原理下的表达方式，也就是说，在城市结构的基础上加上对空间的描述，其实质是一种复杂的人类经济、社会、文化活动和自然因素相互作用的综合反映，是城市功能组织方式在空间上的具体反映。邓宏兵（2008）认为，城市空间结构一般指城市内部空间结构，它是在城市地域内部，不同功能区在空间上有机联系所表现出来的空间形态。江曼琦（2001）认为，城市内部空间结构主要指城市内部的土地利用和城市功能的结构与组合，城市外部空间结构是作为一个整体的城市组合形态。张振国（2020）提出，在一定的区域经济空间内，根据当地的自然资源或社会资源，通过制定推行相关政策实现优化产业布局与区域空间的社会发展，这一系列活动的重要中间环节就是资源的利用开发与资源相关产业的构建。

城市可持续、高效发展，以及竞争力的增强，应以城市空间布局相关理论为基础，合理进行城市空间布局规划，加快推进城市空间布局优化调整，引导各类城市功能合理布局，有效提升城市运行效率与综合承载力。

（二）城市空间布局的结构模式

1. 城市空间布局的传统结构模式

1898 年，英国著名城市学者和规划师 E·霍华德提出了"田园城市"理论，他主张建设以宽阔的农田林地环抱美丽的人居环境的城市。1915 年，美国学者 G·泰勒在《卫星城镇》一书中，以田园城市理论为基础，第一次正式使用"卫星城"这一概念，即以城市为中心，在城市的周边建设中小型城镇，这样，城市中的人口就可以住到小城镇当中，城市中的人口就会相应减少，从而减小城市发展的阻力。

随后，"卫星城"开始发展，但在初期阶段，"卫星城"的功能结构较为单一，大多以生产性功能为主，社会功能滞后，配套基础设施和公共服务不齐全，对人口和产业的吸引力较弱，无法形成自身的城市文化等问题日益暴露，导致转变新城建设模式显得尤为迫切。"卫星城"模式向新城模式的转变，也就是在"卫星城"的基础上拓展新的城市空间，增强区域竞争力。在建设这样的新城时，要比"卫星城"建设更注重完善的功能配套、更大规模、更多类型、更复杂的城市空间结构，更强调新城自身内部的有机循环和结构优化，因此，不仅要服务老城区，还要不断建设行政、经济、社会的城市中心，不断强化、完善区域内综合性功能，逐渐形成与老城中心功能匹配的新城中心。

包树芳和忻平（2019）在实践中也发现，可以将"卫星城"看作一个接纳从市区疏散工业和人口的基地。它们可以独立运行，同时具备了城市运作的设施与条件，且与中心城市息息相关，并积极寻求共同发展的路径。首先，这为城市的建设布局明确了建设方针；其次，新城的作用更加凸显，不仅能控制老城规模，还能优化郊区工业布局和建设，带动周边区域的高质量发展；再次，使得原有大城市空间形成由单一城市转变为包括市中心区、近郊工业区与远郊新城（卫星城）的组合城市布局。国内已经有相当多城市在进行尝试，包括北京、上海、成都等大城市。

基于伯吉斯的同心圆理论和霍伊特的扇形模型理论的核心思想，哈里斯和厄尔曼提出了城市空间结构的多核心理论和影响城市活动分布的四项基本原则，并认为城市并非是由单一中心构成，而是由多个中心构成（如

图 2-8 所示)。

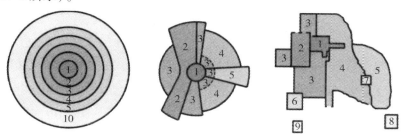

1. 中央商务区 2. 轻型制造业 3. 低阶层住宅区 4. 中等阶层住宅区 5. 高阶层住宅区
6. 重型制造业 7. 外围商务区 8. 郊区住宅区 9. 郊外工业区 10. 通勤区

图 2-8 芝加哥学派城市空间结构的三种经典模式

2. 城市传统空间结构模式的演进机制

(1) 单中心城市结构的虹吸效应:要素集聚与资源配置。

一般而言,单中心(同心圆和扇形)城市的要素聚集主要体现在人口集聚。郑建锋和陈千虎(2019)认为,伴随着城市中心区域在教育、医疗、就业以及社会保障等职能方面的完善,周围人口就会向中心区域加速集聚,这不仅带来充裕的劳动力并使城市经济发展获取更大的人才红利,还有利于技能的获得、信息的交换、知识的积累和知识的创新,这使得城市经济效率能够得到进一步提高。然而,Fujita M 和 Ogawa H(1982)认为,单中心城市结构发展到一定程度会带来通勤成本和地租成本的快速上升,企业和居民为追求利益最大化而向周边迁移,从而降低了整个中心城市的经济效率。因此,多中心空间结构随着企业和居民迁移而慢慢形成。

(2) 多中心城市的规模互借效应:分工协作和关联辐射。

城市之间的专业化分工是城市群多中心结构形成的动力来源之一。这不仅可以发挥专业化分工与协作的比较优势,还使多中心空间结构获得单一特大城市所享有的集聚经济。姚常成和宋冬林(2019)认为,在城市间交流成本较高的背景下,信息技术和交通设施的快速发展使城市之间的联系更加紧密,而城市群可以通过城市之间的分工协作,打破地区之间的市场分割,从而形成发展合力。苏红键和赵坚(2011)指出,多中心城市空间分工布局的形成,导致知识和技术溢出效应不再受地理空间限制,使经济在更大范围内实现集聚与分工。

(3) 多中心城市结构的扩散效应:知识溢出和创新升级。

多中心空间结构的人才存量构成城市人力资本的数量和质量,而技术积累则是城市核心竞争力的重要表现形式。陈跃刚等（2018）提出，在多中心城市空间结构中，一方面，人力资本存量提高了技术创新的产业化水平，并通过溢出效应提高城市群的科技转化能力，最终推动了城市群创新能力的提升；另一方面，创新升级作为推动城市空间优化的关键因素，通过知识溢出，促进了企业间产品研发、科学管理以及产业更新换代，并优化企业创新结构，这不仅提高了多中心城市竞争力，还提升了多中心城市经济效率。

3. 城市空间结构模式的新趋势

吴一洲等（2009）在对杭州主城区进行空间格局研究后发现，通过国家和地方政策建立新区、新城，原有城市才能扩展城市固有空间，提高城市功能空间拓展与发展的能力，促使制造业与相关服务业逐步向城市外围地区扩散，城市结构也将从单一核心逐步转变为主次中心结合、多层级网络化的大都市结构。

杨俊宴等（2012）从城市中心体系的整体结构入手研究，将城市空间结构分为三种类型："一主多副"结构、"两主多副"结构和"多主中心"结构。

"一主多副"结构是指在城市内部出现了一个主中心区，多个副中心区以及一定数量的区级中心，这些公共服务中心共同构成城市中心体系（如图2-9所示）。这种中心体系，具有高度集中、土地利用高效、内聚力强等优势，但也由于单中心空间辐射力有限等，易导致中心区设施服务范围不够均衡。

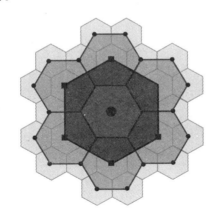

● 综合主中心
■ 专业副中心
● 区级中心

图 2-9 "一主多副"城市体系抽象结构

"两主多副"结构是指在城市内部出现了两个等级类似的主中心，和多个副中心以及一定数量的区级中心，城市整体呈现出"双核心"的空间形态（如图 2-10 所示）。这一空间体系使城市服务产业的空间骨架得到进一步扩展，功能向更加综合化的方向发展，具有避免城市单中心无限扩大、有利于疏导交通等优势。需要注意的是，"两主多副"的城市体系要错位发展，避免出现中心区业态雷同或发展集聚度低的情况。

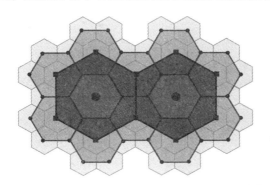

●　综合主中心
■　专业副中心
·　区级中心

图 2-10　"两主多副"城市体系抽象结构

"多主中心"结构是指在城市内部出现了 3 个及以上的主中心区，多个副中心区以及数量极大的区域集中性，所有的公共服务中心共同构成城市内网络节点状的体系（如图 2-11 所示）。整个"多主中心"结构作为当前较为常见和大量推广的结构形态，具有以下三个特征：区域业态趋向于精细化和专业化发展；各个中心区之间由于交通设施的大幅提升而紧密联系；各中心功能业态高度成熟，产生大量高端的衍生服务业。"多主中心"结构的城市服务产业快速发展，但这需要城市经济处于较为发达的阶段，并对城市人口规模、消费水平、产业经济、基础设施支撑等因素有更高的要求，如北京、上海、广州等承担国际化要求发展的超大城市。

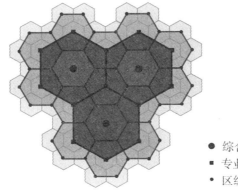

●　综合主中心
■　专业副中心
·　区级中心

图 2-11　"多主中心"城市体系抽象结构

中国学者谈力（2018）在研究南京的知识创新性服务业空间布局后，从中抽象化提炼出较为普适的空间布局结构模型——轴圈结构。该结构在空间上主要表现为：以集聚密度与数量最高的地区为集聚中心，沿空间发展轴向外放射发展，主城边缘形成同心圆圈层集聚环，串联各集聚副中心，整体形成"点—轴—圈"结构。现代城市空间布局不一定再是简单的同心圆状布局或者是多中心布局，而可能会表现为在多层次的轴圈结构上，呈现放射轴向扇形圈层布局。在不同的区位表现出了一定的集聚分异，各集聚中心专业化具有等级差异，整体上具有明显的轴线与圈层结构（如图2-12所示）。

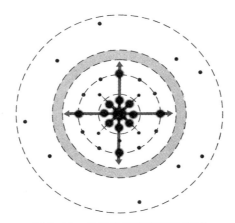

图2-12　多层次的轴圈结构模型

（三）优化城市空间的驱动因素

张庭伟教授（2001）认为，城市空间结构的演变是作用于城市空间的各种力的合力的物化，诸多的作用力可简约地分为政府力（主要指当时当地政府的组成成分及其采用的发展战略）、市场力（主要包括控制资源的各种基本经济部类及与国际资本的关系）和社会力（主要包括社区组织、非政府机构及全体市民），并提出了三种力相互作用下可能出现的三种模型：合力模型、覆盖模型和综合模型。薛东前等（2011）认为，影响城市空间结构形成机制的因素有市场导向、区位因子和政府导向。而常祥瑞总结城市区域空间格局形成机制的两大因素是地理区位（具有客观性）和政策（具有主观能动性）。王成新等（2020）将影响城市空间扩展的因素分为自然区位因子和社会经济因子来进行定量分析，自然区位因子包括自然因素和邻域因素，社会经济因子包括人口、产业和经济因素。

本书认同黄亚平等（2017）所提出的，企业与政府是当代中国大城市空间发展的主要作用主体，现阶段，市场力与政府力对城市空间的驱动力度远大于社会力，因此，围绕市场力和政府力对城市空间的博弈与驱动展开研究归纳具有重要的意义。

1. 城市空间发展驱动力的演化分析

（1）市场力主导下的空间资源配置。

第一，劳动空间分工驱使城市职能服务化。随着工业化的进一步推进，Scott（1982）认为，劳动过程分解与信息化技术的提升会引发制造业的去中心化，企业管理与控制职能集聚在城市中心，而生产职能倾向于设在郊区。宁越敏和石崧（2011）表示，进入大都市形成阶段后，中心城市的服务职能进一步凸显。第二，新消费需求带动生产组织弹性化。随着社会生产力与消费水平的提高，市场出现新变化：①个性化需求促使模块化生产必须做出多种组合以满足多样化消费需求；②品质要求企业注重柔性生产；③供大于求的供给关系促使企业以科学知识为重点，不断创新。

（2）政府力主导下的空间资源配置。

党的十八大以来提出的"五位一体"总体布局更加强调协调、可持续和以人为本。从而，政府在城市开发建设的重点由过去主导生产要素配置逐渐向公共物品供给转变，特别是针对一些开发区、新城建设，从大量建设基础设施、生产要素引入到建设综合性新城的转变，政府向公共产品的转向使得开发区由一个单纯的制造业空间向生产、消费综合空间转变。

2. 城市空间布局驱动力识别

（1）要素投资型的产业刚性扩张驱动力。

黄亚平等（2017）在研究武汉市空间发展驱动力时发现，传统的规模型生产模式下的要素驱动是产业空间扩展的重要驱动力。传统企业选址着重考虑交通区位、劳动力成本和集聚经济，企业个体在内部规模效应下不断通过扩大生产规模以降低成本，也就是在空间上进行刚性扩张，形成了大板块状的近郊产业功能区。

（2）区域联动型的产业弹性分散驱动力。

一个城市需要充分融入整个城市所在的城市群中，积极与周边城市取得联动合作，以获得城市空间的新产业发展推动力。基础设施不断完善，改变了传统的规模型生产模式的核心限制性因素，板块式的产业空间被分解成为空间上相对分散的专业化生产模块。由此，部分生产功能将由近郊向远郊以及周边城市扩散，中心城市与周边城市将形成功能互补、空间对接的区域生产网络。

（3）政策干预型的市场定向偏移驱动力。

在政府基于重大政策题材或是获批设立新区的背景下，市场驱动力对城市空间配置作用很大程度会受到国家政府驱动力的影响。在政府驱动力下，城市空间布局会更加注重公共产品在能级和质量上的提升，由此吸引各类市场要素集聚。本书对黄亚平等（2017）所分析的不同驱动力空间诉求的三个空间情景方案进行了总结，具体见表2-1。

表2-1　城市空间布局情景模拟一览表

背景	驱动力	城市空间格局
以传统的资本密集型重工业为主	要素投资型的产业刚性扩张驱动力	圈层层级式布局模式
区域一体化背景下的城市发展	区域联动型的产业弹性分散驱动力	多核网络化布局模式
重大政策背景	政策干预型的市场定向偏移驱动力	重心偏移布局模式

三、产业空间布局理论

（一）产业空间布局的概念

产业空间布局优化是推动经济结构调整、发展方式转变和产业转型升级的重要环节，是实现科学发展、集约发展的重要抓手。长期以来，人们只注重从经济资源出发考虑产业布局，忽视从环境、经济、社会协调发展的角度合理进行产业布局，导致三大系统运行失调。其重要理论原因是对产业布局优化内涵理解太片面，认为产业布局优化的根本评价标准就是经济效益，实现经济效益的最大化便是实现产业布局的最优。传统的空间布局制约空间资源有效利用和可持续发展的情况越来越明显，因此，在经济转型发展的过程中，对产业空间布局进行科学制定和优化调整，保证城市高质量发展迫在眉睫。

克鲁格曼（2000）认为，产业区位的形成源于向心力与离心力的共同作用。曹颖（2005）认为，其研究目的就是实现布局的优化，即寻求各产业空间组织的最佳形式和一般规律，以求合理利用区域资源，实现最大效益。宋金平（2009）认为，产业空间布局是城市或区域社会经济发展特征的空间反映，是社会生产与经济活动的空间地域体现，其本质是企业组织、资源要素和生产能力在空间上的集散与流动。石莹（2012）在研究旅游文化产业布局时认为，产业空间布局是指产业在地区范围内的空间分布和组合现象。詹红岩（2013）表示，产业空间布局是指产业各部门、各要素和各环节在地域上的组合、分布，其合理与否将直接影响区域经济的发展状态和效果，因而成为区域经济发展状态的"指示器"。

韩跃（2014）在其博士论文中提出，产业空间布局或称产业分布、产业配置，是指产业在一定地域空间上的分布和组合。具体来说，产业布局是指企业组织、生产要素和生产能力在地域空间上的集中和分散情况，是对产业空间转移与产业区域集群的战略部署和规划。产业布局是产业结构在地域空间上的表现，所体现的是一种社会经济现象，是一种具有全面性、长远性和战略性的经济布局，是涉及多层次、多行业、多部门以及多种因素影响的具有完整性和持久性的经济社会活动，是社会经济在运用产业空间分布规律，从事社会生产和经济活动的一种体现。陶爱萍等（2016）认为，产业空间布局是指生产要素在一定区域空间的优化组合，它包括一个地域的宏观格局与框架、区域的空间组合关系，各级经济中心与周围地域之间的关系，区域结构网络关系和空间结构类型等。

本书综合前人学者概念综述，结合闫文奇等（2019）参加2019中国城市规划年会提到的产业空间布局概念，认为产业空间布局是指产业经济活动在城市或区域等一定地理空间上的分布组合。在静态上，指的是产业的各部门、各要素在空间上的分布和地理上的组合；在动态上，产业布局可以表现为各种资源、各生产要素甚至各产业和各企业为选择最佳区位而形成的在空间地域上的流动、转移或重组的配置与再配置的过程。一般而言，产业空间布局是市场机制作用的结果，但在实际分布规划中，产业空间布局必须由政府进行干预或政策引导。产业空间的结构是区域内社会经济及其组织模式在地域空间上的投影，具有多要素和综合性的区位特点。

（二）产业空间布局的聚集模式

合理的产业空间布局是城市、区域甚至是国家发挥规模效应和扩散效应的基础。李君华和彭玉兰（2007）认为，产业空间布局的集聚模式大多从非均衡发展理论出发，认为产业区位选择会以一些优势产业为中心发展，以交通线路为连接，并逐渐发展形成不同的集聚模式。

1. 增长极布局的集聚模式

1950年，法国经济学家佩鲁首次对增长极的宏观概念进行了阐述。其基本思想是增长并非同时出现在所有地方，它以不同强度首先出现在一些增长点或增长极上，然后通过不同的渠道向外扩散，并对整个经济产生不同的终极影响，同时，不同的增长极也会呈现强弱不均的增长效果。这种产业空间布局模式是一种据点式开发布局模式，适用于地区或国家初级发展阶段。

实现增长极战略的重要基础是关键产业（Key Industry），具体是指生产规模较大、能产生较强大的增长推动力的产业。现代经济发展应将关键产业或发展能力强的区域培育成新型经济增长极，增长极通过技术创新和扩散、资源聚集输出来增强吸引力和扩散力，并使二者相互作用。这一过程不仅能让所在地区得到率先发展，还能带动临近区域共同发展。但这一情况出现的基础是增长极的扩散效应大于集聚效应，当扩散效应小于集聚效应时，就会加大增长极和周边地区的社会经济发展水平差距，极化作用将进一步增强，不均衡发展也愈加明显。

2. 点轴布局的集聚模式

点轴模式是增长极布局集聚模式的延伸，最开始是由中国科学院院士陆大道教授提出的。聂华林等（2006）认为，随着经济的发展，增长极或增长点会逐渐增多，由于空间生产要素流动性的需要，铁路、公路、管线等交通基础设施会得到快速发展，从而将增长极的点相互连接起来，形成点轴产业布局，并通过吸引周边产业不断积聚，最终形成点轴系统，促进区域经济发展。由于形成的点轴系统会有差异，从而形成不同等级、规模和类型的点轴系统，对周边地区产生不同辐射和扩散作用。因此，这一集聚模式，更加适合有较为成熟的交通线路、完备的基础设施情况下，利用已具有竞争优势的产业增长极作为支撑，依托相关交通网络连线，发挥点轴上的规模效应，集聚相关产业，优化基础服务设施，吸引高素质人才，从而进一步推动点轴系统上的产业链延伸和产业结构升级。

3. 网络化布局的集聚模式

网络布局是点轴布局模式进一步发展的结果。陆大道（2002）认为，随着经济的发展，点、轴的密度会不断扩大，并形成等级各不相同的点轴系统，各点轴系统为了商品生产、流通、销售等需要，与周围的其他点轴发生横向与纵向、双向与单向的各种联系，在点与点、轴与轴、点轴之间形成错综复杂的网络布局模式。网络布局模式是区域经济发展到较高阶段的产物，在这一模式下，产业空间布局通常会形成集中与分散的多重良好组合，网络模式中的节点充分发挥了各自比较优势的同时，促进区域内生产要素尝试广度和深度交流，促进生产要素的合理调整与组合，推动区域经济一体化和区域经济优势的交互辐射，从而实现区域内产业升级和产业结构优化调整。

网络开发模式是不同级别中心城市和发展轴线在一定区域内的重复覆盖和组合，其本质是"点轴"开发集聚模式的进一步发展或是另一种表现形式，也就是"点—轴—集聚区"布局集聚模式，可以说"点—轴—集聚区"布局模式是"点—轴"模式发展的必然结果。

（三）产业空间布局的影响要素

王爱新（2015）认为，产业在一定的地域内展开，更需要依据地域的具体条件进行合理布局。产业布局应是生产存在和发展的空间形式，会被地理位置、自然、经济、科技及社会政治等因素所影响。

1. 地理位置因素对产业布局的影响

地理位置是指地球上某一事物与其他事物的空间关系。它是对国家和地区经济发展经常产生影响的因素，能加速和延缓地区经济的发展。

（1）对农业布局的直接影响。地理位置不同代表了光照、水源、土地等各方面的不同，同时，地理位置也会相应影响农业的运输成本和时间，因此地理位置会极大影响农业生产及成果。

（2）对工业布局的重要影响。地理位置会影响工业自然资源开发顺序、加工业运输和布局，重工业发展之初会倾向于在原料地进行布局，而运输条件变化会促使原料地工业逐渐向消费区工业转变。

2. 自然因素对产业布局的影响

自然因素包括人类赖以生存的自然环境，如影响人类生产、生活的大气圈、水圈、生物圈等自然条件和自然条件中被人类利用的部分的自然资源两个方面。自然因素是产业布局形成的物质基础和先决条件。人类社会发展的初期阶段，生产力水平低下，自然和自然资源的分布决定人类社会生产活动的分布。产业革命后，社会进入工业大生产阶段，自然资源对产业布局会跟随自然资源的布局和数量改变，例如，在工业原料、燃料富集的地方形成工业区。新技术革命时代到来，原料、燃料等不再成为新兴工业的首要布局因素，它们重视绿色适宜的自然环境，以空气新鲜、气候温暖适宜、水源纯净、无污染等作为最优布局条件。

3. 人口、劳动力资源对产业布局的影响

人既是在产业发展中的生产者，又是消费者，两种属性对产业布局都有深刻的影响。①作为生产者的人对产业布局产生影响。在经济发展中，人口的数量和质量对产业布局有着重要影响。人口数量会影响劳动密集型或是资源开发型产业的布局，人口质量会影响低端制造业、加工业和高端制造、科技创新等的产业布局。②作为消费者的人对产业布局产生影响。人口的消费状况对产业布局有明显的影响。各地区人口数量、民族构成和消费水平的差异，要求产业布局与人口的消费特点、消费数量相适应。

4. 社会经济因素对产业布局的影响

影响产业布局的社会经济因素有很多，主要包括历史基础、市场条件、国家政策法规与宏观调控、国际政治条件、金融与税收等。

（1）社会历史因素对产业布局产生影响。在不同地区，由于受区域自然、社会经济条件、历史遭遇的影响，形成不同的社会经济基础，构成各地区历史基础的差异。

（2）市场条件对产业布局产生影响。任何生产都是为满足消费需求进行的，而市场是生产与销售的沟通中枢。市场的产品需求差异、需求量、市场竞争等都会或多或少对企业选址、产业类型、生产规模和专业协作等产生影响。

（3）国家政策对产业布局产生影响，国家的政策规划、重大战略等，都会影响一些产业的兴衰起落、布局迁徙。例如，一些环境保护政策、重点布局规划等，会直接促使相关企业和产业的起落、重组和聚集。

5. 科学技术因素对产业布局的影响

产业发展离不开生产力的提高，而生产力的高低由科学技术所决定。因此，科学技术也是影响产业布局的重要条件之一。科学技术的进步，开拓资源的利用领域、提高交通运输效率、提高资源的综合利用能力。当科学技术持续发展，使劳动生产率不断提高，进而改变国民经济的结构；同时改变生产力各要素的地域结合，也改变地区经济的内部结构，间接改变产业布局。

四、临空经济区空间布局

（一）临空经济区空间布局的概念

党的十九届五中全会提出了"十四五"时期经济社会发展指导思想和必须遵循的原则，强调要"加快构建以国内大循环为主体、国内国际双循环相互促进的新发展格局，推进国家治理体系和治理能力现代化，实现经济行稳致远、社会安定和谐，为全面建设社会主义现代化国家开好局、起好步"①。这为机场与临空经济作为交通运输业促进经济发展和城市化发展的第五次浪潮过程中的重要载体和形式，注入了巨大推动力。

美国学者 Mckinley Conway 最初将临空经济区定义为航空综合体（Airport Complex），认为它是在机场的辐射范围下，利用航空运输综合开发周边地区，集休闲、娱乐、工业等为一体的大型机场综合体。2015 年 7 月，国家发展改革委与民航局联合出台了《关于临空经济示范区建设发展的指导意见》。意见明确指出，临空经济区是依托航空枢纽和现代综合交通运输体系，提供高时效、高质量、高附加值产品和服务，集聚发展航空运输业、高端制造业和现代服务业等高端产业体系而形成的特殊经济区域，是民航业与区域经济相互融合、相互促进、相互提升的重要载体。一般而言，临空产业按照产业对航空运输和机场资源的需求和利用程度，由高到低分别是航空核心产业（包括机场业、航空物流业、航空维修业和机场服务业等）、航空关联产业（包括临空高新技术产业、现代服务业、总部经济和临空制造业等）和航空引致产业（包括教育、科研、金融和休闲度假娱乐业等）。

空间布局一般指区域内的生产力布局或经济布局，其主要研究对象包括产业布局、重大基础设施布局、功能区布局和城镇布局。临空经济区的空间布局，即在枢纽机场及其经济辐射地区、腹地区域，进行临空经济区整体的空间结构、临空产业的布局类型、空港交通走廊设施和空港区域的城市功能规划分布。临空经济区的空间布局体现在临空区域内的整体形态和功能分

---

① 蔡昉. 坚持扩大内需战略基点形成强大国内市场［EB/OL］.（2020-11-03）［2021-02-15］. http://theory. people. com. cn/n1/2020/1103/c40531-31916257. html? from＝singlemessage.

布，是影响临空经济区运行效率与可持续发展能力的一个重要因素。

临空经济区应当综合考虑机场客流和货流线路，兼顾机场与区域功能合理衔接，针对不同航空指向性产业类型、产业功能区、空港交通走廊设施和城市生态功能区等内容进行布局优化，促进临空经济区发展的同时也能促进所在区域整体的经济社会发展。

（二）临空经济区产业布局的影响因素

1. 自然条件是影响临空经济区产业布局的基本要素

自然因素是影响临空经济区产业布局的基本要素。临空经济区从规划开始，就无时无刻不被自然条件所限制，机场的选择首先要考虑地质地貌、森林绿化等因素，而在进行产业布局时，会被滨海、靠山的自然条件所限制，呈现出偏侧模式、线性模式等临空经济空间扩展模式。

2. 交通运输体系是临空经济区产业布局的支撑条件

从机场的角度而言，交通运输线路是联系机场与腹地、机场与机场间的交通网络，是临空经济区产生和发展的"生命脉络"。一方面，交通运输线路与枢纽机场可以形成点轴模式，发挥集聚效应，吸引相关临空产业和城市功能配套；另一方面，交通运输的效率和时间，会极大影响那些要求快速、高效，高附加值的临空产业的选址分布。因此，只有交通运输不断发展，形成较为成熟的综合交通运输体系，交通的可达性和机动性大大提高，才能更好地满足临空产业的特点，实现人流、物流、资金流和信息流在机场与腹地、机场与机场间的快速通达和高效运转。

3. 城市社会经济条件是临空经济区产业布局的推动力

临空经济区与所在城市、腹地经济存在相互融合、相互依存、相互促进的关系。临空经济区蓬勃发展，能够极大扩展城市对外联系的空间。机场所在城市及腹地区域的社会经济条件，决定着临空经济区能否在进行产业布局中有效发挥集聚效应和扩散效应；同时，机场所在城市及腹地区域的基础设施条件，也影响着相关临空产业，特别是影响着航空引致产业的布局和集聚成效，它将直接影响住宿、教育、休闲、医疗等城市功能在临空产业空间的布局和产业链的完善，最后促使相关临空产业集群的形成，使临空经济区成为区域经济增长的新高地。

4. 宏观政策是临空经济区产业布局的制度驱动

临空经济区作为一种具有鲜明临空指向性的经济功能区，具有特殊性、复杂性、重要性和长期性等特点。因此，它的形成发展和规划布局始终离不开政府的相关政策及措施来推进。首先，政府往往需要在先期根据机场的发展以及周边地区的土地开发分布制定一体化发展战略，包括重点特色产业、产业链布局、重要线路、定位主体功能区等，通过这样战略规划，以保证临空经济区开发的整体性和科学性。其次，临空经济区产业布局涉及多方利益关系，在经济发展中占有重要地位，政府需要临空经济区产业形成、布局过程中承担组织、协调各方的角色，促进各方利益趋同，实现利益最大化和多方共赢。例如，大力给予支持的相关优惠政策，建立一些相关软环境条件，如相关税收政策、信息系统建设等来促进整个临空经济区产业协调、健康地发展。

（三）临空经济区产业布局的形态特征

根据国内外临空经济区产业空间布局的研究发现，临空产业围绕着枢纽机场的布局不是随机、杂乱的，而是普遍呈现出圈层式形态特征。参考产业的临空指向性和距离机场的远近，机场周边的地区分为空港区（1千米以内）、紧邻机场区（距离机场1~5千米范围）、机场相邻区（距离机场5~10千米范围）和外围辐射区（距离机场10~15千米范围）四个基本圈层形态。临空经济区产业布局形态特征主要依据临空产业在不同区域内的主导作用的强弱，以枢纽机场为核心向外扩散，形成不同临空产业主导下的环状。王爱新（2015）认为，临空经济区产业发展和布局，遵循从低等级产业到高等级产业、从临空指向性强到临空指向性弱、从低附加值环节到高附加值环节、从临空核心区向外圈层辐射的布局过程。下面将对这四个圈层的产业布局形态进行分析。

1. 空港区

空港区是机场所在地区，也是临空经济区的核心区域，由于与机场直接相邻，其功能是依托航空核心产业为机场的正常运营提供各类支持性服务，保证机场的正常运行。包括机场的基础设施机构和与空港运营的相关行业，如航空物流运输、航空制造和机场服务等服务项目。

2. 紧邻机场区

紧邻机场区属于临空经济区的活跃地带，该区域主要开展与机场直接相邻的活动，包括直接为航空公司雇员和旅客提供服务、提供与空港相关的货运服务等。这类活动需要位于空港附近专门地区；同时可设有空港工业园区、空港物流园区以及口岸加工区等。由于紧邻空港，又不易受到机场运行带来的噪音、环境影响，因此往往吸引大量与空港运营无直接联系却有一定临空指向性的产业和城市功能设施布局。

3. 机场相邻区

机场相邻区包括机场交通走廊沿线等高可达性地区。这一地区以航空关联产业为主。利用航空货物运输快速安全和机场口岸功能的特殊优势，能有效降低客货运输成本，满足产业运输的快速性和时效性要求。该区域主要发展"附属产业"和"吸引产业"，如金融保险机构、临空高科技产业、轻型产品制造业、会展中心和总部经济等。

4. 外围辐射区

外围辐射区的范围在机场周边 10~15km 范围，属于临空经济区的边缘地带，临空经济的辐射作用和集聚作用都会递减，产业呈现多元化和生活化的特征。这里产业布局多为航空引致产业为主，即依托航空核心产业和航空关联产业引发出大量客货流资源，满足各类机场旅客、员工及各产业从业人员的居住、消费、休闲、购物等生活需求，以及产业发展所必需的研发、金融、培训、中介等服务需求，通过机场优势，各类航空引致产业集聚并得到快速发展（如图 2-13 所示）。

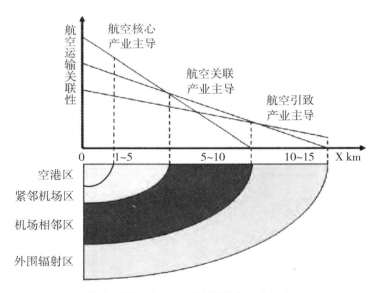

图 2-13　临空经济区产业布局结构模式（曹允春，2010）

（四）临空经济区空间布局的拓展模式

临空经济区内部产业与功能一般以机场为中心向外布局。按照区域发展的空间布局来分析，临空经济区的扩展模式一般有同心圆模式、偏侧模式、轴带模式、星状模式等多种类型（见表2-2）。临空经济区在距离城市一个小时车程内的远郊，周边一般都有大量廉价、有待规划开发的土地。根据机场在不同城市中的位置、不同的城市经济社会发展水平等，形成了临空经济区不同的扩展空间布局，以此也有了不同的发展重点和扩展方向，形成了与区域经济不同的关系。

1. 同心圆（圈层）模式

同心圆（圈层）模式是临空经济区空间扩展的典型模式，即空港经济区在各个方向上都以相对均匀的速度向外蔓延，表现为同心圆状，因此也叫同心圆模式。临空经济区的空间布局一般都或多或少具有圈层式分布特点，都会遵循与机场在空间上的关联度进行布局，但是受到多种因素的影响，临空经济区空间布局难以完全呈现为经典圈层模式，而是呈现更丰富多样的空间扩展模式。

2. 偏侧模式

偏侧模式是圈层模式的一种特殊状态，由于受某种条件约束，在发展中，产业用地不能完全分布，如果机场建设在靠海一侧，就可能会出现这种模式。

3. 线性模式

线性模式是临空都市区的主要发展形态，一般是以机场和原城市中心为两个极点，而以机场带动的交通沿线为轴，形成的一种狭窄的伸展轴形态的空间结构。这种单向轴式扩展能有效地解决交通运输问题，使新开发的地区与中心城区保持密切的联系，发挥该地区巨大的潜在经济性。

4. 星状（指状）模式

星状（指状）模式是空港经济区理想模式。各功能用地围绕机场呈圈层分布，星形的凸角处是交通走廊地带，这种模式可能出现的是空港位于多个城市的几何中心或者有多个方向连接空港的交通设施。

5. 卫星（网络）模式

卫星（网络）模式是在与机场成一定距离的某几个片区形成发展相对比较迅速的"卫星"。机场的几个卫星功能区通常是在距离机场一段距离的地区发展起来的工业园区、游乐中心、大学城、出口加工区等。

表2-2 临空经济区空间布局的拓展模式

临空经济区空间扩展模式	形成要素	空间布局	类似案例
同心圆（圈层）模式	机场辐射能力随距离增加而减小，临空经济区以圈层方式向外扩展，形成典型同心圆模式		北京临空经济区
偏侧模式	圈层模式的变形，临空经济区由于自然条件（如滨海、山地等），发展能力弱或被迫限制开发		新加坡樟宜临空经济区
线性模式	受到便捷的交通联系影响，或是重大战略政策进行沿线开发，又或是特殊中心地形影响，从而形成带状区域		荷兰阿姆斯特丹临空经济区
星状（指状）模式	作为圈层模式和线性模式的结合，依托多条道路、生态廊道等要素进行轴线发展，形成线性模式复合模式		郑州航空港经济综合实验区
卫星（网络）模式	受到周边城市经济水平、原有产业格局、已快速发展的卫星功能区等影响，由交通轴线复合连接与机场有一定距离的几个卫星片区，同时卫星片区周边也有各具形态的布局模式		北京大兴国际机场临空经济区

第三章 我国临空经济区发展现状

第一节 中国临空经济区发展概述

经过 70 年的发展，中国航空运输和临空经济从无到有，由小到大，由弱变强。中国目前已是国际航空运输大国。临空运输业的快速发展，会带动客运量、货运量的指数增长，使机场及周边区域成为新的城市中心，依托机场基础设施，打造具有临空指向性的产业集群，成为带动区域经济发展的新模式，机场也因此成为经济的活动中心。

《中国航空经济发展指数报告（2019）》显示，截至 2018 年年底，全国 31 个省（区、市）（不含港澳台），均已明确提出临空经济区发展的相关指导意见，以及明确规划并进行建设的临空经济区有 59 个。其中，全国旅客吞吐量超过 1000 万人次的 37 个机场中，有 31 个已规划建设临空经济区。截至 2019 年 7 月 1 日，我国共有 14 个国家级临空经济区（见表 3-1）。

表 3-1 国家级临空经济区

序号	国家级临空经济区名称	批复设立时间	批复机构
1	郑州航空港经济综合试验区	2013 年 3 月	国务院
2	北京新机场临空经济区	2016 年 10 月	国家发展改革委、民航局
3	青岛胶东临空经济示范区	2016 年 10 月	国家发展改革委、民航局
4	重庆临空经济示范区	2016 年 10 月	国家发展改革委、民航局
5	广州临空经济示范区	2016 年 12 月	国家发展改革委、民航局
6	上海虹桥临空经济示范区	2016 年 12 月	国家发展改革委、民航局
7	成都临空经济示范区	2017 年 3 月	国家发展改革委、民航局
8	长沙临空经济示范区	2017 年 5 月	国家发展改革委、民航局
9	贵阳临空经济示范区	2017 年 5 月	国家发展改革委、民航局
10	杭州临空经济示范区	2017 年 5 月	国家发展改革委、民航局
11	宁波临空经济示范区	2018 年 4 月	国家发展改革委、民航局

续表3-1

序号	国家级临空经济区名称	批复设立时间	批复机构
12	西安临空经济示范区	2018 年 4 月	国家发展改革委、民航局
13	首都机场临空经济示范区	2019 年 3 月	国家发展改革委、民航局
14	南京临空经济示范区	2019 年 3 月	国家发展改革委、民航局

资料来源：郝爱民，《中国航空经济发展指数报告（2019）》。

第二节　中国临空经济发展指数

《中国航空经济发展指数报告（2019）》充分借鉴了前人对高质量发展指数、创新发展指数、整体发展指数等较为成熟的研究，并结合临空经济发展过程中存在的一些特点，构建了临空经济区综合发展指数体系。

临空经济区综合发展评价是既有系统性又有复杂性和组织结构性的综合过程。依据中国临空经济区发展的内涵，中国临空经济区综合发展指数的总体评价指标体系不仅反映了临空经济区的基础动力，还反映了所在腹地的经济发展质量、发展潜力、绿色发展和民生发展等，此外，将体制机制创新也纳入考量范围，多维度、全方面地考量发展质量或效果。最终综合发展指数评价指标体系包括枢纽带动指数（B_1）、腹地经济及空间带动指数（B_2）、新动能指数（B_3）、国家开放指数（B_4）、体制机制创新指数（B_5），协调性发展指数（B_6）、绿色发展指数（B_7）和民生发展指数（B_8）共 8 个一级分类指数（如图 3-1 所示）。

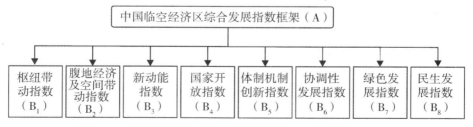

图 3-1　中国临空经济区综合发展指数框架（郝爱民，2019）

一、枢纽带动指数（B_1）

枢纽带动指数为构成临空经济区综合发展指数的一级分类指数，是反映临空经济区发展基础的指标，主要指围绕机场为核心的综合交通枢纽对临空经济区的人流、物流的带动作用，具体由临空枢纽（机场）发展和综合枢纽（依托城市）两项二级分类指数构成。

二、腹地经济及空间带动指数（B_2）

腹地经济及空间带动指数，是指临空经济区以及所依托城市的社会经济发展核心指标构成，代表临空经济区的未来发展潜力，具体由腹地经济（依托城市）、市场发展（依托城市）以及空间发展潜力三项二级分类指数构成。

三、新动能指数（B_3）

当前国内外社会经济发展已经进入创新驱动发展阶段，临空经济区作为凝聚高科技、高产出、高附加值和高扩散效应的创新引领型区域经济模式，高质量发展新动能主要由科技与人才（依托城市）、生产率以及临空关联产业发展目标三项二级分类指数构成。

四、国际开放指数（B_4）

在社会经济全球化的当下，区域经济发展离不开对外交流，特别是国际的交流合作。临空经济区作为对外开放经济的窗口，国际开放指数主要反映其国际开放度，由对外开放支撑力和社会国际化程度两项二级分类指数构成。

五、体制机制创新指数（B_5）

创新不仅仅体现为技术创新，管理创新、制度创新也是创新的主要表现，特别是对当前我国这样一个处于经济转型、改革开放深化阶段的新兴市场大国，体制机制创新也是当前我国社会经济发展创新的核心动力。体制机制创新指数主要反映临空经济示范区作为体制机制创新的一个高地，同时也是政府职能创新对区域经济发展的支撑作用的反映，主要由创新体制机制和创新营商环境两项二级分类指数构成。

六、协调性发展指数（B_6）

区域社会经济系统的稳定可持续发展离不开各子系统的协调，产业协调是当前我国临空经济区协调性发展的主要内容，结合临空经济区的产业特征，选用产业结构协调性和贸易结构协调性两项二级分类指数衡量临空经济区的协同发展水平。

七、绿色发展指数（B_7）

生态环境是制约区域社会经济可持续发展的外部环境因素，也是区域间竞争的主要方面。绿色发展是应对生态环境变化而提出的发展策略。对于临空经济区来说，绿色发展指数反映其执行绿色发展战略的成果和水平。结合我国发展实际，具体从临空经济区生态环境和绿色机场建设两个二级分项指数进行评价。

八、民生发展指数（B_8）

区域社会经济发展最终体现为人的发展，在当下我国社会经济实践中具体体现为民生发展。民生发展指数主要由临空经济区居民生活水平和公共服务两个二级分类指数反映。

综上所述，本书所建立的中国临空经济区综合发展指数评价指标体系见表3-2。

表3-2　临空经济区综合发展评价指标体系

总指数	一级指数	二级指数	具体评价指标	单位
临空经济区综合发展指数	枢纽带动指数（B_1）	航空枢纽（机场）发展（C_{11}）	机场旅客吞吐量（D_{111}）	万人
			机场货邮吞吐量（D_{112}）	万吨
			飞机起降架次（D_{113}）	万次
			国际航线数量（D_{114}）	条
			通行国际城市数量（D_{115}）	个
			运营航空公司数量（D_{116}）	个
			机场跑道数量（D_{117}）	条
		综合枢纽（依托城市）（C_{12}）	城市机场轨道连接数量（D_{121}）	条
			铁路客运量（D_{122}）	万人
			铁轮货运量（D_{123}）	万吨
			公路旅客周转量（D_{124}）	亿人千米
			公路货物周转量（D_{125}）	亿吨千米

续表 3-2

总指数	一级指数	二级指数	具体评价指标	单位
	腹地经济及空间带动指数（B₂）	腹地经济（依托城市）（C₂₁）	地区生产总值（D₂₁₁）	亿元
			固定资产投资（D₂₁₂）	亿元
		市场发展（依托城市）（C₂₂）	社会消费品零售总额（D₂₂₁）	亿元
			批发和零售业增加值（D₂₂₂）	亿元
		空间发展潜力（C₂₃）	示范区规划面积（D₂₃₁）	平方千米
			示范区规划人口数量（D₂₃₂）	万人
	新动能指数（B₃）	科技与人才（依托城市）（C₃₁）	高新技术企业数量（D₃₁₁）	个
			R&D 人员全时当量（D₃₁₂）	人年
			专利授权数量（D₃₁₃）	项
			在校大学生数量（D₃₁₄）	万人
		生产率（C₃₂）	全员劳动生产率（D₃₂₁）	万人/任
			万元 GDP 能耗（D₃₂₂）	吨标准煤
		临空关联产业发展目标（C₃₃）	高技术产业产值（D₃₃₁）	万元
			现代服务业产值（D₃₃₂）	万元
	国际开放指数（B₄）	对外开放支撑力（C₄₁）	货物进出口总额（D₄₁₁）	百万美元
			高新技术产品出口额占户口总额的比重（D₄₁₂）	%
			实际利用外资额（D₄₁₃）	万美元
			旅游外汇收入（D₄₁₄）	万美元
		社会国际化程度（C₄₂）	年入境人数占本地人口的比重（D₄₂₁）	%
			年入境国外旅客数量（D₄₂₂）	人
			使领馆数量（D₄₂₃）	个
			年举办展会次数（D₄₂₄）	次
	体制机制创新指数（B₅）	创新机制体制（C₅₁）	临空经济区批复层次（D₅₁₁）	级别打分
			临空经济区管委会级别（D₅₁₂）	级别打分
		创新营商环境（C₅₂）	通关效率（D₅₂₁）	
			一类口岸数（D₅₂₂）	个
			机场航权（D₅₂₃）	
	协调性发展指数（B₆）	产业结构协调性（C₆₁）	二、三产业产值比（D₆₁₁）	
			高技术产业占 GDP 的比重（D₆₁₂）	%
			现代服务业占第三产业产值的比重（D₆₁₃）	%
			百亿产业链数量（D₆₁₄）	个
		贸易机构协调性（C₆₂）	临空经济区进出口比（D₆₂₁）	%

续表3-2

总指数	一级指数	二级指数	具体评价指标	单位
	绿色发展指数（B_7）	生态环境（C_{71}）	森林覆盖率（D_{711}）	%
			空气质量综合指数（D_{712}）	
		绿色机场建设（C_{72}）	是否实施绿色机场建设规划（D_{721}）	
	民生发展指数（B_8）	居民生活水平（C_{81}）	人均可支配收入（D_{811}）	元
			人均住房建筑面积（D_{812}）	平方米
		公共服务（C_{82}）	养老保险覆盖率（D_{821}）	%
			教育经费占 GDP 的比重（D_{822}）	%

资料来源：郝爱民，《中国航空经济发展指数报告（2019）》。

第三节　中国临空经济区发展排名

中国临空经济发展指数测定结果显示，上海、北京、广州综合指数排名前三，深圳、成都、杭州等城市紧随其后。从总体上看，总指数得分高于平均分的仅有 16 个城市，其余 20 个城市得分均低于平均分，说明这些临空经济区仍有较大的发展空间。

从计算结果可以看出，各临空经济区的发展指数与该地区的经济发展规模、质量基本上呈正相关，经济比较发达的地区，临空经济发展指数排名比较靠前，而经济发展水平相对较低的地区，临空经济发展指数排名相对靠后，这充分说明了腹地经济与临空经济发展的互动作用（见表3-3）。

表 3-3　2018 年中国临空经济区发展的总指数排名

地　区	总得分	总排名
上海/浦东、虹桥	84.80	1
北京/首都	80.58	2
广州/白云	79.95	3
深圳/宝安	65.28	4
成都/双流	63.40	5
杭州/萧山	62.72	6
重庆/江北	59.76	7

续表3-3

地　区	总得分	总排名
南京/禄口	58.91	8
郑州/新郑	57.64	9
武汉/天河	57.16	10
长沙/黄花	56.70	11
青岛/流亭	56.56	12
天津/滨海	55.25	13
西安/咸阳	55.10	14
昆明/长水	52.44	15
宁波/栎社	52.21	16
厦门/高崎	51.28	17
济南/遥墙	50.67	18
贵阳/龙洞堡	50.15	19
哈尔滨/太平	49.25	20
福州/长乐	49.25	21
海口/美兰	49.15	22
合肥/新桥	48.62	23
乌鲁木齐/地窝堡	48.37	24
沈阳/桃仙	48.04	25
长春/龙嘉	48.02	26
石家庄/正定	47.71	27
温州/龙湾	47.71	28
珠海/金湾	47.59	29
南宁/吴圩	47.15	30
大连/周水子	46.84	31
南昌/昌北	46.29	32
兰州/中川	45.77	33
太原/武宿	45.51	34
呼和浩特/白塔	44.18	35
三亚/凤凰	41.64	36

资料来源：郝爱民，《中国航空经济发展指数报告（2019）》。

第四节　我国临空经济区发展面临的主要问题①

一、临空经济区发展不均衡，发展水平相对较低

从前文的评价指数可见，发展水平呈现出北、上、广三个一线城市临空经济区居第一梯队，深圳与新一线城市临空经济区处于第二梯队和其他临空经济区居第三梯队的发展态势，且总发展指数得分在三个梯队间区分较为显著。这表明我国临空经济区总体上发展水平不均衡，不同区域的临空经济区发展差距较大。

二、临空经济区的辐射带动作用有待进一步增强

辐射带动作用也称为扩散效应，是区域集聚经济产生的一个显著特性。临空经济区辐射带动作用是指临空经济区发展过程中为获得本区域生产要素、扩展产品和服务市场，向周边区域不断扩展影响力，一方面吸引周边要素向本区域集聚，另一方面将生产的产品和服务扩展至周边，从而带动周边地区的发展。目前来看，我国临空经济区的辐射带动作用开始显现，但是作用仍不够强。主要体现在两个方面：一是当前我国大部分临空经济区仍是以本区域或所依托城市的发展为目标，与周边外围城市联系不紧密；二是辐射带动作用范围小，主要以临空经济区周边为主。

三、临空经济区之间缺乏协作机制，发展呈现同质化竞争趋势

当前全国范围内的各临空经济区大多属于不同省份、不同城市区域，临空经济仍处于发展的初级阶段，各临空经济区主要是各自发展、相互竞争，尚无区域间的协作、合作机制，缺乏区域协调使得各临空经济区制定发展规划和招商引资时主要考虑本地区的情况，这就导致临空经济区的发展目标定位、产业导向存在重叠，造成不同临空经济区之间的发展具有同质化趋势，特别是不同地区的产业园、开发区等区域产业集聚区，主要表

---

① 该部分内容引自郝爱民教授的《中国航空经济发展指数报告（2019）》第103-107页。

现为产业结构趋同、招商引资项目相近，从而导致区域产业重点不突出、没有代表性或主导产业，带来了重复建设、恶性竞争，导致资源浪费、效率低下、产业水平提升困难等后果。

四、临空经济区发展缺少有效协调机制，空陆港统一、多式联运协调运作机制有待加强

临空经济区的突出特色，就在于通过海陆结合来成为国家物流中心体系物流大通道的战略核心支点，也是通过区域空间的新战略，加快布局空间枢纽网络，作为陆空复合型的空权战略基地的临空经济区，如何强化临空经济区及陆港的统一，做好陆空交通衔接，是临空经济区经济与社会深度融合的又一个难点。

以机场为依托的临空经济区同时也是大部分临空经济区所在城市的通关口岸，更是自贸区等机构的所在地，涉及机场、海关、机场所在行政区等多个利益主体，各部门之间的协调沟通管理机制尚未健全，行政壁垒、信息壁垒尚未打通，且缺乏市级管理协调机制，难以对临空经济区区域内的各类要素进行综合把握，统筹利用。

五、临空经济区缺乏有效的产业准入筛选机制，空港产、城融合发展不深入

依托于机场枢纽的临空物流业、临空维修制造业、高端制造业、服务业等相关产业都在临空经济区内布局，就会形成一个服务该区域的都市。而临空经济区处在从"村庄"到"国际商都"的城镇化进程中，处在基础建设向宜居宜业城市蜕变的阶段，如何实现产城融合发展是空港经济与经济社会深度融合的一个难点。这方面主要表现为大部分临空经济区的区域主导产业定位不清晰，导致临空经济核心区产业关联不强，多数企业在临空经济核心区以及临空经济辐射区内没有其原材料、零部件的配套企业，对临空经济核心区内其他企业缺乏应有的带动作用。从整体上看，临空经济区的产业群落和产业链尚未形成，产业链的构建水平还有待进一步提高。

六、临空经济区的基础设施水平仍有欠缺，产业快速发展与城市支撑能力不足

从临空经济区的内部形势来看，产业快速发展与城市支撑能力不足之间的矛盾日益激化。临空经济区的建设是产业建设在先、城市建设在后，这有别于其他新区的建设。当前，除了北、上、广、深等一线和少数新一线城市的机场综合交通网络比较发达，大部分非省会城市临空经济区的机场建设、综合交通网络等基础设施和服务设施有欠缺。

七、体制机制创新不足

当前改革进入深水区，部分体制机制僵化、创新不足，与社会主义市场经济体制的要求不相适应。体制机制创新将明显带来改革红利，具体到临空经济，临空运输与经济社会的深度融合需要建立一套与国际接轨的新制度体系，实现对投资、贸易等领域的高效管理。

八、切入点和着力点的选择困惑

对大部分城市而言，发展临空经济容易在不同程度上产生切入点和着力点选择的困惑，没有深入把握自身的个性，不知道该如何寻求合适的切入点和突破口，更多地盲目照搬别人的模式和路径，造成同质化竞争。因此，发展临空经济一定要结合自身的财力状况，在发展初期找准切入点，形成科学合理的空间布局，既要形成特色鲜明的产业集聚，又要科学规划，为未来发展留下发展空间。

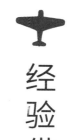

经验借鉴篇

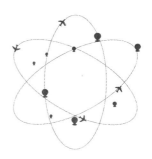

第四章　世界一流临空经济区 4.0 时代
——北京模式

第一节　引　言

本书首先选择北京大兴国际机场临空经济示范区作为本章案例研究与经验借鉴的第一参照，主要出于以下几点考虑：

（1）2014 年 2 月 26 日，习近平总书记在北京主持召开座谈会，专题听取京津冀协同发展工作汇报，强调实现京津冀协同发展，是面向未来打造新的首都经济圈、推进区域发展体制机制创新的需要，是探索完善城市群布局和形态、为优化开发区域发展提供示范和样板的需要，是探索生态文明建设有效路径、促进人口经济资源环境相协调的需要，是实现京津冀优势互补、促进环渤海经济区发展、带动北方腹地发展的需要，是一个重大国家战略，要坚持优势互补、互利共赢、扎实推进，加快走出一条科学持续的协同发展路子来（新华网，2014）①。

2018 年 11 月 5 日，习近平总书记在首届中国国际进口博览会上宣布，支持长江三角洲区域一体化发展并上升为国家战略，着力落实新发展理念，构建现代化经济体系，推进更高起点的深化改革和更高层次的对外开放，同"一带一路"建设、京津冀协同发展、长江经济带发展、粤港澳大湾区建设相互配合，完善中国改革开放空间布局（共产党员网，2018）②。

2020 年 10 月 29 日，中国共产党第十九届中央委员会第五次全体会议

---

① 新华网. 习近平在京主持召开座谈会 专题听取京津冀协同发展工作汇报［EB/OL］.（2014-02-27）［2021-02-12］. http://politics. people. com. cn/n/2014/0227/c70731-24486624. html.

② 共产党员网. 习近平在首届中国国际进口博览会开幕式上的主旨演讲［EB/OL］.（2018-11-05）［2021-02-12］. https://www. 12371. cn/2018/11/05/ARTI1541394181986723. shtml.

审议通过《中共中央关于制定国民经济和社会发展第十四个五年规划和二〇三五年远景目标的建议》。这份在习近平总书记亲自领导下、汇聚全党全国智慧编制而成的行动纲领和政治宣言，擘画了在历史交汇点中国面向未来的宏伟蓝图。其中，第八条提出，要继续"优化国土空间布局，推进区域协调发展和新型城镇化"。坚持实施区域重大战略、区域协调发展战略、主体功能区战略，健全区域协调发展体制机制，完善新型城镇化战略，构建高质量发展的国土空间布局和支撑体系（新华社，2020）①。

综上，作者认为，世界一流的北京大兴国际机场及其临空经济区建设既是支撑服务和承载实现"京津冀协同发展"这一重大国家战略的战略性功能载体，也是以习近平总书记为核心的党中央决策部署的一项旨在系统持续改变中国国土空间布局和完善中国改革开放格局的战略性工程。该工程站位高远、格局宏大，由此可以真正理解习近平总书记关于"北京大兴新机场是国家发展一个新的动力源"的战略内涵。（世界一流的北京大兴国际机场及其临空经济区建设对本书研究的具体成功经验借鉴参见研究结论二）

（2）北京大兴国际机场不仅是我国第一个跨省级行政区域共建共享的大型国际航空枢纽，也是第一个跨省级行政区域共建共享的临空经济区、自由贸易区、综合保税区。这一系列"第一个"突破了"行政区划局限"的探索性创新性实践，无疑在推进区域发展体制机制创新，探索完善城市群布局和形态，为优化开发区域发展，提供了示范和样板。鉴于此，本书研究旨在通过"北京大兴国际机场及其临空经济区建设"这一最佳实践案例，着重阐释"新机场及其临空经济区建设在推动区域经济一体化发展、促进区域经济结构转型升级"中所承载的战略引擎与核心增长极的独特战略功能。

2020年9月8日，在中国国际服务贸易交易会第二届"空中丝绸之路"国际合作峰会上，《中国临空经济发展指数报告（2020）》正式发布。北京、上海、广州位列前三，在各分项指数中表现均衡。这3个位居临空经济区第一阵营的共性特征是机场发展强劲，腹地经济即临空经济区支撑

---

① 新华社. 中共中央关于制定国民经济和社会发展第十四个五年规划和二〇三五年远景目标的建议［EB/OL］.（2020-11-03）［2021-02-12］. http：//www.gov.cn/zhengce/2020-11/03/content_5556991.htm.

有力，机场发展与腹地经济形成了良好的互动关系。中国民航大学"临空经济"研究中心主任曹允春教授指出，北京大兴国际机场临空经济区已成为全球具有引领和示范作用的世界一流临空经济区。鉴于此，本书研究将着重从北京新机场的选址定位、现代化综合交通体系配套、临空经济区的战略功能定位及其主导产业布局等方面全要素、全过程展示临空经济区产生发展的内生驱动机理。

（3）北京南苑机场是中国历史上第一座机场，始建于1910年。1949年8月，中国人民解放军第一个飞行中队在南苑机场成立，并执行了中华人民共和国开国大典的飞行任务。1986年，南苑机场成为军民两用机场。2019年9月26日，随着北京大兴国际机场启用，百年南苑机场关闭，其民用航空功能转移到新机场；同时，南苑机场的军用航空功能转移到与新机场相隔640米的北京南郊机场（新华社，2019）。

与此相类似，衢州机场于1933年建成通航，一直作为军用机场，迄今仍是我国面向东海、台海极具战略价值的大型空军基地。1993年11月26日，衢州机场正式开通民航业务，成为军民两用机场。因此，衢州机场的迁建也面临"军民两项功能如何实现融合发展相互促进"这一紧迫性问题。在军民融合发展上升为国家战略特别是当下台海局势风起云涌的大背景下，这一问题显而易见是本书有关浙西临空经济发展战略研究中一个不可回避的重要问题，因此，本书试图从北京南苑机场的迁建中获取经验借鉴。

第二节　北京大兴国际机场

一、新机场的选址论证与定位调整

北京市建设第二机场的设想始于1993年在《北京市城市总体规划1994—2004》修编中首次预留了新机场场址，定位为中型机场，最早是将通州张家湾与大兴庞各庄两处作为备选场址。其中，张家湾是在首都机场的延长线上，庞各庄和首都机场则呈对角线关系。2002年，为配合北京首都国际机场三期改扩建，北京重启新机场的选址工作，定位也由中型机场改为大型机场。由于新机场的定位发生了变化，10年前的选址显然不再适用。第二次选址选出了河北廊坊的旧州（今属九州）、曹家务、河西营和天津武清的太子务成为 4 个新的备选场址，其中，廊坊旧州被推荐为首选场址（中国民航网，2020；新华网，2019）。

2003 年 8 月，北京首都国际机场 2 号航站楼投入运营不久就趋于饱和（中国民航网，2020），国家发改委在《再扩申请批复》中指出，从长远发展看，北京应建设第二机场，请中国民用航空局、北京市尽早组织专门力量开展第二机场的选址论证工作，力争在 2010 年开工，2015 年建成。2008 年，国家发改委会同军方、民航局以及北京市、天津市和河北省等成立选址工作协调小组，按照满足北京地区航空运输需求、促进军民航协同发展等原则，先后对十多个场址进行深入研究和反复比选。综合考虑各方面因素后，协调小组认为北京市大兴区榆垡镇南各庄场址地势开阔平坦，工程地质条件比较好，距主客源地较近，外部配套条件较好，区位优势明显，更适合建设大型机场。2008 年 11 月，专家对《北京新机场选址报告》进行评审，最终推荐北京南各庄场址为北京新机场首选场址。

2010 年 12 月 1 日，北京新机场建设指挥部成立。2011 年 11 月 28 日，北京市、民航局、空军三方正式签署《关于北京新机场建设和空军南苑机场搬迁框架协议》。2012 年 3 月，民航局、北京市、河北省联合上报《北京新机场预可行性报告》至国务院、中央军委；12 月 20 日，国务院、中央军委正式批复项目建议书。

2013 年 2 月 26 日，北京新机场建设领导小组成立；7 月，民航局、北京市、河北省与指挥部联合建立北京新机场三方建设协调联席会议机制。2014 年 7 月 24 日，国务院常务会议通过北京新机场可行性研究报告；9 月 4 日，习近平总书记主持中共中央政治局常委会议审议通过北京新机场可行性研究报告；12 月 15 日，国家发改委批复同意建设北京新机场项目，总投资 799.8 亿元。12 月 26 日，北京大兴新机场正式开工建设。2015 年 5 月 23 日，民航局、北京市、河北省联合评审通过北京新机场总体规划方案；9 月 26 日，航站楼核心区开工建设，航站区建设全面启动。

北京大兴国际机场位于北京市大兴区和河北省廊坊市交界处。北距天安门 46 千米，距北京城市副中心 54 千米，距北京首都国际机场 67 千米；南距雄安新区 55 千米；东南距天津市区 75 千米，距天津滨海国际机场约 85 千米（如图 4-1 所示）。新机场的定位为大型国际航空枢纽、国家发展一个新的动力源、支撑雄安新区建设的京津冀综合交通枢纽。前期按 2025

年旅客吞吐量 7200 万人次、货邮吞吐量 200 万吨、飞机起降量 62 万架次的目标设计；建设"三纵一横"4 条跑道、70 万平方米航站楼等设施；规划用地面积 27 平方千米，其中，北京规划用地 15.6 平方千米，河北规划用地 11.4 平方千米。远期按年旅客吞吐量 1 亿人次以上、年货邮吞吐量 400 万吨、飞机起降 88 万架设计，规划用地面积 45 平方千米①。

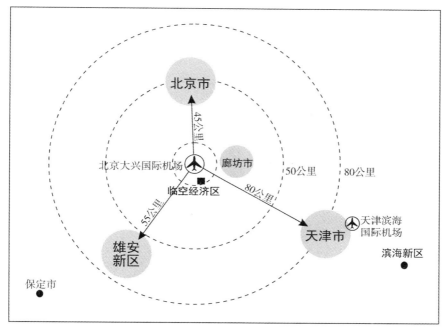

图 4-1　大兴国际机场与北京、天津、雄安新区的区位关系及距离

二、新机场的硬件设施建设

新机场的硬件设施建设主要包括航站区（航站楼、航空货站、停车楼以及配套服务楼等建筑与设施）和飞行区（跑滑系统以及民航站坪）两部分。北京大兴国际机场航站区主航站楼、卫星厅、停车楼和配套服务楼总建筑规模约 1.43 平方千米，其中，航站楼主体占地 1.03 平方千米，是迄今世界规模最大的单体航站楼。飞行区跑滑系统采用"三纵一横"的跑道构型。

---

① 关于北京大兴国际机场的相关信息资料来源于中华人民共和国中央人民政府官网和北京大兴国际机场管委会官网。

大兴机场主航站楼，以其独特的造型设计、精湛的施工工艺、便捷的交通组织、先进的技术应用，创造了许多世界之最。《山海经》有云：凤凰，见则天下安宁。从高空俯瞰，北京大兴国际机场主航站楼宛若展翅的凤凰，呈五指廊放射状造型（如图4-2所示）。航站楼头顶圆形玻璃穹顶，直径有80米，周围分布着8个巨大的C形柱，撑起整个航站楼的楼顶，C形柱周围有很多气泡窗，实现了屋顶的自然采光和自然通风。同时，机场建设还采用了环保节能的理念，其暖通系统、采光系统、供水系统等都进行了绿色设计（中国青年报，2019）。

图4-2　大兴国际机场鸟瞰图

　　设计一座航站楼，不仅仅是打造一座静止的建筑，更是设计出一段段旅程的起点或终点，承载着千万人的聚散离。走进北京大兴国际机场航站楼，相信所有人都会被其空间之美深深震撼：阳光透过头顶的巨型天窗柔和地洒在地面上，光洁的大理石映衬出"C型柱"瑰丽灵奇的曲线之美；穿过洁白的值机岛，走近中央峡谷区，两侧对称的多层次空间尽收眼底，让人有一种豁然开朗的惊艳之感，如丝带般的拱桥和鹅卵石状的商业岛点缀其间，5条指廊尽头的露天庭院均在可视范围内，或许只有身临其境，才能体会到站在一个70万平方米的巨大空间中，视线360度皆可穷极尽头，又不觉得空旷突兀的奇妙感受（搜狐网，2019）。

北京大兴国际航站楼是世界首个"双进双出"的航站楼，设计师巧妙地利用五指廊造型设计空间，将旅客候机的区域放在了最中心位置。大兴机场航站楼的放射状构型有效地控制了航站楼的指廊长度，楼内的分区运行模式又进一步缩短了旅客的步行距离。根据规划，大兴机场航站楼设有79个近机位，可以满足年旅客量4500万人次的需要，而从航站楼的中心点走到最远的近机位只有600米，正常步行时间不到8分钟。航站楼地上主体有4层，主要为旅客进出港、候机和中转使用。地上一层是国际到达；二层是国内到达；三层是国内自助，快速通关；四层是国际出发和国内行李托运。地下二层设有轨道交通换乘中心，在全球首次实现高铁下穿主航站楼，旅客可无缝换乘高铁、地铁、城铁（中国民航网，2020）。

截至2020年6月，北京大兴国际机场航空货站面积为33.5万平方米，有3个国际货站、3个国内货站，年处理能力200万吨。2019年5月28日，北京大兴国际机场南方航空基地国际货运站工程竣工，是机场首个竣工的货运站建设项目；作为南方航空在新机场的五大功能区之一，该货运站总建筑面积达25127平方米（北京日报，2019）。

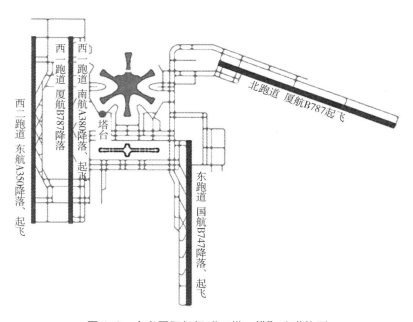

图4-3 大兴国际机场"三纵一横"跑道构型

北京大兴国际机场飞行区从空域、地面、环境影响、运行效率等方面综合比选、优化设计，在国内首次采用带有侧向跑道的"三纵一横"的跑道构型（如图4-3所示）。创新型跑道构型中，航站区位于中央区域，能够减少飞机空中运行时间和地面滑行距离，有利于提高空地一体运行效率，并减少对周边区域的噪声影响，是实施绿色机场建设的标志性成果之一。前期规划建设四条跑道，东一、北一和西一跑道宽60米，长分别为3400米、3800米和3800米；西二跑道长3800米，宽45米。其中，西一和东一跑道间距达2350米，为日后机场扩建留下了充足的发展空间。远期规划，北京大兴国际机场将建设7条跑道，满足年旅客吞吐量1亿人次、飞机起降量88万架次、货邮吞吐量400万吨的需求。北京大兴国际机场民航站坪机位共设268个，其中，近机位79个，货运机位24个（搜狐网，2019）。

第三节　现代化综合交通体系

2019年9月25日，习近平总书记出席北京大兴国际机场投运仪式并发表重要讲话，习近平总书记指出，建设内外部联通的现代化综合交通体系，是提高机场运行效率的关键。大兴国际机场作为京津冀协同发展中交通先行、民航率先突破的标志性工程，作为支撑雄安新区建设的京津冀综合交通枢纽，它不仅从空中构建起连接世界的航线网络，在外围构建起"五纵两横"联通京津冀的综合交通主干网络，而且在机场内部实现了公路、轨道交通、高速铁路、城际铁路等不同运输方式的立体换乘、无缝衔接。

一、"五纵两横"的机场外围综合交通网

编织在大兴机场周围的是一张"五纵两横"的综合交通网络，这也是未来构建京津冀交通一体化的主骨架，可实现大兴国际机场30分钟通达北京中心城区、城市副中心、雄安新区；1小时通达天津、石家庄、唐山、保定等京津冀中心城市，将为京津冀协同发展提供快捷便利的交通条件。"五纵两横"分别是京台高速北京五环至市界段、大广高速北京六环至黄堡桥段（扩建）、大兴机场高速、轨道交通新机场线、京雄城际铁路，大兴机场北线高速和一条城际铁路联络线（廊涿城际），共4条高速公路、3条轨道（搜狐网，2019）。

连接中心城区和北京大兴国际机场的轨道交通新机场线，一期工程起自草桥，二期工程北延至丽泽金融商务区。采用 160 千米/小时的市域列车，全线建成后可与 M10、M14、M16、M19、M11 线等地铁线路相接，一次换乘即可通达金融街、中关村和 CBD 等主客源地。草桥城市航站把地铁站功能和机场值机功能结合起来，可为旅客提供航班信息咨询、值机手续办理及行李托运等相关服务，让旅客释放双手，轻松乘车前往大兴机场乘坐航班，实现了城市交通同机场交通的无缝衔接，极大地便利了广大乘客。固安城市航站楼位于河北省廊坊市固安科创中心大厦一楼大厅，是大兴机场首座跨省市的异地航站楼，集城市会客厅式值机、行李托运、行李安检、航班显示、信息咨询、机场巴士运输等功能为一体，为旅客提供便捷服务，致力于打造京津冀空地联运标杆。

"五纵两横"的综合交通运输网络融合了高速铁路、城际铁路、城市轨道、高速公路等多种交通形式。高速铁路可在 2 小时以内实现与周边省份主要城市的连接。城际铁路可在 1 小时以内通达天津、石家庄、唐山、保定等京津冀中心城市（交通界，2018）。若乘客驾车前往北京大兴国际机场，可选择大兴机场高速公路，全长 27 千米，通行时间大约需要 20 分钟。也可选择京台高速、京开高速转由大兴机场北线高速前往大兴机场（澎湃新闻，2018）。

二、高效便捷的一体化综合交通枢纽

随着 21 世纪经济全球化加剧，中国民航业发展势头强劲，机场在综合交通运输体系中的作用进一步增强，机场所在区域在经济社会发展中发挥的作用日益凸显，以机场为核心打造综合交通枢纽对城市经济社会文化发展的战略意义不断上升。首都机场是我国加入 WTO 融入经济全球化后中国民航业快速发展的缩影。自 2002 年以来，首都机场始终保持着快速增长的势头，2007 年旅客吞吐量突破 5000 万人次，2010 年突破 7000 万人次，2016 年突破 9000 万人次，2018 年，首都机场成为我国第一个年旅客吞吐量过亿的机场，是继美国亚特兰大机场后，全球第二个年旅客吞吐量过亿人次的机场，并连续十年稳居全球第二。北京作为中国首都，未来将随着我国全球影响力的不断提升以及更高层次更高水平对外开放的不断扩大，北京的航空客运市场需求越来越大。预计 2025 年，这一需求将达到 1.7 亿人次，2050 年将突破 3 亿人次。

机场究竟应该建得更大一些，还是应该更符合当前需求？如何规避之前首都机场几度出现的"机场建成之时就是扩建之时"的被动局面，这也是当下国内许多机场改扩建所面临的共同难题。显然，大兴国际机场对此已经给出了示范。新机场秉持"一次规划设计，分阶段建设实施"的先进理念，依据远期旅客吞吐量过亿的需求目标，新机场规划了南北两个航站楼、一个卫星厅，以及前期4条、远期6条的跑道建设空间，以确保新机场对首都未来航空运输需求的可持续保障。正如现任中国民航机场建设集团规划设计总院总规划师牧彤所言，在大兴机场的规划上，中国的规划师们实现了一种观念上的突破，一定要为长远发展充分预留空间，因为新机场的场址实在太珍贵了。（中国民航网，2019）

当然，除了对长远发展预留充分空间外，大兴国际机场在如何破解大型国际枢纽机场所普遍面临的"规模与效率"这一矛盾方面也进行了系统性的开创探索，包括高效的空管运行效率、高效的跑道构型、高效的航站楼布局，以及高效便捷的一体化综合交通枢纽建设。呈五指放射状的主航站楼构型有效地控制了指廊长度，使旅客从航站楼的中心点走到最远的近机位只有600米，正常步行时间不到8分钟，极大地缩短了旅客的步行距离；航站楼地上主体有4层，其独特的"双进双出"分区运行模式进一步提升了旅客的出行效率［搜狐网，2019（2）］。"三纵一横（侧向跑道）"的跑道构型则为首都北京南来北往、密集繁忙的航班流提供了捷径。更为独特的是，大兴机场首次将轨道站台融入航站楼进行了一体化设计，进而使京雄城际、城际铁路联络线和时速160千米/小时的地铁新机场线直接下穿进入航站楼主楼。高铁、城际铁路、地铁、高速公路等多种交通方式的"零距离一站式"换乘，使北京新机场成为我国首个真正意义上的大型一体化综合交通枢纽（新华网，2019）。

第四节　临空经济区

2019年10月25日，北京市和河北省正式批复《大兴国际机场临空经济区总体规划（2019—2035年）》。这标志着我国首个跨省级行政区域的临空经济区迈入实质性建设阶段，对疏解北京非首都功能、优化京津冀世界级城市群发展格局、促进区域全面协调可持续发展具有重要意义。

一、战略定位与发展目标

北京大兴国际机场临空经济区的战略定位是"国际交往中心功能承载区""国家航空科技创新引领区""京津冀协同发展示范区"。临空经济区的发展目标是建设具有国际竞争优势的临空经济区。落实《大兴国际机场临空经济区总体规划（2019—2035年）》"打造以航空物流、科技创新、服务保障三大功能为主的国际化、高端化、服务化临空经济区"的整体要求，围绕枢纽建设，壮大航空服务与高端临空产业，提升国际交往综合服务能力，构建以航空服务为基础，以知识密集型、资本密集型的高端临空产业集聚为目标，具有国际竞争优势的临空经济区（一点资讯，2020）。

二、生产、生活、生态三生融合的空间布局

临空经济区总面积约150平方千米（其中，北京部分约50平方千米、河北部分约100平方千米），包括服务保障区、航空物流区和科技创新区3个功能片区。

临空经济区构建面向全球市场的临空指向性强、航空关联度高的高新产业集群，重点发展航空物流、航空科技创新、综合服务保障业，着力推动空港型综保区、跨境电商综合实验区、中国（河北）自由贸易试验区和自由贸易港建设，打造高水平开放基础平台。航空物流区重点承载航空物流、电子商务、综合保税、国际会展、航企服务等功能；科技创新区重点承载航空导向的研发创新、科技孵化、高端制造、科技金融等功能；服务保障区重点承载航空科教、特色金融、休闲娱乐、科技创新服务等功能（新华网，2019）。

其中，北京大兴国际机场临空经济区的北京部分分为东西两个片区（如图4-4所示）。西片区（榆垡片区）占地26平方千米，布局国际生命健康产业园、国际科技创新区、国际学校、国际医院等功能（如图4-5、4-6所示）。东片区（礼贤片区）占地24平方千米，布局中央生态公园、国际会展中心、国际会议中心、国门商务区、综合保税区等功能。

临空经济区（北京部分）分为东西两个片区

西片区
26平方公里

东片区
24平方公里

榆垡片区鸟瞰意向图　　　　　　　　礼贤片区鸟瞰意向图

图4-4　大兴国际机场区域片区鸟瞰图

北京大兴国际机场临空经济区（北京部分）控制性详细规划（街区层面）

图4-5　榆垡生态岛鸟瞰意向图一

北京大兴国际机场临空经济区（北京部分）控制性详细规划（街区层面）

图 4-6　榆垡生态岛鸟瞰意向图二

三、自由贸易试验区（大兴机场片区）

2019 年 8 月，中国（河北）自由贸易试验区大兴机场片区正式批复设立，大兴机场自贸区是国家首次在跨省级行政区域设立的自由贸易试验片区，片区面积为 19.97 平方千米，其中北京区域占地 9.97 平方千米，廊坊区域占地 10 平方千米［搜狐网，2020（1）］。

（一）发展定位与目标

"为国家试制度、为地方谋发展。"中国（河北）自由贸易试验区大兴机场片区廊坊区域以制度创新为核心，以可复制、可推广为基本要求，全面落实中央关于京津冀协同发展战略，着力建设国际商贸物流重要枢纽、全球创新高地和开放发展先行区，重点发展航空物流、航空科技、融资租赁、健康服务等产业。建设国家交往中心功能承载区、国家航空科技创新引领区、京津冀协同发展示范区。对标国际先进规则，形成更多有国际竞争力的制度创新成果，至 2035 年，努力建成贸易投资自由便利、高端高新产业集聚、金融服务开放创新、政府治理包容审慎、区域发展高度协同的高标准高质量自由贸易园区①。

---

① 长城网. 中国（河北）自由贸易试验区大兴机场片区新闻发布会实录［EB/OL］.（2019-09-02）［2021-03-15］. http：//www.wenlvnews.com/p/164880.html.

（二）功能布局

自由贸易试验区大兴机场片区廊坊区域，占据京津雄大三角中心区域的绝佳区位，一小时交通圈拥有三大国际机场和一个特大港口，深度叠加协同发展融合圈、环渤海经济圈和全面创新改革试验区。依托北京大兴国际机场和临空经济区，自贸区大兴机场片区规划形成 8 个组团、6 个功能片区，即航企服务岛（南区、北区）、健康生命岛、科技活力岛、综合保税区（保税物流区、口岸功能区）、航企及物流企业运营区和物流战略储备区。重点布局临空总部服务、航空研发、医疗服务、科技研发、离岸金融、保税冷链物流、跨境电商物流、航空维修等功能［搜狐网，2020（1）］。

（三）制度创新

对标国际、先行先试。2020 年，廊坊出台了《中国（河北）自由贸易试验区大兴机场片区（廊坊）实施方案》，推出 192 项共性制度创新清单和 25 项个性制度创新清单，助力打造新时代改革开放新高地。其中，共性制度创新清单中包括 37 项投资便利化清单、71 项贸易便利化清单、41 项金融开放与风险防控清单、38 项政府职能转变和事中事后监管清单、5 项京津冀协同发展清单；个性制度创新清单中包括 14 项航空产业发展清单、6 项生物医药产业清单和 5 项综合改革清单①。

四、综合保税功能区

北京大兴国际机场综合保税区选址礼贤片区，与机场货运区相邻。规划占地 4.35 平方千米，包括口岸功能区（占地 0.83 平方千米）和保税功能区（占地 3.52 平方千米，北京和河北各占地 1.76 平方千米）（如图 4-7 所示），两个区域各自具备独立功能（如图 4-8 所示），通过封闭联络道相连，实现了港区运营一体化。

---

① 廊坊日报. 我市出台《中国（河北）自由贸易试验区大兴机场片区（廊坊）实施方案》［EB/OL］.（2020-01-31）［2021-04-12］. http://www.lf.gov.cn/Item/94657.aspx.

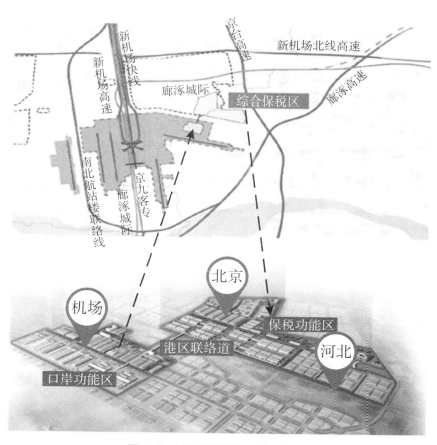

图4-7　综合保税区与口岸功能区

保税功能区	口岸功能区
▨ 物流分拨中心	▨ 口岸物流功能
▨ 设计研发中心	
▨ 检测维修中心	🍎 水果　🌱 种子种苗　🐟 食月水生动物
▨ 销售服务中心	
▨ 加工制造中心	🍗 肉类　🦢 冰鲜水产品　🐈 伴侣动物

图4-8　综合保税区与口岸功能区的功能示意图

五、产业功能区

北京大兴机场临空经济区（大兴片区）重点发展以生命健康为引领，以枢纽高端服务和航空保障业为基底，以新一代信息技术和智能装备为储备的"1+2+2"临空产业体系，如图4-9、4-10所示（北京市发展和改革委员会，2020）。

国际会展中心主要包括展览中心、会议中心、办公、餐饮等功能。国际会展中心将发展以高科技专业博览、娱乐赛事和学术交流会议为特色的专业展会。国际健康中心为集国际医院、医疗研发、健康服务为一体的国际健康中心，将打造为尖端生物医药领域创新试验田，国内外引领型产业龙头聚集地，辐射全国、亚太的生命健康基地。

国际购物小镇为集国际购物、城市综合体、商业街区为一体的体验性购物小镇，包括高端零售百货、特色餐饮等。旨在直接为机场旅客提供具备国际水准的购物服务，并辐射带动京津冀消费升级，促进"一带一路"国际贸易合作。

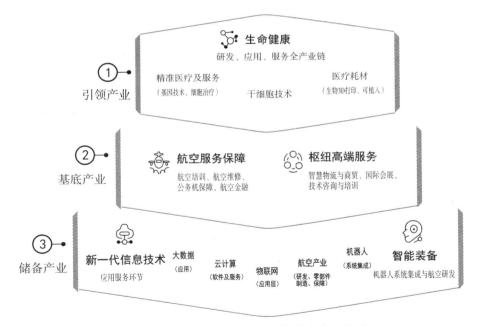

图4-9 产业功能区的"1+2+2"临空产业体系

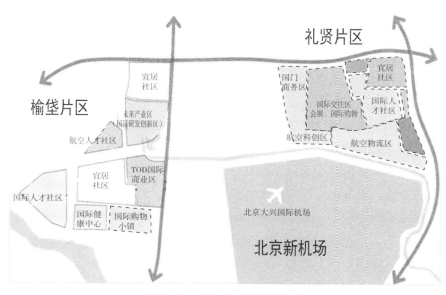

图4-10　产业功能区区域布局

综合保税区为集保税物流、保税服务、保税研发、保税加工为一体的综合保税区，将打造为扩大开放先行先试区。科技创新区聚焦于航空产业服务、航空器及配套产品研发方面，重点发展航空租赁、维修、运营管理，航空配套产品研发，技术及关键材料创新等，与大兴优势互补、错位协同发展。此外，在科技创新区1.5平方千米面积的区域，将重点发展上游设备研发制造、集成电路设备、封装测试工艺研发，旨在打造高科技产业的研发及制造产业集群，培育区域创新发展新动能。而在航空物流区的航企及物流企业运营区，将以高标准规划打造跨境电商新高地，作为产城融合发展的重要平台，它将按照"跨境电商+智慧物流-内外贸融合"的发展思路，致力于构建跨境电商全产业链生态圈，打造国内领先的跨境电商公共服务体系和供应链金融服务体系，突出重点发展新一代信息技术、高端智能装备、生命健康、航空科技创新、航空物流和高端服务等产业体系，并制定了促进高质量发展和科技创新、土地供应、产业发展、人才保障、金融支持、政务服务等一揽子政策支撑体系（新华网，2020）。

六、城市配套功能体系

在生态宜居、产居融合街区，结合居住类用地的空间布局，建立以社区中心为基础、邻里街坊中心为补充的公共服务网络。其中，社区中心以街区为单位设置，重点涵盖街区级、社区级的公共服务设施以及小型商业中心等的建设，构建15分钟社区服务圈，通过各类设施用地的统筹配置提供一站式社区生活服务，高效解决教育、医疗、养老、文化、体育、休闲、购物等日常生活需求。在此基础上，设置邻里街坊中心，重点涵盖社区级、项目级的公共服务设施以及便民商业设施等的建设，形成5~10分钟的便民生活圈，通过社区配建等方式，满足便民商业、养老看护等便民服务需求［搜狐网，2020（3）］。

构建多层级公共交通体系，对外交通出行以规划大容量快速轨道交通系统为主体，充分利用既有铁路富余资源，强化临空经济区与北京中心城区、北京城市副中心、新城的中长距离快捷联系。临空经济区内部及其与临空经济区（河北部分）的公共交通系统应以轨道交通中低运量或地面快速公交系统为主，重点满足内部通勤，同时起到支撑大容量对外公交线路的作用。组团内部设置公交接驳支线，提高整体公交覆盖率及公交系统的吸引力。形成与重要功能区的快速联系，半小时左右覆盖雄安新区与北京城市副中心，一小时左右覆盖北京中心城区主要功能区及首都机场。

在传统规划主、次、支路网的基础上，依据道路功能对路网进行五级细分：①交通干道，解决区域之间快速通道的交通需求，与外部快速交通网络衔接；②城市干道，解决区域之间生活性交通联系需求；③区域联络性街坊路，重点解决区域内部，组团与组团之间的交通联络需求；④交通集散性街坊路，区域内部组团之间生活性交通道路；⑤生活性街坊路，在组团内部，解决最基本的生活需求。

七、绿色生态功能体系布局

大兴国际机场临空经济区规划了绿色生态功能体系布局：围绕机场和临空经济区形成优越的生态本底，构成森林环抱的临空经济区；建设大尺度生态空间、大规模绿地空间，形成以绿为体、林水相依的绿色生态景观；依托永定河、京台、京九、临空经济区北部4条区域性生态廊道以及东西片区之间的大面积生态景观空间，通过河流水系、道路廊道、城市绿道等绿带相连接，构建"四廊环绕、两带串联、一心多点"的生态空间结构；依托交通绿廊、河道绿廊等线性空间有机串联中心公园、社区公园、口袋公园，构建多层级复合的绿地空间系统。

第五章 临空经济区战略性布局与城市空间格局优化——成都模式

第一节 引 言

本书选择成都天府国际空港新城作为本书案例研究与经验借鉴的第二参照，主要出于以下几点考虑：

（1）2014年9月25日，国务院印发《关于依托黄金水道推动长江经济带发展的指导意见》[①]。2014年10月2日，四川天府新区获批成为中国第11个国家级新区。2016年4月27日，国家发展改革委与住房城乡建设部发布《成渝城市群发展规划》。2017年4月25日，成都市第十三次党代会提出，重塑城市经济地理，优化城市空间布局，实施以"东进"为主战略方向的城市发展战略。明确了沿龙泉山东侧，规划建设天府国际空港新城和现代化产业基地，发展先进制造业和生产性服务业，开辟城市永续发展新空间。"东进"由此成为成都主动融入国家战略的战略性举措。2020年5月6日，规划面积729平方千米的成都东部新区正式挂牌。至此，"东进"三年终落子，成都的城市格局迎来千年之变。

（2）2020年10月，中共中央总书记习近平主持召开政治局会议，审议通过了《成渝地区双城经济圈建设规划纲要》。会议指出，推动"成渝地区双城经济圈"建设，是构建以国内大循环为主体、国内国际双循环相互促进的新发展格局的一项重大战略举措。由此，成渝双城成为支撑国家重大战略，完善中国改革开放空间布局的第四极。城市能级的提升也为成都天府国际空港新城的建设发展开辟了空间（规划面积达483平方千米，

---

① 中华人民共和国中央人民政府. 国务院关于依托黄金水道推动长江经济带发展的指导意见：国发〔2014〕39号［A/OL］.（2014-09-25）［2021-02-12］. http://www.gov. cn/zhengce/content/2014-09-25/content_9092. htm.

居全国第一）。反过来，这座拥有 3000 年历史，曾经以"蜀道难，难于上青天"闻名的西部内陆腹地城市，也因其拥有以"双国际机场"为核心的国际性综合交通枢纽而一跃成为国家推动全面开放的战略高地，成为能够引领带动西部迈向高质量发展的重要增长极和新的动力源。

（3）2021 年 6 月 27 日，成都天府国际机场正式启用。继上海、北京之后，成都成为我国第三个拥有双国际枢纽机场的城市。成都天府国际机场是我国"十三五"时期规划建设的最大的民用运输枢纽机场项目，将进一步推动成都乃至西部地区民航运输发展。成都天府国际机场临空经济区将在更大范围发挥连接国民经济内循环和全球经济外循环的引领作用，成为成渝地区双城经济圈的重要支撑，也将在服务国家大局中提升四川发展能级。

综上，本书认为，"临空经济区战略性布局之成都模式（成都天府国际空港新城）"成功展示了一座城市应该如何通过优化城市空间布局，积极主动寻求城市发展主战略方向与国家重大战略相对接相融合，开辟城市永续发展新空间，打造城市能级提升与城市各主体功能区之间相互支撑、相互促进的新发展格局。

第二节　长江经济带发展战略与成都"东进"主战略

2014 年 9 月 25 日，国务院印发《关于依托黄金水道推动长江经济带发展的指导意见》（以下简称《意见》）。《意见》指出，长江是货运量位居全球内河第一的黄金水道，长江通道是我国国土空间开发最重要的东西轴线，在区域发展总体格局中具有重要战略地位。《意见》提出，提升重庆、成都中心城市功能和国际化水平，发挥双引擎带动和支撑作用，推进资源整合与一体发展，把成渝城市群打造成为现代产业基地、西部地区重要经济中心和长江上游开放高地，建设深化内陆开放的试验区和统筹城乡发展的示范区。重点建设成渝主轴带和沿长江、成绵乐（成都、绵阳、乐山）等次轴带，加快重庆两江新区开发开放，推动成都天府新区创新发展。

2014 年 10 月 2 日，国务院批复同意设立"四川天府新区"，标志着四川天府新区正式成为我国第 11 个国家级新区。四川天府新区位于成都市主城区南偏东方向，区域范围涉及成都、眉山、资阳三市所辖 7 县（市、区），规划面积达 1578 平方千米。四川天府新区的目标定位是，努力建设成为以现代制造业为主的国际化现代新区，打造成为内陆开放经济高地、宜业宜商宜居城市、现代高端产业集聚区、统筹城乡一体化发展示范区。

2016 年 4 月 27 日，国家发展改革委与住房城乡建设部发布《成渝城市群发展规划》。《成渝城市群发展规划》提出，成渝城市群应以建设具有国际竞争力的国家级城市群为目标，全面融入"一带一路"和长江经济带建设，打造新的经济增长极。至此，如图 5-1 所示，成都在国家推进"一带一路"和长江经济带建设中的重要性日益凸显。

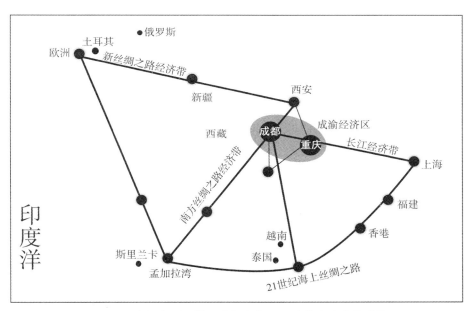

图 5-1　成都在"一带一路"和长江经济带发展中的地位

2017 年 4 月，成都市第十三次党代会提出，重塑城市经济地理，优化城市空间布局，实施以"东进"为主战略方向的城市空间发展战略。这一战略明确了沿龙泉山东侧，规划建设天府国际空港新城和现代化产业基地，发展先进制造业和生产性服务业，开辟城市永续发展新空间。"东进"由此成为成都主动融入国家战略的战略性举措（如图 5-2 所示）。

图 5-2　空间结构规划图

2017 年 10 月 28 日，为打破传统的"单中心集聚、圈层式蔓延"的发展模式，《成都市城市总体规划（2016—2030 年）》提出在东部新区打造"一心两翼三轴多中心"的网络化城市空间格局（如图 5-3 所示）。2020 年 5 月 6 日，规划面积 729 平方千米的成都东部新区正式挂牌。至此，"东进"三年终落子，成都的城市格局迎来了从"两山夹一城"到"一心连两翼"的千年之变。

图 5-3　"一心连两翼"的空间布局

没有林立的高楼，舒缓优美、山水相映的天际线连成长廊；推窗看景，出门入园，公园与街区无缝衔接；人车分流，拥有舒适的慢行系统；城市空间与生态空间无边界融合……这就是一座理想的未来之城的模样。三年磨一剑，成都东部新区这张宏伟的蓝图正一点点地成为现实。从空间的布局，到道路的组织，再到为城市"着色"、勾勒出天际线，一座新城的诞生，就是这样一个逐步从平面到立体，从素描到彩绘的过程。向未来而生，东部新区呈现给人们的，将是一座承载梦想、走向世界的未来之城。成都东部新区的城市发展轴线，则亦实亦虚。它不是一条道路，也不是城市建筑布局的对称轴，而是一条江——串联起"双城一园"的沱江（包括沱江的支流绛溪河）。根据《成都东部新区总体方案》，沱江发展轴将提升沱江、绛溪河生态品质，增强生态、景观、文化、水源等功能，沿江（河）布局大型城市公园、重大公共服务设施，推动形成拥江发展新格局，打造城市核心生态骨架、景观廊道、重大城市功能集聚的城市发展轴。以江为轴，拥江发展，以江河串联多个城市中心，这便是成都东部新区在城市发展格局上的创新之举。

第三节　成都天府国际机场

成都天府国际机场，位于成都市简阳市芦葭镇，北距成都市中心50千米，西北距成都双流国际机场50千米，为4F级国际枢纽机场（如图5-4所示）。成都天府国际机场定位为引领西部民航发展的国际航空枢纽、引领交通强国建设的国际性综合交通枢纽、引领西部开发开放高质量发展的新动力源、引领全国民航创新发展的示范高地。

机场规划用地48.25平方千米，设南北2个航站区共4座单元式航站楼，按照"四纵两横"的跑道构型建设6条跑道（如图5-5所示）。预计到2025年，成都国际航空枢纽年旅客吞吐量达到1亿人次以上、货邮吞吐量达到190万吨；预计到2035年，年旅客吞吐量达到1.6亿人次、货邮吞吐量达到350万吨（新浪财经，2021）。

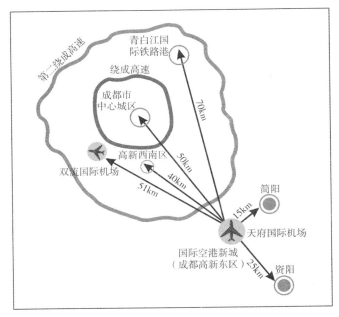

图 5-4　成都天府国际机场位置

图 5-5　成都天府国际机场鸟瞰图

根据《成都国际航空枢纽战略规划》，作为成都国际航空枢纽的主枢纽，天府国际机场建成投用后，成都将成为我国内地继北京、上海之后第三个、中西部地区首个同时运行双国际枢纽机场的城市。两座机场将构建功能互补、协同发展的枢纽机场体系：运营初期，天府机场为成都国际航空枢纽的主枢纽，承担客货运输核心枢纽功能；双流国际机场为主要服务国内点对点商务航线的区域航空枢纽，同时保留国际口岸功能，保障地区航线、国际公务航空业务和国际备降航班。远期，在天府机场国际航线达到枢纽发展要求后，恢复双流机场国际航线增长，逐步演变形成"一大一小"两场一体、差异发展的双国际枢纽机场体系。

第四节　现代化综合交通体系

铁路方面，在绛溪北片区预留"成自高铁北外绕通道"并设立高铁客运站；在机场北片区设高铁货运站，依托货运外绕线及成都经济区环线高速公路，在机场南片区设置普速铁路货运站，构建"空铁公"多式联运系统。城市轨道交通方面，对接成都市轨交线网，规划 18 号线、13 号线、24 号线、简阳环线 4 条外部轨道及若干内部轻轨（如图 5-6 所示）。高速路网和快速路网方面，构建"两横两纵"高速路网和"三横两纵"快速路网，此外还有一条龙泉山东侧新城联系轴强化"东进"区域新城之间的联系（如图 5-7、5-8 所示）。慢行系统方面，对接天府绿道建设规划，构建"四级绿道+四级驿站"慢行系统。

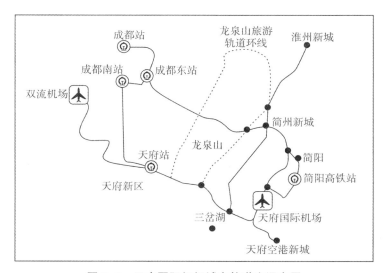

图 5-6　天府国际机场城市轨道交通布局

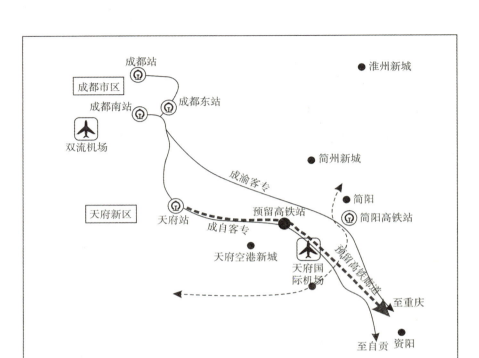

图 5-7　预留高铁线位

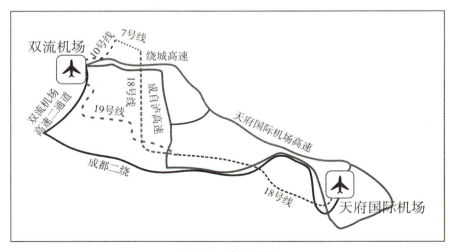

图 5-8　高速路网

第五节　成都天府国际空港新城

一、总体定位

作为成都"东进"的重要阵地，成都天府国际空港新城确立了3个定位：

（1）引领航空枢纽经济的新极核：培育新兴消费服务和创新型新经济，促进空港新城成为引领西部地区乃至国家航空枢纽经济发展的新增长极核。

（2）支撑国家内陆开放的新枢纽：依托成都天府国际机场构建通达全国的空铁联运网络，承担国家向西向南开放的门户功能，形成陆空一体化的国家级综合枢纽。

（3）汇聚全球创新人才的新家园：建设链接全球网络、彰显蜀风雅韵的健康、美丽、宜居的公园城市，通过打造优质的生产、生活、生态环境，汇聚全球创新创业人才。

二、空间布局

成都天府国际空港新城在空间布局上明确体现：不穿山、不切坡、不改河，依托自然生态本底，形成"双轴一带、一港一核、六川六片"的多中心组团式空间格局（如图5-9所示）。区域内"六片"——金坛、绛溪北等6个产城融合发展片区，是按"六川"——绛溪河、海螺河、毛家河等6条主要河流廊道自然划分形成。

其中，"双轴"，指东西向天府新区拓展轴和南北向龙泉山东侧新城发展轴；"一带"，指龙泉山——三岔湖生态景观带；"一港"，指依托天府国际机场形成的空铁联运国际空港；"一核"，指沿绛溪河两岸构建的城市中心；"六川"，包括绛溪河、毛家河等在内的6条主要河流廊道；"六片"，包括金坛组团、绛溪北组团等在内的六大城市功能组团。

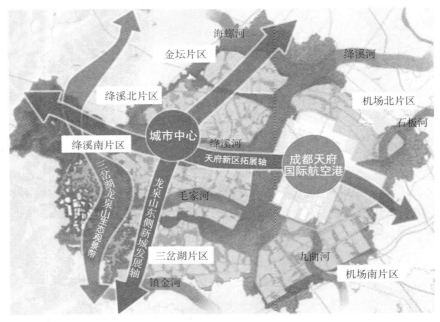

图 5-9　成都天府国际空港新城在空间布局

三、产业布局

（一）主导产业方向和产业细分领域

1. 主导产业方向

成都天府国际空港新城的主导产业方向为航空经济、总部经济、新经济。

2. 产业细分领域

（1）以航空设备及系统、航空零部件和航空材料等领域研发制造，以及航空维修为代表的航空制造业，如图 5-10 所示。

（2）以航空保障、航空物流、商务商贸和文体旅游等领域为代表的航空现代服务业，发展国际化教育培训、健康医疗、体育休闲、会展博览等体现消费升级的服务型消费，打造国际消费中心，如图 5-11、5-12 所示。

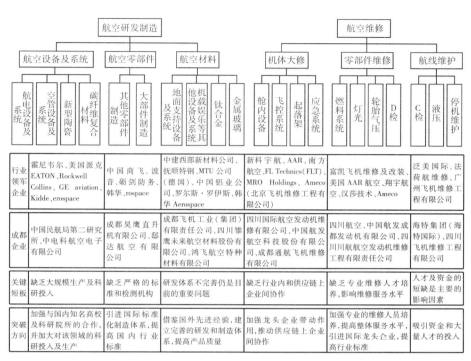

图 5-10 成都天府国际空港新城航空制造产业链全景图（1）

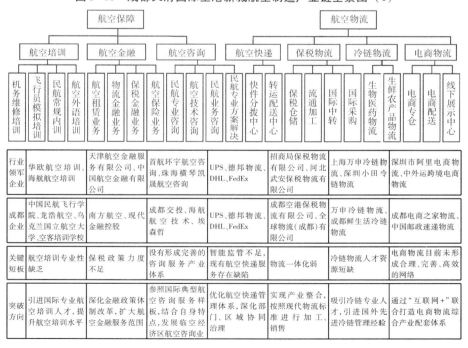

图 5-11 成都天府国际空港新城航空服务产业链全景图（2）

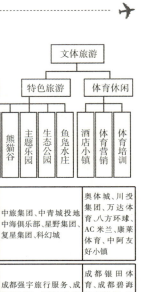

	专业展览展示	艺术品跨境贸易	临空型总部集群	服务企业集群	特色旅游	体育休闲
行业领军企业	香港嘉穗、广州天际展览、聚义堂、法兰克福展览、上海世贸商城	佳士得拍卖、明德国际、保利拍卖、华艺文化、大艺博	海航集团、中建集团、四川航空、国航航空、微软、可口可乐、爱立信、卡夫食品、麦当劳	中建集团、海航科创、成都交投、宝湾物流、德邦物流、金蝶集团、北京国联集团	中旅集团、中青城投地中海俱乐部、星野集团、复星集团、科幻城	奥体城、川投集团、万达体育、八方环球、AC米兰、康莱体育、中阿友好小镇
成都企业	成都神匠展览、成都国腾展览、成都伟创展览、成都大唐盛世展览	成都杨华珍羌织绣文化传播、成都市锦艺源工艺品、成都莱恩礼贸易	四川航空、成都龙怀酒业、成都中贯恒伟实业	成都宜先知商贸、成都渝心票务、成都巨鼎伟业投资咨询	成都强宇旅行服务、成都旅行社、成都文化旅游发展集团	成都银田体育、成都碧海体育休闲、天府奥体城、双遗体育
关键短板	缺乏国际影响力强的专业展览	保税政策力度不足	国际知名总部落户少，难以形成集聚效应	没有形成完善的服务产业体系	入境旅游，境外游客数量有待提升	休闲体育产品特色少，周边地区竞争较大
突破方向	依托成都自身优势产业，加强与国际知名企业之间的合作，共同打造具有国际影响力的专业展览展示	深化文化体制改革，加快发展对外文化贸易的政策，扩大艺术品跨境贸易市场	加大政策环境支持，吸引国际临空型总部入驻，发挥吸附作用	参照国际典型服务企业集群，结合自身特点，发展临空经济区服务业	需要扶持和打造具有强力外联能力的旅行社	可以考虑将旅游和体育相结合，举办体育界国际重大赛事

图 5-12　成都天府国际空港新城航空国际服务产业链全景图（3）

（3）以大数据、云计算、物联网、信息终端设备和人工智能软硬件为代表的航空新经济产业，如图 5-13 所示。

（二）空间边界

成都天府国际空港新城位于成都高新区，起步区面积为 25 平方千米，总规划面积为 483 平方千米。北至第二绕城高速、东至成渝高铁、南至成都经济区环线高速、西至简阳市行政边界，涵盖未来科技产业园、航空科创产业园、航空智慧物流产业园、数字经济产业园、天府奥体城核心场馆区等产业社区。

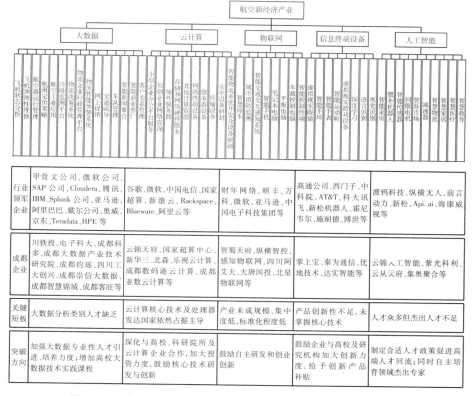

图 5-13 成都天府国际空港新城航空新经济产业链全景图（4）

四、产业、城市与生态无边界融合的空间格局

依据《成都市东部新城空间发展战略规划（2017—2035）》，东部新区优化形成"城市组群（空港新城）—产业功能区（片区）—产城融合单元（新镇）—社区"四级城市体系。四级城市体系的逻辑大体如此。具体来看，"城市组群"即空港新城、简州新城。"产业功能区"是提供重大公共服务的基本单元，能够对市民各种形式的功能需求有一个相对完善的保障，居民日常的需求几乎不需要跨片区去完成，也可以避免居民产生不必要的跨片区交通。成都东部新区划定了 8 个产业功能区。"产城融合新镇"是城市实现产城融合、职住平衡的基本单元，会有基本的公共服务，有产业用地和居住用地，能够基本满足人们生活和工作的需求。成都东部新区包括 20 个新镇。"城市社区"是提供基本公共服务的基本单元，成都东部新区包括 108 个城市社区。

璀璨的天府黄，彰显的是成都传承数千年的天府文化。为塑造天府文化特色，成都东部新区将建设具有文化冲击力的文化展示核心区，沿沱江—绛溪河形成文化设施集聚带、文化中心、博物馆聚落等区域性文化展示集群，展现"三城三都"城市品牌。同时，这里的每栋建筑、每一片街区都会被打造成艺术品，以国际化、新中式建筑风格为基调，为建筑和街区赋予独特的文化表达（如图 5-14 所示）。

图 5-14　具有浓郁天府文化特色的市政公园

第六章　国内首家获国务院批复的航空港经济综合试验区——郑州模式

第一节　引　言

本书选择郑州航空港经济综合试验区作为本书案例研究与经验借鉴的第三参照，主要出于以下几点考虑。

（1）郑州航空港是国内第一家以航空货运功能为主的国际航空物流枢纽。郑州位于全国铁路网正中心，是中国国家地理运输的战略中心，京广、陇海、焦柳、京九四大干线在此交汇，是立足中原、辐射四方的交通命脉，承东启西、连接南北的经济走廊，地理位置十分重要，素有"中国铁路心脏"之称。在此基础上，通过建设郑州国际航空货运机场，进一步发展连接世界重要枢纽机场和主要经济体的航空物流通道，完善陆空衔接的现代综合运输体系，提升货运中转和集疏能力，打造国家级的国际航空物流中心。

（2）郑州模式的核心在于：以综合交通枢纽为依托，以综合保税区和关联产业园区为载体，以发展航空货运为突破口。2010 年 10 月 24 日，郑州新郑综合保税区获国务院批复，成为中部地区第 1 个、全国第 13 个获批的综合保税区，规划面积 5.073 平方千米。2011 年 11 月 4 日正式封关运行，是我国目前开放层次最高、政策最优惠、功能最齐全的特定经济功能区域。

（3）富士康 2010 年进驻郑州，富士康郑州科技园位于郑州新郑综合保税区，出机场收费站后左转，沿四港联动大道往北 2 千米右转，秋实路南侧，建有 400 万平方米厂房、250 万平方米蓝领公寓。中商产业研究院在 2019 年发布的《河南省商务运行分析报告》显示，2018 年，河南省进出口总值首次突破 5500 亿元，其中，富士康进出口额为 3389.1 亿元，占河南省全省进出口额的 61.5%①。郑州航空港通过提升航空港开放门户功能，推进综合保税区、保税物流中心发展和陆空口岸建设，更好地满足了富士康基于 CMMS 商业模式对航空时效性的要求，促使苹果公司约一半的手机都是在富士康郑州工厂生产，可以说两者实现了互相成就，合作共赢。

第二节　郑州新郑国际机场

一、新郑机场的基本概况

郑州新郑国际机场，位于中国河南省郑州市郑州航空港区，为 4F 级国际民用机场，是中国首个国家级航空港——郑州航空港经济综合实验区核心组成部分、国际航空货运枢纽机场、中国八大区域性枢纽机场之一，也是"7×24 小时""全时段"通关国际机场、国内大型航空枢纽机场、国际定期航班机场、对外开放的国家一类航空口岸。

2007 年 10 月，为加快郑州国际航空枢纽建设，河南省委、省政府批准设立郑州航空港区。2010 年 10 月 24 日，经国务院批准正式设立郑州新郑综合保税区。2011 年 4 月，根据中央编办批复精神，经河南省委、省政府批准设立郑州新郑综合保税区（郑州航空港区）管理委员会，为省政府派出机构。2012 年 11 月 17 日，国务院批准《中原经济区规划（2012—2020 年)》，提出以郑州航空港为主体，以综合保税区和关联产业园区为载体，以综合交通枢纽为依托，以发展航空货运为突破口，建设郑州航空港经济综合实验区。2013 年 3 月 7 日，国务院批准《郑州航空港经济综合实验区发展规划（2013—2025 年)》，标志着全国首个航空港经济发展先行区正式起航。郑州机场及其临空经济区建设由此进入了跨越式发展新阶段。

二、郑州新郑国际机场的硬件设施建设

截至 2015 年 12 月，郑州新郑国际机场有两座航站楼，总面积为 62 万

---

① 中商产业研究院. 2018 年河南省进出口 50 强企业名单出炉：进出口总值再创新高首次突破 5500 亿（附榜单）［EB/OL］. (2019-02-11)［2021-05-14］. https://www.askci. com/news/chanye/20190211/1620091141359. shtml.

平方米；T1、T2 航站楼有 158 个停机位，其中，有 149 个客机停机位；拥有跑道两条，分别为 3400 米和 3600 米（中华人民共和国国家发展和改革委员会，2018）。截至 2018 年 12 月，郑州新郑国际机场有 55 家客运航空公司，208 条客运航线，116 个客运通航城市；21 家货运航空公司，34 条货运航线，40 个货运通航城市（河南省人民政府，2019）。郑州新郑机场 T2 航站总建筑面积为 48.6 万平方米，分为航站区和飞行区两部分。

　　航站区部分，地上第一层平面为行李处理层，主楼部分主要布置国内行李分拣区、国内 CIP 贵宾厅、VIP 贵宾厅等候机楼。其中，贵宾厅的设计理念源自黄河水流经中原大地留下的绿洲和回水湾，通过菲耐特整体地面生动地表现出来，以其流畅的造型和细腻的质感获得好评，为郑州机场营造出新亮点。二层为到达厅，主要布置国内旅客到港通道、旅客中转办票区、行李提取大厅、迎客大厅，并在各指廊远端分别设置候机厅。三层为旅客候机厅，主要布置候机座椅、商业中心、中转及延误航班休息区、各种餐饮服务等与旅客密切相关的设备设施。第四层为国内旅客出发大厅，上方局部设有餐饮夹层。T2 航站楼在层高为 6 米的到达层及地下一层设有连廊或通道。直通航站楼前的 GTC，可与轨道交通、公共交通及停车场相连接，实现多种交通方式的换乘。整个航站楼引用 GD-GRG 的产品来进行造型设计、装饰，极为前卫、新颖，而其引用面积堪为国内首例。造型各异的商业岛，体现了设计师的鬼斧神工，让旅客在购物的同时，能领略到艺术带来的视觉享受，从此旅途不再单调。郑州至机场城际铁路、地铁 2 号线南延线均引入 T2 航站楼地下，并设站点，与公交、长途客车、机场巴士、出租车和社会车辆共同形成立体换乘的综合交通换乘中心（GTC），郑州新郑国际机场成为集航空、高速铁路、城际铁路、城市地铁、公路等多种交通方式为一体的现代综合交通枢纽。

　　郑州机场成为国内为数不多拥有双跑道、双航站楼的重要枢纽机场，离不开郑州机场二期工程转场投运。飞行区工程（含第二跑道）和 T2 航站楼是郑州机场二期工程的主要内容。飞行区部分建有一条 4F 级跑道和滑行道系统，第二跑道为 3600 米×60 米，79 个机位的客机坪（71 个近机位、8 个远机位），4 个机位的货机坪；27.4 万平方米的综合交通换乘中心（GTC）；总工程建筑面积约 95 万平方米，T2 航站楼位于 T1 航站楼东北方向，平面呈 "X" 形布置。远期规划五条跑道，其中一条为专用货运跑道。已入驻运营的客运航空 55 家，其中国内 35 家、国际地区 20 家；开通客运航线 208 条，其中国内 181 条，国际地区 27 条；开通货运航线 34 条，其中国内 5 条，国际地区 29 条。稳居中西部首位，基本形成覆盖中国内陆主要城市与欧、美、亚和大洋洲的航线网络。

根据中国民航局第一次为地方编写的航空规划《郑州国际航空货运枢纽战略规划》显示，预计 2022 年，郑州新郑国际机场将建成投用第三跑道，2024 年将建成投用第四跑道并完成第一跑道改造，2025 年建成投用 T3 航站楼、卫星厅和南货运区一期等，2028 年力争建成投用第五跑道，2035 年，郑州将建成以郑州新郑国际机场为平台，功能完善、特色鲜明、协同高效的航空货运生态体系，成为辐射全球的国际航空货运（综合）枢纽，航空货运、客运吞吐量进入全球前列，引领中部地区实现现代化的强大动力源。届时，郑州新郑国际机场将有 5 条跑道，年货运吞吐量有 500 万吨，年旅客吞吐量有 1 亿人次，实现 4 小时覆盖全国，20 小时服务全球①。

第三节　现代化综合交通体系

"十三五"期间，郑州充分发挥区位交通优势，打造便捷物流通道，加快构建航空港和国际陆港之间的快速物流通道，推动郑州航空港区、国际陆港外部路网与高速公路、城市主干道相连，保证内部路网与周边高速路入口的快速连通。

一、陆路交通运输体系

郑州是全国重要的铁路、航空、高速公路、电力、邮政电信主枢纽城市，是全国普通铁路和高速铁路网中唯一的"双十字"中心，郑济、郑万、郑合、郑太、高铁郑州南站及配套工程相继开工建设。高铁南站建成后，将与郑州站、郑州东站一起构建起"米"字形高速铁路网、中原城市群城际铁路网。推进联通外部的公路建设、铁路建设，构建了以空港为中心的放射状陆路交通网络。建成登封至商丘、机场至周口等地方高速公路，与京港澳高速、机场高速和郑（州）民（权）高速共同构成"三纵

---

① 关于郑州航空港经济综合实验区的相关信息资料来源于郑州航空港经济综合实验区管理委员会官网。

两横"高速公路网（如图 6-1 所示）。升级改造 G107 相关路段和 S102、S223、S221 线，形成了"五纵六横"干线公路网。建成郑州东站至郑州机场至许昌、郑州机场至登封至洛阳、郑州至焦作、郑州至开封等城际铁路。加快建设以郑州为中心的"米"字形铁路网，更好地服务于航空港发展。

图 6-1　商登高速互通立交

二、以陆空多式联运体系为主的强大货运物流功能

（一）完备的陆空多式联运体系

2015 年，郑州城铁正式开通运营，这标志着郑州正式进入空铁联运或陆空多式联运时代。这一联运体系是指依托两种及以上不同运输方式，通过使用标准化集装箱或者货运车辆，且在运输方式转换过程中不发生对货物本身的操作，由多式联运经营人全程组织将货物从接收地运送到目的地并交付收货人的运输服务。多年来，郑州不断加快陆空联运体系建设，形成并完善航空、公路、铁路高效衔接、互动发展的联运格局。

（二）优化机场货物转运功能

积极发挥海关特殊监管区域货物集拼、转运功能。推动郑州机场与郑州高铁客运枢纽站紧密对接，逐步发展成为全国重要的客运中转换乘中心。通过大力发展卡车航班，建设区域性卡车转运中心，打造航空货物"门到门"快速运输系统。建设完善高铁货运基础设施，积极发展高铁快递业务。特别是铁路集装箱业务，郑州铁路集装箱中心站是中国铁路总公司开行的 51 条中欧班列运行线的主要发到站之一（如图 6-2、6-3 所示）。近七年来，中欧班列（郑州）从无到有、从小到大，运量快速增长，目前班列已实现去回双向均满载运输的良性循环。为河南及周边省的外向型经济发展起到积极的促进作用。2017 年 4 月在郑州举办的国际航展，部分参展表演的飞机就是搭乘中欧班列运抵郑州和返回欧洲的。郑州在全国 28 个开行中欧班列的城市中运量持续保持领先水平。借助中欧班列（郑州至汉堡）国际物流大通道优势，河南国外影响力仅次于上海，排名全国第二。

图 6-2 郑州铁路集装箱中心站（整车进口）

图 6-3 郑州铁路集装箱中心站

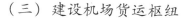

（三）建设机场货运枢纽

有序推进《郑州新郑国际机场总体规划（2009—2040年）》实施，建成第二跑道、第二航站楼、研究建设货运专用跑道、第三航站楼；建成郑州机场综合交通中心，实现客运零距离换乘。加快航空货运仓储设施建设，完善快件集中监管中心，海关监管仓库等设施，全面提升了郑州机场航空货运保障能力。强化了与国内外大型枢纽机场的合作，发展货运中转、集散业务。

（四）宽阔优质的航线网络

以连通国际枢纽机场为重点，开辟航线、加密航班，打造轮辐式航线网络，积极发展全货机航班，构建了联系全球的空中通道。美洲方向，以安克雷奇、芝加哥、洛杉矶等枢纽机场为主要通航点，辐射美洲各主要机场；欧洲方向，以阿姆斯特丹、法兰克福等枢纽机场为主要通航点，辐射欧洲各主要机场；亚洲方向，以中国香港、迪拜、东京等枢纽机场为主要通航点，辐射亚洲并串飞其他机场；澳大利亚方向，以悉尼、墨尔本机场为主要通航点，辐射澳大利亚大陆；非洲方向，以迪拜机场为中转点，联结非洲主要机场。完善国内航线网络，提高与国内枢纽和支线机场的通达性，发展联程联运，实现高效集疏。

（五）壮大的航空货运货代企业

做大做强现有基地航空公司，培育发展地方航空公司。支持国内外大型航空公司、快递物流企业在郑州机场设立基地、增加运力，建设区域运营中心和快件处理中心。推动了航空货运服务代理企业集聚发展，与航空公司、重点客户加强合作，培育了一批服务网络覆盖全国乃至全球的骨干企业，拓展了航空货运上下游市场。

（六）提升机场服务水平

围绕多式联运体系，推动建设了一批布局合理、功能完备、集疏便捷的综合性场站和设施，从而提高转运综合服务能力。运用先进经营理念、管理方式和信息技术，优化了流程设计，完善了服务体系，缩短了客货进出港时间，从而提高客货运中转效率，建立了航班延误预警和应急机制，高效的服务质量，致力于建成国际一流、国内领先的航空服务保障体系。

（七）运用多式联运数据平台

在基本的多式联运体系下，多式联运数据平台也在广泛运用中，实现以航空为引领，整合物流全链条信息资源，使多式联运每一关联客户都能享受到成本最低、服务最优的服务。目前，这一多式联运平台已与国泰航空、卢森堡货航、美国 Forward AIR 卡车公司、欧洲涡轮宝卡车公司、河南陆港集团公司、河南保税物流中心等实现数据互联互通。通过这个平台，客户可以查询货物的实时状态。该平台的另一功能是提供在线订舱服务。现在通过平台可以看到已实现卢森堡、芝加哥两条航空专线在线订舱服务。而整个体系内更希望通过发起成立"国际物流数据标准联盟"，旨在通过各方推动形成统一的物流数据标准，从而建立在航空物流枢纽的主导地位（环球网，2017）。

第四节　临空经济区

一、战略定位与发展目标

郑州航空港经济综合实验区是我国首个上升为国家战略、目前唯一一个由国务院批准设立的航空经济先行区，规划面积415平方千米，规划人口260万人，定位于国际航空物流中心、以航空经济为引领的现代产业基地、内陆地区对外开放重要门户、现代航空都市、中原经济区核心增长极。它是一个拥有航空、高铁、地铁、城铁、普铁、高速公路与快速路等多种交通方式的立体综合交通枢纽。有序推进《郑州新郑国际机场总体规划（2009—2040年）》实施，建成第二跑道、第二航站楼，适时研究建设货运专用跑道、第三航站楼；建成郑州机场综合交通中心，实现客运零距离换乘。加快航空货运仓储设施建设，完善快件集中监管中心、海关监管仓库等设施，全面提升郑州机场航空货运保障能力。强化与国内外大型枢纽机场的合作，发展货运中转、集散业务。

郑州航空港经济综合实验区是我国内陆首个人民币创新试点、三个引智试验区之一、河南唯一的区域性双创示范基地（全国 17 个）、河南体制机制创新示范区，被列为郑州国家中心城市建设的"引领"、河南"三区一群"国家战略首位、河南最大的开放品牌、带动河南融入全球经济循环的战略平台。

（一）战略定位

2013 年 3 月 7 日，中国政府批准设立"郑州航空港经济综合实验区"。规划面积 415 平方千米，定位如下：

1. 国际航空物流中心

建设郑州国际航空货运机场，进一步发展连接世界重要枢纽机场和主要经济体的航空物流通道，完善陆空衔接的现代综合运输体系，提升货运中转和集疏能力，逐步发展成为全国重要的国际航空物流中心。

2. 以航空经济为引领的现代产业基地

发挥航空运输综合带动作用，强化创新驱动，吸引高端要素集聚，大力发展航空设备制造维修、航空物流等重点产业，培育壮大与航空关联的高端制造业和现代服务业，促进产业集群发展，形成全球生产和消费供应链重要节点。

3. 内陆地区对外开放重要门户

提升航空港开放门户功能，推进综合保税区、保税物流中心发展和陆空口岸建设，完善国际化营商环境，提升参与国际产业分工层次，构建开放型经济体系，建设富有活力的开放新高地。

4. 现代航空都市

树立生态文明理念，坚持集约、智能、绿色、低碳发展，优化实验区空间布局，以航兴区、以区促航、产城融合，建设具有较高品位和国际化程度的城市综合服务区，形成空港、产业、居住、生态功能区共同支撑的航空都市。

5. 中原经济区核心增长极

强化产业集聚和综合服务功能，增强综合实力，延伸面向周边区域的产业和服务链，推动与郑州中心城区、郑汴新区联动发展，建设成为中原经济区最具发展活力和增长潜力区域。

（二）发展目标

积极融入国家"一带一路"倡议，实施东联西进，借势发展。加快推进枢纽体系、开放平台、营商环境建设，实现"一个突破口、三个层次"构想。

（1）强化航空枢纽地位，作为八大区域枢纽机场之一，同时处于三大经济圈即长三角、珠三角和环渤海的地理中心，通过强化航空枢纽地位，达到 2.5 小时航空圈覆盖全国人口 90% 的航空速度，并致力于覆盖全国经济总量的 95%。形成"一网""两链""四港一体"的交通枢纽体系。"一网"是以航空港为核心的航空航线网络；"两链"就是要围绕着生产的供应链、销售的供应链来布局产业；"四港"就是发挥郑州市的区位优势，形成航空港、铁路港、公路港和出海港（国际陆港）的"四港联动"体系，将空中、陆上、网上、海上 4 条"丝绸之路"协同发展培育。以航空物流、高端制造和现代服务的三大现代产业，塑造体现航空特色、低碳绿色、智慧便捷、高效宜居的现代化都市。

（2）构建多式联运体系，据郑州国际航空枢纽不同阶段的发展需要，以国家"米"字型高铁枢纽（如图 6-4 所示），建成郑欧班列以及国家高速公路、干线公路、中原城市群城际轨道枢纽等重要枢纽为基础，按照适度超前、客货分流、近远期结合和弹性原则，对外部交通衔接和内部交通组织进行统一规划，形成多种交通方式合理配置、有机衔接、换乘方便、集疏快捷的综合交通体系。把航空城打造成中部地区独一无二的综合交通枢纽，成为郑州都市区和中原经济区对外开放的重要门户。

（3）打造开放载体平台，通过建立综保区、出口加工区、保税物流中心、电子贸易口岸、铁路集装箱中心站、中原国际港等口岸平台，以及航空和铁路一类口岸，从而构建连接世界、辐射中西部的现代口岸体系。积极推进实现综合保税区与空港之间的区港联动，将综合保税区建成"国际物流业"和"国际加工业"同步发展的外向型经济新区域，成为促进郑州和中原经济区对外开放的重要平台。

（4）提升国际营商环境。"两级三层"管理体制，围绕目标导向、问题导向，复制上海自贸区政策，通过深化商事制度改革，营造宽松便捷的市场准入环境；坚持依法平等保护各类市场主体，营造公平有序的市场竞争环境；坚持完善新型监管机制，提高市场监管效能；逐步增强服务意识，提供规范、便利、高效的政务服务；不断完善制度体系，强化市场监管法治保障，从而全面深化改革体制机制创新示范区。

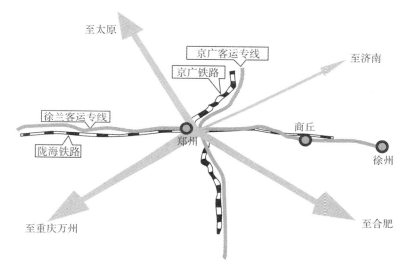

图6-4　郑州航空港综合经济区米字型高铁枢纽

二、"一核领三区、两廊系三心、两轴连三环"的城市空间布局

以空港为核心，两翼展开三大功能布局，整体构建"一核领三区、两廊系三心、两轴连三环"的城市空间结构。一核领三区：以空港为发展极核，围绕机场形成空港核心区。以轴线辐射周边形成北、东、南三区。两廊系三心：依托南水北调和小清河打造两条滨水景观廊道，形成实验区"X"形生态景观骨架。同时结合城市功能形成三大城市中心：北区公共文化航空商务中心、南区生产性服务中心、东区航空会展交易中心。两轴连三环：依托新G107、迎宾大道打造城市发展轴带，形成实验区十字形城市发展主轴。同时，结合骨干路网体系形成机场功能环、城市核心环、拓展协调环的三环骨架（如图6-5所示）。

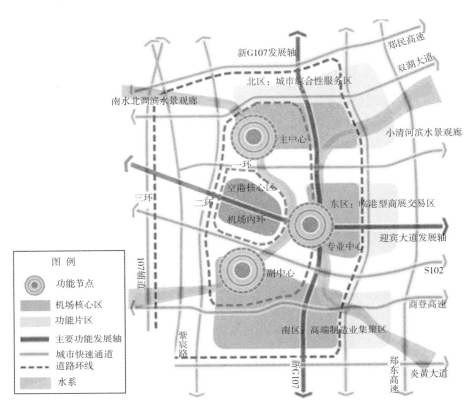

图 6-5　郑州"一核领三区、两廊系三心、两轴连三环"的城市空间布局

三、自由贸易试验区

(一) 实施范围

2016 年 8 月 31 日，国务院正式批复设立中国（河南）自由贸易试验区。河南自贸试验区的实施范围共 119.77 平方千米，涵盖郑州片区 73.17平方千米，开封片区 19.94 平方千米，洛阳片区 26.66 平方千米。（中华人民共和国中央人民政府，2017）

(二) 河南自贸试验区概况

1. 战略定位

以制度创新为核心，以可复制推广为基本要求，加快建设贯彻南北、连接东西的现代立体交通体系和现代物流体系，将自贸试验区建设成为服务于"一带一路"建设的现代综合交通枢纽、全面改革开放试验田和内陆

开放型经济示范区。

2. 发展目标

经过三至五年改革探索，形成与国际投资贸易通行规则相衔接的制度创新体系，营造法制化、国际化、便利化的营商环境，努力将自贸试验区建设成为投资贸易便利、高端产业集聚、交通物流通达、监管高效便利、辐射带动作用突出的高水平、高标准自由贸易园区，引领内陆经济转型发展，推动构建全方位对外开放新格局。

3. 区位布局

在区位布局上，郑州片区重点发展智能终端、高端装备及汽车制造、生物医药等先进制造业，以及现代物流、国际商贸、跨境电商、现代金融服务、服务外包、创意设计、商务会展、动漫游戏等现代服务业，在促进交通物流融合发展和投资贸易便利化方面推进体制机制创新，打造多式联运国际性物流中心，发挥服务"一带一路"建设的现代综合交通枢纽作用。

开封片区重点发展服务外包、医疗旅游、创意设计、文化传媒、文化金融、艺术品交易、现代物流等服务业，提升装备制造、农副产品加工国际合作及贸易能力，构建国际文化贸易和人文旅游合作平台，打造服务贸易创新发展区和文创产业对外开放先行区，促进国际文化旅游融合发展；洛阳片区重点发展装备制造、机器人、新材料等高端制造业以及研发设计、电子商务、服务外包、国际文化旅游、文化创意、文化贸易、文化展示等现代服务业，提升装备制造业转型升级能力和国际产能合作能力，打造国际智能制造合作示范区，推进华夏历史文明重要传承区建设。

4. 主要试点任务和措施

在主要任务措施上，重点提出了加快政府职能转变、扩大投资领域开放、推动贸易转型升级、深化金融领域开放创新、增强服务"一带一路"建设的交通物流枢纽功能等5个方面的试点内容。

（1）加快政府职能转变。深化行政管理体制改革，进一步推进简政放权、放管结合、优化服务改革，完善市场监管机制，推动政府管理由注重事前审批向注重事中事后监管转变。提高行政服务效能，完善行政部门权力清单和责任清单，营造法治化、国际化、便利化的营商环境。

（2）扩大投资领域开放。提升利用外资水平，对外商投资实行准入前国民待遇加负面清单管理制度，着力构建与负面清单管理方式相适应的事中事后监管制度。进一步减少或取消外商投资准入限制，提高开放度和透明度。构建对外投资合作服务平台，改革境外投资管理方式，支持企业境外投资。

（3）推动贸易转型升级。围绕统筹内外贸一体化发展、推进贸易方式转型升级和营造规范高效的贸易便利化环境，完善外贸发展载体，拓展新型贸易方式，积极培育贸易新型业态和功能，形成以技术、标准、品牌、质量、服务为核心的竞争新优势。创新通关监管机制，提高通关通检效率，切实严密防范质量安全风险。

（4）深化金融领域开放创新。扩大金融对内对外开放，拓展金融服务功能，推动跨境投融资创新，建立健全金融风险防控体系。结合跨境电子商务、多式联运发展需要，借鉴现有自贸试验区经验，重点在引进境外金融机构、扩大跨境投融资等方面推动改革创新。

（5）增强服务"一带一路"建设的交通物流枢纽功能。围绕完善交通物流体系、促进多式联运发展和服务"一带一路"建设等关键环节，畅通国际交通物流通道，完善国内陆空集疏网络，开展多式联运先行示范，扩大航空服务开放，推进内陆口岸经济创新发展，创新国际医疗旅游产业融合发展。建立健全与"一带一路"沿线重点国家的合作机制，培育合作交流新优势。

四、综合保税功能区

2010年10月24日，郑州新郑综合保税区获国务院批复，成为中部地区第1个、全国第13个获批的综合保税区，规划面积5.073平方千米，它是围绕着郑州新郑国际机场逐渐发展起来的区域，位于郑州市的东南部，距郑州中心城区20千米。它是郑州都市区"六城十组团"的重要组成部分，是全省经济社会发展的核心增长极和改革发展综合试验区之一，也是河南省对外开放的重要窗口和基地。2011年11月4日正式封关运行，是我国目前开放层次最高、政策最优惠、功能最齐全的特定经济功能区域。综合保税区主要规划有航空口岸作业、保税物流、保税加工和综合服务四大功能区；开展"九项业务"，重点发展保税加工、现代物流、服务贸易、保税研发、检测维修、保税展览、特色金融等产业，可开展仓储物流、对外贸易（国际转口贸易）、国际采购、分销和配送、国际中转、检测和售后服务维修、商品展示、研发、加工、制造等业务。

（一）航空口岸作业功能

1. 口岸分布及详情①

"十三五"期间，郑州依托航空、铁路口岸，借助国际和国内沿海资源建设内陆"无水港"，为提升航空港开放门户功能，已建成"1+1+8"口岸体系。第一个"1"是郑州新郑国际机场，国家一类航空口岸；第二个"1"是郑州新郑综合保税区，中部地区第一个综合保税区；"8"是进口肉类、水果、食用水生动物、冰鲜水产品、活牛、国际邮件经转、食品药品医疗器械、汽车整车进口8个特种商品指定口岸。可开展相关跨境电商业务，成为国内进口指定口岸数量最多、种类最全的内陆机场，大部分口岸业务实现常态化运营并达到一定规模。2018年，郑州新郑国际机场客运吞吐量位居全国第12位，货邮吞吐量位居全国第7位，逐步建立内陆"无水港"；郑州新郑综保区进出口总额实现封关运营以来"7连增"，达到3415.4亿元。

（1）河南进口肉类指定口岸：2018年总报检量达3.53万吨，增长33.3%，查验量居全国内陆地区第一位（如图6-6所示）。

图6-6 郑州航空港综合经济区进口肉指定口岸

（2）进境水果指定口岸：主要品种为芒果、榴莲、鲜樱桃、鲜蓝莓等，主要来自泰国、澳大利亚、美国、加拿大、智利。

---

① 本部分关于郑州航空港经济综合实验区的相关信息资料来源于郑州航空港经济综合实验区管理委员会官网：http://www.zzhkgq.gov.cn/situation/index.jhtml。

（3）进境食用水生动物指定口岸：主要品种为活鳝鱼、蟹、鳌龙虾，主要来自孟加拉国、加拿大、美国。

（4）进境冰鲜水产品指定口岸：主要品种为大西洋鲑鱼，主要来自挪威、智利、法罗群岛。

（5）澳大利亚活牛指定口岸：口岸包含隔离场、屠宰加工场，具备3600头存栏规模、年屠宰加工10万头的能力（如图6-7所示）。

图6-7　郑州航空港综合经济区澳大利亚活牛指定口岸和邮政口岸

（6）邮政口岸：我国第四个邮政转运口岸，获批 13 个国家邮包直封权，业务覆盖中部六省及周边区域，跨境邮包可在此集户进行通关、国际中转和集散分拨（如图6-7所示）。

（7）食品药品医疗器械口岸：项目集食品、药品、医疗器械 3 个口岸为一体。建成投用后，每年可检验进口药品约 7000 批次、医疗器械约 2 万批次、食品约 4 万批次。

（8）进口粮食口岸：国外优质粮食可直接在河南粮食口岸完成进口通关，改变过去河南省粮食关联企业依赖沿海沿边粮食口岸进口粮食的局面，使进口粮食贸易的货源、定价、物流等上游主导权掌握在企业手中，进一步树立河南省进境粮食价格在世界范围的影响力，助力河南实现由粮食生产加工大省到粮食产业经济强省的根本性转变（如图6-8所示）。

图6-8 进境粮食指定口岸货运专列

（9）整车进口口岸：汽车整车进口口岸是由国家开设的供汽车整车进口的通道，是国家对外开放的门户和国际货物运输的枢纽。目前，全国有 16 个汽车整车进口，仅有 2 个内陆口岸，其中一个就是依托郑州铁路集装箱中心站的陆港型口岸。郑州整车进口口岸 2014 年获国务院批复，故此郑州成为内陆地区唯一一个通过铁路运输的整车进口口岸。郑州将有望成为中部进口汽车的物流中心，并辐射周边省份（如图6-9所示）。

图6-9 郑州航空港综合经济区整车进口口岸

2. 口岸运作

"一站式"口岸大通关愈加高效。依托河南电子口岸平台，大幅提高通关效率，减少了30%以上的关检重复申报项目，平均通关时间由3小时缩短为1.5小时。通过推动海关"一带一路"区域通关一体化和检验检疫全国通关一体化，检验检疫启动上线e-CIQ主干系统，全国通检一体化、一号到底。企业通关可节约清关时间2.5天，降低运输成本约25%，中欧班列（郑州）的开行时间由初始的16~18天缩短为现在的11~12天，进一步提高了郑州企业在周边区域的通关效率（李凌，2016）。支持关检合作"三个一""三互"通关监管方式改革，落实"双随机"查验改革，从而带动海关、检验检疫不断简化流程、减少通关环节，提高了通关效率和查验透明度，吸引报关业务回流。通过组织开展政策宣讲会，推进了海关税收优惠政策的落实。

通关效率持续提升的背后，也依靠多部门联动。郑州海关创新开展出口货物"提前申报、运抵验放"监管模式，对活体动物和大宗单一商品货物实施"机坪理货、机坪验放"通关模式。郑州边检站创新成立了货机专职检查科队，积极打造货运航班"一站式"服务平台，最大限度地减少航空公司在本场停留的时间，大幅度提升了货运航班的通关速度。虽然"海、铁、公多式联运"运用在国内已不是首例，但河南郑州探索的"国外集采+国际物流+报关报检+海、铁、公多式联运+国内分销"等一站式服务，通过"海、铁、公联运"将原本分散的码头运输、储存、装卸、搬运、包装等物流作业环节进行集中处理，转变为"跨境贸易一站式集成服务"，实现进口肉品的成功转运，保障跨境生鲜从国外到国内这一流通环节中高效、无缝衔接，开创了跨境生鲜产品流通新模式。

（二）保税物流功能

郑州新郑综合保税区作为中国内陆第一航空物流中心，郑州新郑国际机场通过 T2 航站楼的正式投入运营宣告进入"双跑道、双候机楼、双铁"时代，这也是我国首个垂直整合各类交通方式于一体的国际航空枢纽。郑州新郑国际机场远期规划五条跑道，其中一条为专用货运跑道。截至 2021 年，已入驻运营客运航空的公司有 55 家，其中，国内 35 家、国际地区 20 家；开通客运航线 208 条，其中，国内 181 条，国际地区 27 条；开通货运航线 34 条，其中，国内 5 条，国际地区 29 条。郑州新郑国际机场已稳居中西部首位，基本形成覆盖中国内陆主要城市与欧、美、亚和大洋洲的航线网络，成长为河南外贸经济的新引擎。

郑州新郑国际机场重点聚焦航空物流、快递物流、冷链物流、国际中转物流等特色物流发展，按照国家相关规定，研究设立特种商品指定入境口岸，增加进口货源，促进航空货运进出口双向均衡发展。同时，发挥着产业基础和区域市场优势，大力发展了电子信息、食品、药品、时装、花卉、医药等特色产品物流，建成全球重要的产品交易展示中心和国内进出口货物集散中心。其中，郑州新郑国际机场的冷链物流造就了"郑州分拨"传奇。2016 年 7 月 8 日，"华中冷鲜港项目"在郑州机场正式签约并举行项目建设动员大会。该项目定位于高端空运进口生鲜货物，依托于郑州机场的区位优势和强大的货运保障能力，以及大连港毅都集团的冷链物流经验及国内外客户资源，吸引国内外大型生鲜货物贸易商在郑州进行空运业务的分拨、转运等物流操作，开展货物到港后的迅速预冷及相关的仓储、物流、加工、配送及贸易服务。近年来，河南机场集团紧紧围绕构建"国际航空货货运枢纽"目标，在研究国内外大物流发展新业态的基础上，走出了一条符合内陆省份实际兼具开创性先进经验的多式联运发展新路径。来自国外的鲜花、水果、肉类、水产品等日常用品，经空运到郑州机场后，都可快速分拨到国内一、二线中心城市。如今，郑州新郑国际机场已成为我国南美、北美水果主要空运进境口岸，实现了夏冬季进口水果常态化，越来越多的消费者享受到"郑州分拨"给他们带来的异域享受。与此同时，河南机场集团全面启动华中冷鲜港二期工程建设，建成集活品暂养池、冻品加工厂和冷库于一体的冷链专属货站，持续扩大高端海鲜的进口量，推进冷链生鲜常态化发展。

五、产业功能区

郑州新郑国际机场重点发展具有临空指向性和关联性的高端产业，培育临空高端服务功能和知识创新功能，构筑中原经济区一体化框架下具有明显特色和竞争力的空港产业体系。

（一）航空物流业

郑州新郑国际机场以国际中转物流、航空快递物流、特色产品物流为重点，通过建设航空物流园，完善分拨转运、仓储配送、交易展示、加工、信息服务、研发设计等配套服务功能，并积极引进国际知名商务服务企业设立机构、拓展业务，支持发展报关清关、金融保险、咨询评估、投资运营管理等商务服务，以培育商贸功能区。

（二）高端制造业

郑州新郑国际机场以航空设备制造及维修、电子信息、生物医药为重点，建设精密机械产品生产基地，规模化发展终端、高端产品，推动周边地区积极发展汽车电子、冷鲜食品、鲜切花等产业。

（三）现代服务业

郑州新郑国际机场大力发展专业会展、电子商务、航空金融、科技研发、高端商贸、总部经济等产业，打造为区域服务的产业创新中心、生产性服务中心和外向型经济发展平台。同时，为产业高质量发展提供各类平台，例如，为企业提供智能终端出口退税资金池，为科技企业提供孵化器服务平台等。

六、城市配套功能体系

郑州航空港经济综合实验区借鉴国际经验，从而规划建设四个航空港理念，分别是国际航空港、魅力航空港、机遇航空港和幸福航空港。为空港、产业发展提供服务支撑，打造畅通高效的交通网络、绿色宜居的生活环境、集约有序的城市空间，建设现代产城融合发展示范区。

（一）国际航空港

郑州航空港经济综合实验区建设国际航空港的目的是建设辐射境内外、联通东中西的国际航空物流枢纽中心，建设功能最全、效率最高的通关口岸体系，建设领事馆区、国际社区、国际医院、国际学校与国际商贸、文化、技术、信息、人才交流交易中心等国际化要素保障平台，创建具有全球影响力的枢纽经济集聚区，申建内陆型自由贸易港，构建最优开放经济新体系。

（二）魅力航空港

建设魅力航空港的目的是大幅提升城市建设品质，着力营造风清气正干事创业的政治生态环境、整洁有序平安美丽的城市生活环境、市场化法治化便利化的营商环境，打造一个外在美丽、内有活力的航空港，创建国家航空经济创新引领示范区。

（三）机遇航空港

机遇航空港以智能终端为代表的世界级电子信息先进制造业集群为主导，打造创新高地、创业高地、人才高地，营造尊重企业、尊重人才的社会氛围，让入区企业、人才拥有更多发展机遇。

（四）幸福航空港

幸福航空港以"乐活航空港"为建设理念，提升教育医疗文化水平、全民文明素养，为区域内居民提供食、住、购、游、行、娱、教育和医疗八大方面的便民公共服务，扩大就业，扩大社保覆盖范围；营造和谐稳定的社会环境，最大限度满足人民群众日益增长的美好生活需要。

七、绿色生态功能体系布局

生态城市是现代城市的重要建设目标，建设生态城市逐步成为城市的发展诉求。绿色生态功能体系作为打造生态城市的重要环节，具有生态、经济、社会等多重属性，并且在维护城市生态系统稳定、塑造城市景观、完善城市生态服务功能以及提高城市环境质量等方面起着重要作用。郑州航空港经济综合实验区坚持生态优先，加强生态建设和环境保护，建设南水北调干渠和新107国道沿线生态廊道景观带。

（1）沿南水北调干渠生态防护走廊：充分利用南水北调主干渠两侧宽防护林带设置生态防护走廊，遵循优先保护水质原则，按照干渠管理规定有序建设沿岸森林公园、水系景观、绿化廊道等，打造体现航空文化内涵、集生态保护和休闲游览于一体的景观带。

（2）沿新107国道生态走廊：在实验区新107国道两侧，规划建设防护林带，形成错落有致、纵贯南北的生态景观长廊。

郑州航空港经济综合实验区在具体布局方面采取了多项措施：一是加快绿道建设，优化绿地布局，构建区域绿网系统。二是实施区内河道治理，合理规划城市水系景观，形成生态水系环境。三是严格控制开发边界，严禁开展不符合功能定位的开发活动。四是实行最严格的水资源管理制度，合理利用地表水和地下水，并且积极利用区外水源，从而实现多水源的合理配置和高效利用。五是始终强化环境保护，加强区域环境影响评价分析，严格控制主要污染物排放总量。六是严格建设项目环境准入制度，推动发展循环经济，推进清洁生产，降低排污强度，加大环境风险管控监管力度。七是积极推进区域内环境质量和重点污染源自动监测系统、污水处理系统等基础设施建设，提高中水回用率。八是加强大气污染综合防治和噪声管制，实行煤炭消费总量控制，积极开发利用地热能、太阳能、天然气等能源，改善区域大气环境质量。九是强化工业固体废物和生活垃圾无害化处理设施及收运体系建设，推广垃圾分类收集处理。加强地下水污染防治，加强环境风险防范和应急处置。

第七章　国内首家依托专业性货运枢纽机场的临空经济区——鄂州模式

第一节　引　言

本书选择湖北鄂州机场及其临空经济区建设作为本书案例研究与经验借鉴的第四参照，主要出于以下几点考虑：

（1）对标美国孟菲斯机场与联邦快递，湖北鄂州被誉为崛起中的中国孟菲斯。美国联邦快递公司（Fedex）的核心竞争力就是被称为超级枢纽（Super-Hub）的航空货运中转中心。史密斯在创办 Fedex 之初曾和小石城（位于美国阿肯色州中部，是该州首府和最大城市）市政当局进行过协商，试图在当地建设航空货运中转中心。缺乏战略远见的小石城政府决策者否决了史密斯的建议。此时，孟菲斯当局向史密斯伸来橄榄枝，他们欣然将当地废弃的空军飞机维修基地免费给美国联邦快递公司使用，当地政府的积极态度和较为完善的基础设施让史密斯当即决定搬家。由此，乔善勋（2020）认为，孟菲斯给了美国联邦快递公司一个机会，而美国联邦快递公司则成就孟菲斯成为一个拥有世界级影响力的航空货运大都市。

（2）湖北省与鄂州市两级政府高度重视强力推动。2017 年 12 月 13 日，湖北省政府与顺丰集团签订《关于湖北国际物流核心枢纽项目合作协议》。根据《武汉市综合交通体系三年攻坚实施方案（2018—2020 年）》，武汉大都市区范围内将实施武汉天河机场、顺丰机场"客货双枢纽"发展战略，使武汉依托鄂州成为继北京、上海、成都之后全国第四个拥有两个大型运输机场的城市。2019 年 4 月 29 日，鄂州市举行鄂州六讲堂第 87 场报告会，会议强调，要把握规律、站位全局，增强紧迫感，强化责任感，把临空经济区建设发展放在抢抓国家"一带一路"合作和长江经济带发展战略机遇、融入全省"一芯两带三区"布局、加快推进我市"三城一化"建设中去考量，最大限度地凝聚共识、凝聚人心、凝聚智慧、凝聚力量，推动临空经济区建设发展①。

（3）国内首家专业性货运枢纽机场。2020 年，国家发展改革委、民航局印发《关于促进航空货运设施发展的意见》（发改基础〔2020〕1319号），明确鄂州机场定位为专业性货运枢纽机场，与北上广深等综合性枢纽机场共同组成航空货运枢纽、国际航空货运枢纽规划布局。《关于促进航空货运设施发展的意见》将鄂州机场建成亚洲第一个专业性货运机场上升为国家战略，明确提出 2025 年建成湖北鄂州专业性货运枢纽机场和2035 年在全国建成 1~2 个专业性货运枢纽机场的目标②。

第二节　湖北鄂州机场和现代化综合交通体系

2018 年 2 月，国务院、中央军委批复同意"新建湖北鄂州民用机场"。湖北鄂州机场 1.5 小时飞行圈可覆盖长三角城市群、珠三角城市群等中国五大国家级城市群，辐射全国 90%的经济总量、80%的人口，300 千米半径内辐射中部武汉、长沙、南昌、合肥等 40 多个城市。作为长江经济带立体交通走廊的重要组成部分，鄂州机场可有效促进中部地区经济资源集聚，成为内陆地区对外开放和对接全球市场的重要平台。2020 年 1 月，湖北省发改委印发《湖北国际物流核心枢纽综合交通规划（2019—2045）》（以下简称"规划"），《规划》明确提出打造国际性综合交通枢纽、构建一体化综合交通运输体系、建立核心区高效综合交通网络。

一、空港外围跨区域综合交通规划

（一）加强对接"一带一路"沿线国家和地区

核心枢纽及其主要影响腹地通过武九铁路与武汉铁路集装箱中心站吴

---

① 鄂州市人民政府网．鄂州大讲堂第 87 场报告会举行［EB/OL］．（2019-05-05）［2020-11-03］．http：//news．cnhubei．com/ezhou/p/10673349．html.

② 中华人民共和国国家发展和改革委员会．国家发展改革委 民航局关于促进航空货运设施发展的意见：发改基础〔2020〕1319 号［A/OL］．（2020-08-24）［2020-11-03］．https：// www．ndrc．gov．cn/xxgk/zcfb/tz/202009/t20200904 _ 1237640.html？code = &state=123.

家山站、三江港铁路物流基地及棋盘洲港区联通，实现与陆上丝绸之路的有效衔接；依托长江黄金水道，重点打造武汉新港阳逻港区、三江港区和棋盘洲港区，与海上丝绸之路有效衔接，实现江海联运；开通至各大洲主要物流节点城市的全货运航线和国际中转货运航班，吸引国际国内航空运输服务企业落户，积极争取核心枢纽口岸功能和海关特殊监管区功能落地，全面对接"一带一路"沿线国家和地区。

（二）全面融入国家综合交通网络

湖北鄂州空港发挥核心枢纽"中部之中"区位优势，依托腹地综合交通网络汇入全国高速公路网和铁路网，以长江中游城市群为中心，有效辐射京津冀城市群、长三角城市群、粤港澳大湾区和成渝城市群等国家重大区域。

（三）增强区域辐射带动作用

空港构建以核心枢纽为中心的放射性交通网络，加快区域内"公铁水空管"等交通基础设施项目建设，构建综合立体交通走廊，提升核心枢纽区域辐射能力，带动长江经济带沿线城市发展，支撑长江绿色经济和创新驱动发展带建设。

二、空港外围省域综合交通规划

（一）完善区域公路网络

建设核心枢纽与武汉、黄石、黄冈等周边主要节点的30分钟高速交通圈，以及与武汉东湖高新区、三江港、梁子湖、葛店开发区、黄石经济技术开发区、黄石新港物流园、黄石临空经济区、黄石港区、黄冈临空经济区等重要经济节点之间的1小时快速交通圈，构建便捷高效的对外集疏运体系。

（二）加快区域铁路建设

构建以武九高铁、武九铁路、京九铁路、武冈城际铁路、武黄城际铁路和规划京九高铁、武杭高铁和沿江高铁等干线铁路为主的中远距客货运体系，实现核心枢纽客货运体系与全国主要城市的便捷通达。加快江北货运铁路和港区疏港铁路建设，充分发挥核心枢纽的货运优势。探索空高联运，远期规划经武九高铁鄂州东站新建机场专用铁路连接核心枢纽货运站和客运站，并接轨武九高铁花湖站，满足西向至武汉、南向至南昌的客货运输需求，实现航空与高铁运输方式之间的无缝衔接。

（三）提升区域水运功能

重点推进武汉至安庆段 6 米水深航道整治工程、武汉至宜昌段 4.5 米水深航道整治工程建设，预计到 2025 年，武汉至安庆段最小维护水深达到 6 米；加快武汉新港重要港区码头工程建设，规划阳逻港区、三江港区、棋盘洲港区为核心枢纽集装箱港区，五丈港区燕矶作业区为核心枢纽航油港区，其他港口作业区主要为核心枢纽、临空经济区建设发展提供散杂货物运输功能；加快五丈港区燕矶作业区 5000 吨级航油泊位工程建设，并预留输油管道路，保障核心枢纽油料供应。

三、空港核心区综合交通规划

（一）完善骨干路网

以武鄂、武黄、鄂黄第二过江通道及接线工程、机场高速为核心区高速公路网骨架，进一步完善鄂州、黄石、黄冈城市内部综合交通与核心枢纽的连接，形成核心区高效的内外综合交通体系。

（二）发展公共交通

支持发展中运量公共交通体系，采用快速公交系统（即 BRT），以核心枢纽为中心，规划 BRT1、BRT2、BRT3 三条线路连接鄂州、黄冈及黄石中心城市重要节点，建立高效衔接的公共交通体系。同时，预留远期轨道交通建设条件，对接武汉市轨道交通 11 号线葛店南站，推进公共交通一体化。

第三节　临空经济区

2019 年 3 月，湖北省政府发布了《关于鄂州市临空经济区总体方案的批复》（以下简称《批复》），原则同意《鄂州市临空经济区总体方案》。按照方案，临空经济区规划面积 178.7 平方千米，西起鄂黄大桥连接线，北抵长江，东接黄石市主城区与鄂州市花湖镇界，南接黄石市下陆区、铁山区，包含鄂城区燕矶镇、花湖镇、杨叶镇、沙窝乡、碧石渡镇、汀祖镇、新庙镇（葛山大道以东区域）7 个乡镇，并托管鄂州市三江港新区。

一、战略定位与发展目标

《批复》明确了鄂州市临空经济区的战略定位：①以湖北国际物流核心枢纽为依托，强化资源整合，创新空港型物流枢纽城市建设和产业发展模式，全面提升鄂州市临空经济区的高端资源配置力和全球影响力。②打造立足中部、服务全国、面向全球的大枢纽、大通道、大平台，建成创新驱动发展引领区、绿色生态宜居新城区，为实施"一芯两带三区"区域和产业发展战略布局、转变经济发展方式、提升对外开放水平、促进军民融合发展发挥示范带动作用。鄂州临空经济区已于 2021 年初步完成基础设施建设、公共配套服务和产业规划构架。发展目标：到 2025 年基本完备客运消费性服务体系及生活出行配套设施，集聚一批具有国际竞争力的知名品牌和优势企业，实现经济总量约 1500 亿元、税收约 120 亿元。2045 年的远景目标：大力发展航空物流产业、电子商务产业、临空服务产业、新一代信息技术产业、高端临空制造产业、大健康产业，全力构建高端临空产业体系，并带动传统产业转型升级，区域经济跨越发展，建成航空货运特色鲜明、功能优势突出、高端产业集聚、公共服务高效、绿色生态宜居的临空经济区。按照规划，鄂州机场 2025 年可实现年货邮吞吐量 245.2 万吨、旅客吞吐量 100 万人次；2045 年，航空货邮吞吐量将达到 900 万吨，旅客吞吐量 1500 万人次。

二、"一港五区"的空间布局

鄂州市临空经济区规划面积 178.7 平方千米，主要包括产城融合发展区、先进制造引领区、航空物流集聚区、综合服务创新区和生态基底保护区等空间板块，构建"一港五区"的总体空间发展格局（如图7-1所示）。

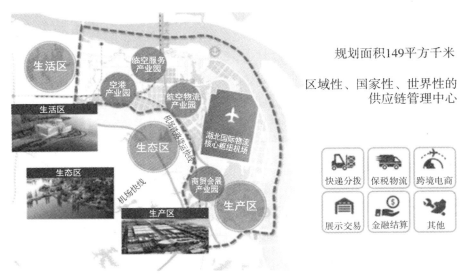

规划面积149平方千米

区域性、国家性、世界性的供应链管理中心

图7-1　湖北鄂州临空经济区"一港五区"空间布局

（1）产城融合发展区：位于临空经济区西部，规划面积37.4平方千米，建设城市综合体，完善社会公共服务体系，打造产城融合发展的现代都市典范。

（2）先进制造引领区：位于临空经济区北部，规划面积22.5平方千米，重点布局综合保税、航空货运总部区等功能性项目，发展新一代信息技术、智能装备、大健康等产业，打造临空产业集群。

（3）航空物流集聚区：位于临空经济区西南部，规划面积18.3平方千米。积极发展现代物流、配送产业集群，发展航空服务、电子商务等重点产业，带动相关配套产业协同发展。

（4）综合服务创新区：位于临空经济区南部，规划面积18平方千米。建设国际航空特色城市生活区，发展高端居住、酒店、综合商贸，创新发展航空经济区综合服务业。

（5）生态基底保护区：规划面积约60.5平方千米。推进乡村振兴，建设绿色生态屏障，保护山水林田湖草，审慎开发江湖近岸景观带，发展休闲体验、科普教育、创意文化与生态养生。

三、综合保税区

鄂州空港综合保税区选址位于鄂州市东部、鄂州机场北侧，部分区域与机场重叠，北至燕矶港作业区、东至203省道、西至机场规划路，吴楚大道从中穿过，占地面积约2.99平方千米，是鄂东转型发展示范区通往江汉平原振兴发展示范区的重要门户，是鄂州对外开放的战略高地。鄂州空港综合保税区规划主要功能区设置为航空维修区、口岸作业区、保税加工区、保税服务区、保税物流区和综合服务区六部分（如图7-2所示）。

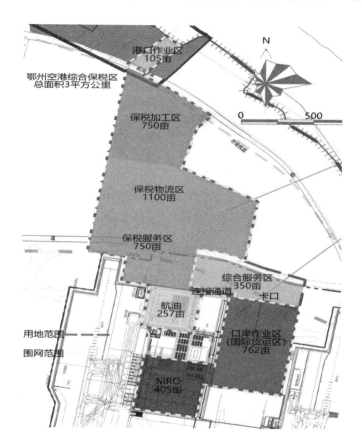

图7-2　湖北鄂州空港综合保税区

四、产业规划

鄂州市临空经济区的产业发展总体思路主要围绕"一体两翼两引擎"

进行布局。"一体"，即以生产性服务业为主体；"两翼"，即突出发展医疗健康和智慧制造产业；"两引擎"，即以大物流和大数据为动力，通过大物流和大数据驱动现代生产性服务业发展（如图7-3所示）。

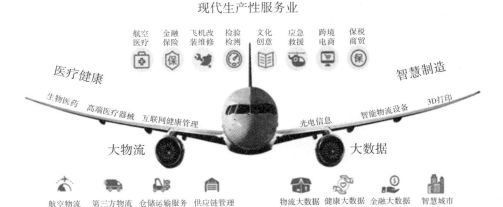

图7-3 湖北鄂州临空经济区产业规划

在此基础上，鄂州临空经济区形成了八大产业支撑，即飞机改装维修及零部件制造、综合仓储物流及分拨、高附加值生鲜农产品交易加工、中部医疗供应链中心、高端智能制造、大数据及供应链管理、快时尚零售及跨境电商、临空生产性服务业等八大产业。

五、以顺丰为核心优势的综合物流集聚区

2021年9月在北京举办的中国国际服务贸易交易会上，鄂州机场项目运营团队展示了湖北国际物流枢纽的功能布局图（如图7-4所示）。图中，湖北国际物流枢纽以鄂州花湖机场（C）为核心分布有花湖机场转运中心（A）、顺丰航空基地（B）、空港综合保税区（E）和空港城航空物流产业园（D）等四大配套设施。其中，花湖机场转运中心（A）是顺丰航网的核心和多式联运中心，目标是构建全球供应链中心、全国仓配中心、高端加工流通中心，以及公共安全的灾备和应急救援中心。

物流服务是基础核心业务。在国内，顺丰开通鄂州始发40余条国内城市直飞航线，鄂州始发次日达覆盖近300个国内城市。在国际，顺丰开通鄂州始发9条国际直飞航线，连接日韩、亚太、欧洲及北美。

仓储服务拓展增值产业链。顺丰仓主要分为枢纽仓、保税区仓和产业园仓三部分。顺丰将提供跨境业务综合解决方案，具备功能完善的口岸资

质、7×24 小时通关保障、智能卡口管理、"先入区、后报关"和"先出区、后报关",货物运抵自动触发放行。

顺丰支持企业在综保区开展研发、检测、维修等业务,提供保税状态下的仓配服务,国内外市场的采购、分销服务,国际货物的中转集拼等。

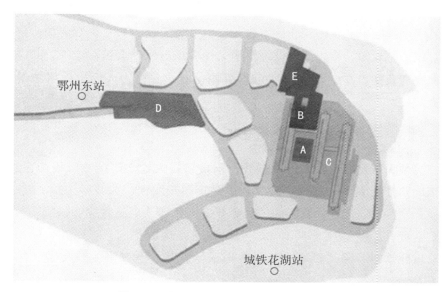

图 7-4   湖北国际物流枢纽的功能布局图

六、城市配套体系

鄂州市临空经济区的建立意味着城市经济新活力的落位,资源注入将会加速。对于鄂州临空经济区而言,鄂州机场是其发展的中心与源点,临空经济区依托大型枢纽机场的综合优势,接连吸引航空物流企业落户,并带动高新技术、空港物流、工业制造等产业汇聚,不断提升临空经济区的高端资源配置力和全球影响力,加快全省"一芯两带三区"区域和产业发展战略布局,成为中部崛起战略中的重要支点,也是全新的城市发展增长极。

(一)配套全能化

鄂州市临空经济区段沿途规划打造全龄教育配套、临空综合大型商业体、大型体育中心、大型综合医院及休闲乐园、湿地生态公园等都会生活资源。随着交通、教育、商业、医疗、生态配套齐备,资源高度汇聚的城市应运而生。

（二）人文集约化

在城市界面的打造层面，临空经济区对标国际大都会，以人文艺术来定义其城市性及公共性，降低了城市密度，将更多的城市空间用来打造休闲人文住区，形成低密度、开放式城市布局。例如，打造大剧场、音乐厅、多功能厅、展览厅、会议中心、科技馆等配套的人文艺术资源；打造体育馆、游泳馆、室内综合训练及运动体验馆等康养会馆，这些公共空间在航空产业集群中，不仅与城市建筑相得益彰，更为人们生活增添逸趣时光。

（三）多层级的公共交通体系

吴楚大道是城市发展的中轴线，东接黄石大道，西接武汉雄楚大道，自东向西连接黄石、鄂州、武汉。贯穿花湖开发区、鄂城新区、主城区、鄂州开发区、三江港物流园区、葛店开发区，如今更是直通鄂州机场，贯穿临空经济区，意义非同寻常。依托四通八达的路网，鄂州站、鄂州东站、城际铁路、鄂州机场、鄂州港形成水、陆、空多维立体交通，纵横八方。

七、绿色生态布局

近年来，鄂州坚持生态优先、绿色发展，进一步发挥好山好水好区位的优势，统筹全域生态保护，特别是沿江保护，建立了全流域保护和治理的长效机制。临空经济区"一芯两带三区"的总体战略部署中的"两带支撑"，重要的"一带"就是要推动长江经济带绿色发展，鄂州有 80 千米长的长江岸线，做好长江保护的排头兵，绿色发展是应有之义。

探索生态价值的补偿机制。鄂州不断加强生态文明体制创新，深化自然资源资产改革试点工作，深入实施生态价值工程。鄂州市政府与华中科技大学合作，借鉴最新生态补偿研究成果，赋予土地、水域、森林等自然资源资产相应系数，再通过构建生态服务价值计量模型，将其对生态的服务贡献统一度量为无差别、可交换的货币单位，以此为自然资源打上"价格标签"，建立生态账本，按照"谁污染、谁补偿、谁保护、谁受益"原则，尝试建立各区间责权一致的横向生态补偿机制，促进绿色金融的发展。

研究结论篇

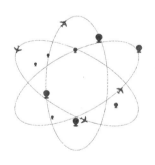

第八章　研究结论一：关于临空经济区建设的一个系统性认识框架

2020 年 9 月 8 日，在中国国际服务贸易交易会第二届"空中丝绸之路"国际合作峰会上，《中国航空经济发展指数报告（2020）》正式发布。从总指数得分看，北京、上海、广州、深圳、成都、重庆、武汉、杭州、郑州、天津位列前十名。以此为根据，本书从第一阵营北上广三个城市中选取了北京大兴机场临空经济区，从第二阵营中选取了成都和郑州两个国家级临空经济示范区作为此次研究的代表性案例。此外，还选择了我国第一个以航空货运功能为主的鄂州机场及其临空经济区作为此次研究的代表性案例。在对四个案例进行深入分析研究的基础上，本书归纳出一个"关于临空经济区共性特征"的系统性框架模型（如图 8-1 所示），以为本书第四部分浙西航空物流枢纽临空经济区建设相关重大战略事项的科学决策提供全面系统的参照依据。

根据图 8-1 我们可以看出，目前代表国内先进水平的示范性临空经济区一般包括机场系统、高效快捷的现代化综合交通体系、主导产业功能区和综合保税功能区、城市配套功能体系和绿色生态功能体系五大功能系统。

（1）机场系统。这一系统主要包括航站区（航站楼、航空货站、停车楼，以及非主基地航空公司业务用房及机组出勤服务楼等配套建筑与设施）和飞行区（跑滑系统及民航站坪）两个功能区（吴祥明[①]，1999）。

（2）高效快捷的现代化综合交通体系。这一系统包括机场外围的综合交通网络以及以主航站楼为中枢的高铁、城际、地铁、高速公路等多种交通运输方式"一站式"无缝换乘的一体化综合交通枢纽设施。

---

① 吴祥明. 浦东国际机场建设——项目管理[M]. 上海：上海科学技术出版社，1999.

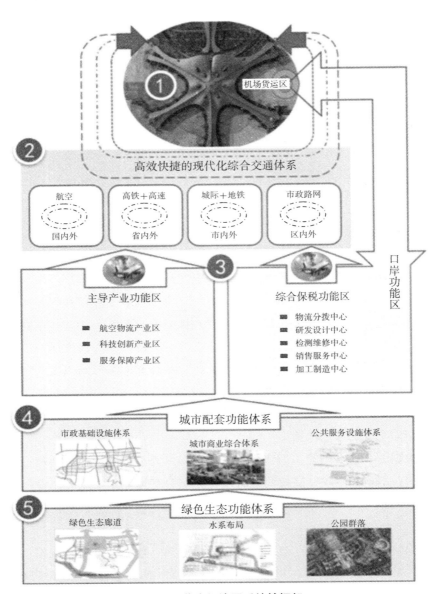

图 8-1 临空经济区系统性框架

注：①机场系统；②高效快捷的现代化综合交通体系；③主导产业功能区和综合保税功能区；④城市配套功能体系；⑤绿色生态功能体系。

黄由衡等①（2012）认为，由于机场是产生"临空经济"的内核，机

―――――――――

① 黄由衡，钟小红，吴静. 临空经济发展探索：以长沙为例［M］. 北京：中国物资出版社，2012.

场的直接或间接影响是企业集聚在机场周边的原动力，这使得那些对市场空间"速达性"和"易达性"方面要求较高的企业因对机场产生的"向心力"而具有了较强的布局临空经济区的偏好。这一效应被称为机场对临空经济区的"磁化"效应。因此，机场的"磁场强度"或"能级"是影响临空经济区集聚和辐射效应的核心因素。

首先，机场的能级取决于其枢纽性。机场枢纽性直接受其所在区域或城市的经济地理、自然地理属性与国家或区域经济社会发展总体战略布局的紧密度影响。例如，我国的四大门户型国际枢纽机场（北京首都国际机场、北京大兴国际机场、上海浦东国际机场、广州白云国际机场）和八大区域性枢纽机场（重庆江北国际机场、成都双流国际机场、武汉天河国际机场、郑州新郑国际机场、沈阳桃仙国际机场、西安咸阳国际机场、昆明长水国际机场、乌鲁木齐地窝堡国际机场）。其次，机场能级与其所在城市的经济社会综合实力以及所处地理位置直接相关。例如，我国的十二大干线机场：深圳宝安国际机场、南京禄口国际机场、杭州萧山国际机场、青岛流亭国际机场、大连周水子国际机场、长沙黄花国际机场、厦门高崎国际机场、哈尔滨太平国际机场、南昌昌北国际机场、南宁吴圩国际机场、兰州中川国际机场、呼和浩特白塔国际机场等多数是省会城市或沿海沿边城市。此外，由于临空经济对"速达性"和"易达性"有较高要求，因此，围绕机场构建高效快捷的现代化综合交通体系也是提升机场及其临空经济区能级的重要途径。

（3）主导性产业功能区和综合保税区。主导性产业功能区和综合保税区是临空经济区建设的两大核心功能载体。例如，北京大兴国际机场临空经济区定位为打造以"航空物流、科技创新、服务保障"三大功能为主的国际化、高端化、服务化临空经济区。综合保税区是我国目前开放层次最高、优惠政策最多、功能最齐全、手续最简化的海关特殊监管区域，对承接国际产业转移、推进区域经济协调发展、促进对外贸易、发展跨境电商等新型服务贸易等方面发挥着越来越重要的作用。综合保税区已成为区域或城市扩大对外开放的"加速器"。从目前国内示范性临空经济区的建设实践来看，综合保税区已由推进临空经济区建设发展的"奢侈品"变成了"必需品""标配品"。

（4）城市配套功能体系和绿色生态功能体系。城市配套功能体系和绿色生态功能体系是支撑临空经济区建设与可持续发展的两大功能体系。

目前，我国临空经济区建设已由过去传统的单一空港功能驱动的 1.0 模式或临空产业驱动的 2.0 模式逐步转变为依靠"港、产、环、城、人"五大要素融合发展相互促进的空港新城 3.0 模式。如今，新建的北京大兴国际机场将通过引进国际高层次人才和科技创新来引领我国临空经济区迈进以建设"航空大都市"为目标的临空经济区 4.0 时代（如图 8-2 所示）。

1.0 模式 临空经济区
以空港功能为主
只作为机场承担着运输职能

2.0 模式 临空经济区
是利用邻近机场的区位优势
集纳了一些制造业和货物运输
主要是一种加工型的经济区

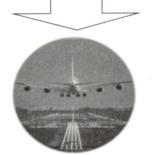

3.0 模式 临空经济区
进一步实现了空港经济、制造业、城市发展等行业的融合发展
打造"空港、临空经济区、城市"一体化的模式

4.0 模式 临空经济区
一种创新驱动模式
通过国际人才的引进和科技创新来带动临空经济区发展
打造"航空大都市"

图 8-2　临空经济区的代际演进示意图

第九章 研究结论二：机场的战略定位是影响临空经济区战略定位的决定性因素

北京市建设第二机场的设想最早始于 1993 年，其间，关于新机场的选址论证历经四次调整（先后于 1993 年、2002 年、2008 年和 2014 年），新机场的定位由最初的中型机场、大型机场，最终上升为国际枢纽机场、国家发展新的动力源和支撑雄安新区建设的京津冀综合交通枢纽。2008 年 11 月，《北京新机场选址报告》进行专家评审，推荐北京南各庄场址为北京新机场首选场址①。之后，北京新机场建设进入实质性推进阶段。

2014 年 12 月 15 日，国家发展改革委发布《关于北京新机场工程可行性研究报告的批复》表示，为满足北京地区航空运输需求，增强中国民航竞争力，促进北京南北城区均衡发展和京津冀协同发展，以及更好服务全国对外开放，同意建设北京新机场，机场工程总投资 799.8 亿元②。2014 年 12 月 26 日，北京大兴新机场正式开工建设。2015 年 5 月 23 日，民航局、北京市、河北省联合评审通过北京新机场总体规划方案；9 月 26 日，航站楼核心区开工建设，航站区建设全面启动。2016 年 2 月，航站区工程一标段航站区及综合换乘中心基础工程完工；9 月 20 日，航站区二标段航站楼深区正负零以下结构全面完工；10 月 12 日，北京新机场市政配套工程开工。2019 年 5 月 13 日，北京大兴国际机场成功试飞。2019 年 9 月 25 日，北京大兴国际机场正式投运。③由此可见，北京新机场的建设，无论是审批速度、审批层面、投资规模，还是战略地位，都被提高到了一个空前

---

① 中国民航网. 溯源北京大兴机场的选址规划 [EB/OL]. （2019-07-04）［2020-11-13］. http://www.caacnews.com.cn/1/5/201907/t20190704_1276992.html.

② 中国新闻网. 北京新机场工程获发改委批复 总投资 799.8 亿元 [EB/OL]. （2014-12-15）［2020-11-13］. https://www.chinanews.com.cn/gn/2014/12-15/6878800.shtml.

③ 百度百科. 北京大兴国际机场 [EB/OL]. （2020-2-25）［2020-11-13］. https://baike.baidu.com/item/%E5%8C%97%E4%BA%AC%E5%A4%A7%E5%85%B4%E5%9B%BD%E9%99%85%E6%9C%BA%E5%9C%BA/12801770?fr=aladdin.

的高度。这是因为，北京新机场的建设经过多次论证，已上升为"京津冀协同发展"重大国家战略。

2014年2月26日，习近平总书记在北京主持召开座谈会，专题听取京津冀协同发展工作汇报，强调实现京津冀协同发展，是面向未来打造新的首都经济圈、推进区域发展体制机制创新的需要，是探索完善城市群布局和形态、为优化开发区域发展提供示范和样板的需要，是探索生态文明建设有效路径、促进人口经济资源环境相协调的需要，是实现京津冀优势互补、促进环渤海经济区发展、带动北方腹地发展的需要，是一个重大国家战略，要坚持优势互补、互利共赢、扎实推进，加快走出一条科学持续的协同发展路子来。①

国务院发布的《关于依托黄金水道推动长江经济带发展的指导意见》提出，发挥长江黄金水道的独特作用，构建现代化综合交通运输体系，推动沿江产业结构优化升级，打造世界级产业集群，培育具有国际竞争力的城市群，使长江经济带成为充分体现国家综合经济实力、积极参与国际竞争与合作的内河经济带。立足长江上中下游地区的比较优势，统筹人口分布、经济布局与资源环境承载能力，发挥长江三角洲地区的辐射引领作用，促进中上游地区有序承接产业转移，提高要素配置效率，激发内生发展活力，使长江经济带成为推动我国区域协调发展的示范带。② 国务院自2015年4月批复出台国家第一个跨区域城市群规划——《长江中游城市群发展规划》后，先后批复了成渝城市群、长江三角洲城市群、中原城市群、关中平原城市群、粤港澳大湾区等10个国家级城市群（见表9-1）。

---

① 新华网. 习近平在京主持召开座谈会 专题听取京津冀协同发展工作汇报 [EB/OL]. （2014-2-27）[2020-11-13]. http：//politics. people. com. cn/n/2014/0227/c70731-24486 624. html.

② 国务院. 国务院关于依托黄金水道 推动长江经济带发展的指导意见：国发 〔2014〕39号 [A/OL]. （2014-09-25）[2020-11-13]. http://www. gov. cn/zhengce/ content/2014-09/25/content_9092. htm.

表 9-1　国务院先后批复的 10 个国家级城市群

获批名单	批复时间	印发时间	国务院批复和国家发展 改革委印发资料文件
长江中游城市群	2015-3-26	2015-4-13	《国务院关于长江中游城市群发展规划的批复》（国函〔2015〕62 号）《国家发展改革委关于印发长江中游城市群发展规划的通知》（发改地区〔2015〕738 号）
哈长城市群	2016-2-23	2016-3-7	《国务院关于哈长城市群发展规划的批复》（国函〔2016〕43 号）、《国家发展改革委关于印发哈长城市群发展规划的通知》（发改地区〔2016〕499 号）
成渝城市群	2016-4-12	2016-4-27	《国务院关于成渝城市群发展规划的批复》（国函〔2016〕68 号）、《国家发展改革委　住房城乡建设部关于印发成渝城市群发展规划的通知》（发改规划〔2016〕910 号）
长江三角洲城市群	2016-5-22	2016-6-1	《国务院关于长江三角洲城市群发展规划的批复》（国函〔2016〕87 号）、《国家发展改革委　住房城乡建设部关于印发长江三角洲城市群发展规划的通知》（发改规划〔2016〕1176 号）、《中共中央　国务院印发〈长江三角洲区域一体化发展规划纲要〉》
中原城市群	2016-12-28	2016-12-29	《国务院关于中原城市群发展规划的批复》（国函〔2016〕210 号）、《国家发展改革委关于印发中原城市群发展规划的通知》（发改地区〔2016〕2817 号）
北部湾城市群	2017-1-20	2017-2-10	《国务院关于北部湾城市群发展规划的批复》（国函〔2017〕6 号）、《国家发展改革委　住房城乡建设部关于印发北部湾城市群发展规划的通知》（发改规划〔2017〕277 号）
关中平原城市群	2018-1-9	2018-2-2	《国务院关于关中平原城市群发展规划的批复》（国函〔2018〕6 号）、《国家发展改革委　住房城乡建设部关于印发关中平原城市群发展规划的通知》（发改规划〔2018〕220 号）

续表9-1

获批名单	批复时间	印发时间	国务院批复和国家发展 改革委印发资料文件
呼包鄂榆城市群	2018-2-5	2018-2-27	《国务院关于呼包鄂榆城市群发展规划的批复》（国函〔2018〕16号）、《国家发展改革委关于印发呼包鄂榆城市群发展规划的通知》（发改地区〔2018〕358号）
兰西城市群	2018-2-22	2018-3-13	《国务院关于兰州—西宁城市群发展规划的批复》（国函〔2018〕38号）、《国家发展改革委 住房城乡建设部关于印发兰州—西宁城市群发展规划的通知》（发改规划〔2018〕423号）
粤港澳大湾区	2019-2-18	2019-2-18	《中共中央 国务院印发〈粤港澳大湾区发展规划纲要〉》

从表9-1我们可以更好地理解习近平总书记提出的，实现京津冀协同发展对实现京津冀优势互补、促进环渤海经济区发展、带动北方腹地发展的战略的重要性，也可以更好地思考京津冀协同发展在推进区域发展体制机制创新、探索完善城市群布局和形态、为优化开发区域发展提供示范和样板方面所承担的重大战略使命。正如前文所述，北京大兴国际机场不仅是我国第一个跨省级行政区域共建的大型国际航空枢纽，也是第一个跨省级行政区域共建的临空经济区、自由贸易区、综合保税区。这一系列的"第一次"探索实践，无疑在推进区域发展体制机制创新，探索完善城市群布局和形态、为优化开发区域发展提供示范和样板。因此，只有站在推进"京津冀协同发展"这一重大国家战略的高度，才能真正理解北京大兴国际机场"是大型国际航空枢纽、是国家发展一个新的动力源、是支撑雄安新区建设的京津冀综合交通枢纽"战略定位的核心内涵。

根据《北京大兴国际机场临空经济区总体规划（2019—2035年）》，北京大兴国际机场临空经济区的战略定位是"国际交往中心功能承载区、国家航空科技创新引领区、京津冀协同发展示范区"。临空经济区依托"大型国际航空枢纽"以及与之相配套的现代化综合交通枢纽所带来的高时效性、便捷性优势，"自由贸易区、综合保税区"两个更高水平开放平台所带来的面向全球市场的国际化优势，以及港、产、环、城、人各功能系统相互协同所带来的综合优势，使临空经济区这种新经济模式相比传统的产业功能区在集聚那些追求高时效性、追求科技创新引领、面向国际化市场竞争的先导产业、优秀企业方面更具优势。

由此可见，北京大兴机场临空经济区依托大兴机场"国际航空枢纽"和支撑雄安新区建设的综合交通枢纽的"核心枢纽驱动力"，吸引集聚航空指向性强与航空关联度高的航空物流、航空科技创新、综合服务保障等产业所形成的"高能产业驱动力"，以及设施一流、功能完善、宜居宜业的港产环城人有机融合的"持续强劲综合驱动力"，进而成为推进京津冀协同发展，推进国家经济转型升级，迈向高质量发展的新动力源。换句话讲，没有京津冀协同发展这一国家重大战略所赋予的特殊战略使命，也就没有今天世界一流的大兴国际机场及其临空经济区建设的战略定位，以及与之相匹配的高能级、高规格的功能载体布局。

北京大兴国际机场是习近平总书记亲自决策、亲自部署、亲自推动的重大国家战略。2014 年 9 月 4 日，习近平总书记主持中央政治局常务会议审议北京新机场可行性研究报告。2017 年 2 月 23 日，习近平总书记到北京大兴国际机场考察时强调，新机场是首都的重大标志性工程，是国家发展的一个新的动力源。2019 年 9 月 25 日，习近平总书记再次到大兴国际机场参加投运仪式，宣布北京大兴国际机场正式投入运营。① 在京津冀中部核心功能区布局建设北京大兴国际机场，是党中央国务院着眼打造以首都为核心的世界级城市群做出的重大决策部署。

---

① 百度百科. 北京大兴国际机场 [EB/OL]. （2020 - 2 - 25）[2020 - 11 - 13]. https://baike. baidu. com/item/%E5%8C%97%E4%BA%AC%E5%A4%A7%E5%85%B4%E5%9B%BD%E9%99%85%E6%9C%BA%E5%9C%BA/12801770?fr = aladdin.

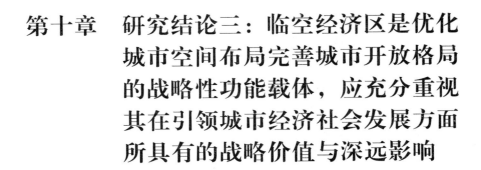

第十章 研究结论三：临空经济区是优化城市空间布局完善城市开放格局的战略性功能载体，应充分重视其在引领城市经济社会发展方面所具有的战略价值与深远影响

  2020 年 10 月 29 日，中国共产党第十九届中央委员会第五次全体会议审议通过《中共中央关于制定国民经济和社会发展第十四个五年规划和二〇三五年远景目标的建议》（以下简称《建议》）。《建议》第八条提出，要继续"优化国土空间布局，推进区域协调发展和新型城镇化""坚持实施区域重大战略、区域协调发展战略、主体功能区战略，健全区域协调发展体制机制，完善新型城镇化战略，构建高质量发展的国土空间布局和支撑体系"[①]。2018 年 11 月 5 日，习近平总书记在首届中国国际进口博览会上宣布，支持长江三角洲区域一体化发展并上升为国家战略，着力落实新发展理念，构建现代化经济体系，推进更高起点的深化改革和更高层次的对外开放，同"一带一路"建设、京津冀协同发展、长江经济带发展、粤港澳大湾区建设相互配合，完善中国改革开放空间布局。[②]

  我国五大国家战略（京津冀协同发展、长江经济带发展、粤港澳大湾区建设、长三角一体化发展、黄河流域生态保护和高质量发展）在"优化国土空间布局与完善改革开放空间布局"方面具有重要的战略意义。五大战略相互配合，三大世界级城市群、三大国家级城市群沿战略性轴带相互

---

  ① 新华社. 中共中央关于制定国民经济和社会发展第十四个五年规划和二〇三五年远景目标的建议 [EB/OL]. （2020-11-03）[2022-11-13]. http://www.gov.cn/zhengce/2020-11/03/content_5556991.htm.

  ② 大江奔流千帆竞——写在《长江三角洲区域一体化发展规划纲要》实施一年之际 [N]. 人民日报，2020-06-03（1）.

协同，进一步完善了我国改革开放"东西双向"全面开放的空间布局，进一步优化了国土空间布局东西南北中各区域均衡协同发展，为实现经济内外循环相互促进的新发展格局提供了战略保障。

2019年12月1日，中共中央、国务院印发了《长江三角洲区域一体化发展规划纲要》。纲要提出，实施长三角一体化发展战略，是引领全国高质量发展、完善我国改革开放空间布局、打造我国发展"强劲活跃增长极"的重大战略举措。推进长三角一体化发展，有利于提升长三角在世界经济格局中的能级和水平，引领我国参与全球合作和竞争；有利于深入实施区域协调发展战略，探索区域一体化发展的制度体系和路径模式，引领长江经济带发展，为全国区域一体化发展提供示范。

2020年1月，习近平总书记主持召开中央财经委员会第六次会议，做出推动成渝地区双城经济圈建设、打造高质量发展重要增长极的重大决策部署，为新时代成渝地区发展提供了根本遵循和重要指引①。这次会议首次提出了"成渝地区双城经济圈"与"内陆开放战略高地"两大概念，前者强调了双城之间未来将构建"相向发展""优势互补""特色整合""双核驱动"的大一统经济圈的重要性；后者凸显了长江经济带是连接"双循环"的主动脉，是国家构建新发展格局的主阵地（如图10-1所示）。10月16日，习近平总书记主持召开中共中央政治局会议，会议审议了《成渝地区双城经济圈建设规划纲要》。会议指出，推动成渝地区双城经济圈建设，是构建以国内大循环为主体、国内国际双循环相互促进的新发展格局的一项重大战略举措。会议要求，成渝地区牢固树立一盘棋思想和一体化发展理念，健全合作机制，打造区域协作的高水平样板。唱好"双城记"，联手打造内陆改革开放高地，共同建设高标准市场体系，营造一流营商环境，以共建"一带一路"为引领，建设好西部陆海新通道，积极参与国内国际经济双循环。坚持不懈抓好生态环境保护，走出一条生态优先、绿色发展的新路子，推进人与自然和谐共生。处理好中心和区域的关系，着力提升重庆主城和成都的发展能级和综合竞争力，推动城市发展由外延扩张向内涵提升转变，以点带面、均衡发展，同周边市县形成一体化

---

① 国家发展改革委. 推动成渝地区双城经济圈建设 打造高质量发展重要增长极 [EB/OL]. (2021-10-21) [2021-11-02]. https://www.ndrc.gov.cn/xxgk/jd/jd/202110/t20211021_1300636.html? code=&state=123.

发展的都市圈。这意味着从整个国家层面来说，一体化协同发展的经济区，更加注重联动发展的经济圈、城市群、都市区、国家级新区、自贸区等重点经济功能区将逐层逐次成为构建"双循环"新发展格局的先行探索区。

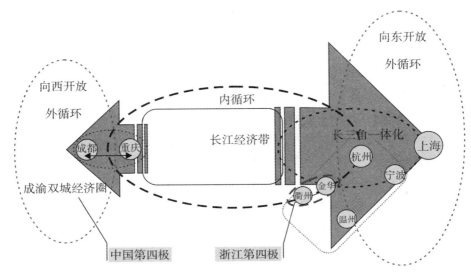

图 10-1　长江经济带是联结"双循环"的主动脉

第十一章 研究结论四：机场能级+空港枢纽性+腹地功能载体的空间承载能力+载体功能完备性是临空经济区建设的四大关键性前置条件

通过对北京大兴国际机场临空经济区、成都天府国际空港新城、郑州航空港经济综合试验区以及鄂州临空经济区四个示范区成功实践经验的深入研究，本书在第一部分抽象概括形成了"关于临空经济区一个系统性认识框架"。这一分析框架从全要素、全过程视角揭示了推动临空经济区内生发展的四种驱动力：空港枢纽驱动力、临空产业驱动力、港产环城人协同发展驱动力，以及通过吸引高层次科技创新企业与创新人才形成创新驱动力。

鉴于衢州在"城市能级、空港枢纽性、腹地经济支撑力"等发展临空经济关键成功因素上的相对不足，本书试图通过对案例中所隐含的"临空经济区内生驱动机制"进行深度剖析，以求为衢州建设"浙西航空物流枢纽临空经济区"所面临的困局寻找破解路径。

一、空港枢纽性与腹地载体功能完备性相互促进的临空经济区典范

北京大兴国际机场与成都天府国际机场均是依托支撑国家重大发展战略所带来的战略性机遇而新建的 4F 级国际航空枢纽。我国在打造京津冀世界级城市群和国家级成渝双城经济圈一体化进程中，打破了区域分割，加快推进交通一体化建设，配套了高效快捷的现代化综合交通体系，进而使两个城市在打造世界一流临空经济区方面具备了强大的前置性保障条件，即国际化的空港枢纽性。

尽管衢州未来新机场的能级与枢纽性均无法与北京、成都相提并论，

但我们通过这两个示范区的成功实践经验得到启示：积极主动对接国家重大发展战略，是提升城市能级和机场枢纽性的最重要途径。本书认为，即使在寸土寸金的国家级中心城市，北京和成都依然能够分别拿出 150 平方千米和 483 平方千米来开发建设临空经济区，充分体现了城市决策者对临空经济区作为优化城市空间布局、完善城市开放格局、打造城市经济核心增长极的战略重要性的充分重视和高瞻远瞩。此外，两个国家级中心城市在临空经济区腹地区域打造产业空间、城市空间与生态空间无边界融合的产城空间格局，代表了当今中国在新城营建方面的最先进理念与最具前瞻性的实践探索（如图 11-1 所示）。以成都为例，简要描述如下：

> 没有林立的高楼，舒缓优美、山水相映的天际线连成长廊；推窗看景，出门入园，公园与街区无缝衔接；人车分流，拥有舒适的慢行系统；产业空间、城市空间与生态空间无边界融合……这是"一座面向未来而生，一座承载梦想、走向世界的未来之城"的模样。
>
> 成都东部新区的城市发展轴线是一条江——串联起"双城一园"的沱江。根据《成都东部新区总体方案》，沱江发展轴将提升沱江、绛溪河生态品质，增强生态、景观、文化、水源等功能，沿江（河）布局大型城市公园、重大公共服务设施，推动形成拥江发展新格局，打造城市核心生态骨架、景观廊道、重大城市功能集聚的城市发展轴。以江为轴，拥江发展，以江河串联多个城市中心，这便是成都东部新区在城市空间布局上的创新之举。
>
> 依据《成都市东部新城空间发展战略规划（2017—2035）》，东部新区优化形成了"城市组群（空港新城）—产业功能区（片区）—产城融合单元（新镇）—社区"四级城市体系。具体来看，"城市组群"即空港新城、简州新城。"产业功能区"是提供重大公共服务的基本单元，能够对市民各种形式的功能需求有一个相对完善的保障，居民日常的需求几乎不需要跨片区去完成；成都东部新区划定了 8 个产业功能区。"产城融合新镇"是城市实现产城融合、职住平衡的基本单元，会有基本的公共服务，有产业用地和居住用地，能够基本满足人们生活和工作的需求；成都东部新区包括 20 个新镇；"城市社区"是提供基本公共服务的基本单元，成都东部新区包括 108 个城市社区。
>
> （资料来源：《天府文化》2020）。

临空经济区之北京与成都 4.0 模式还有一个很重要的经验值得衢州借鉴学习，那就是，不论是在北京大兴机场临空经济区还是在成都东部新区空港新城的空间布局规划中，两市均超前规划了足够的战略留白区域，用于应对未来城市发展过程中的不确定性因素，满足未来城市发展的需要，这是战略性新区的功能性留白。除此之外，还有价值性留白：在城市的空间布局、产业布局等尚未成型时，许多资源是以相对较低的价值出让的，并未能体现其真正的价值，可先将其预留下来，当布局配套等成熟完善后，其价值将会得到更合理的体现。

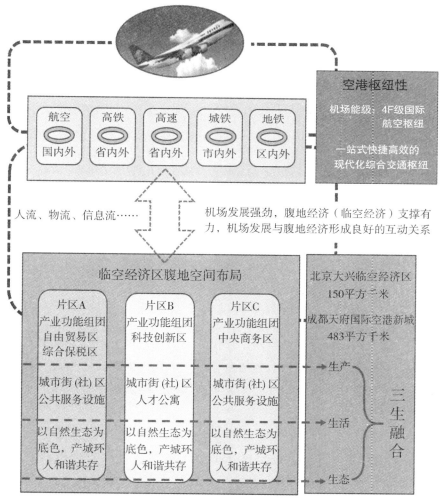

图 11-1　临空经济区内在驱动机制 4.0 时代之北京、成都模式

二、基于"枢纽+口岸+保税+产业基地"综合优势为一体的郑州模式①

2012 年 11 月 17 日，国务院批准《中原经济区规划》，提出以郑州航空港为主体，以综合保税区和关联产业园区为载体，以综合交通枢纽为依托，以发展航空货运为突破口，建设郑州航空港经济综合实验区。2013 年 3 月 7 日，国务院批准《郑州航空港经济综合实验区发展规划（2013—2025 年）》，标志着全国首个航空港经济发展先行区正式起航。郑州航空港经济综合实验区是我国首个上升为国家战略的临空经济先行区，该区规划面积为 415 平方千米，规划人口为 260 万。《郑州航空港经济综合实验区发展规划（2013—2025 年）》对郑州航空港临空经济区的战略定位是国际航空物流中心、以临空经济为引领的现代产业基地、内陆地区对外开放重要门户、现代航空都市、中原经济区核心增长极，是一个拥有航空、高铁、地铁、城铁、普铁、高速公路与快速路等多种交通方式的立体综合交通枢纽，集"枢纽+口岸+保税+产业基地"综合优势为一体（如图 11-2 所示）。

（一）国际航空物流中心

建设郑州国际航空货运机场，进一步发展连接世界重要枢纽机场和主要经济体的航空物流通道，完善陆空衔接的现代综合运输体系，提升货运中转和集疏能力，逐步发展成为全国重要的国际航空物流中心。

（二）以临空经济为引领的现代产业基地

发挥航空运输综合带动作用，强化创新驱动，吸引高端要素集聚，大力发展航空设备制造维修、航空物流等重点产业，培育壮大与临空关联的高端制造业和现代服务业，促进产业集群发展，形成全球生产和消费供应链重要节点。

在本书第二篇第六章中提到，河南省 2018 年进出口总值首次突破5500 亿元，其中，富士康进出口 3389.1 亿元，占河南省进出口总值的

---

① 本部分关于郑州航空港经济综合实验区的信息源自郑州航空港经济综合实验区管理委员会官网。

61.5%。郑州航空港通过提升航空港开放门户功能，推进综合保税区、保税物流中心发展和陆空口岸建设，更好满足了富士康基于 CMMS 商业模式对航空时效性的要求，促使苹果等全球智能手机公司约一半的产能都是在富士康郑州工厂完成的，可以说两者实现了互相成就、合作共赢。

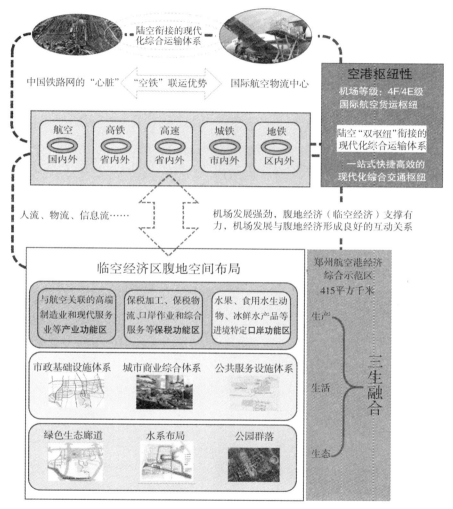

图 11-2　基于"枢纽+口岸+保税+产业基地"综合优势为一体的郑州模式

（三）内陆地区对外开放重要门户

提升航空港开放门户功能，推进综合保税区、保税物流中心发展和陆空口岸建设，完善国际化营商环境，提升参与国际产业分工层次，构建开放型经济体系，建设富有活力的开放新高地。2010 年 10 月 24 日，郑州新郑综合保税区获国务院批复，成为中部地区第 1 个、全国第 13 个获批的综合保税区，规划面积达 5.073 平方千米，2011 年 11 月 4 日正式封关运行，是我国开放层次高、政策优惠、功能齐全的特定经济功能区域。

综合保税区具有保税加工、保税物流、口岸作业和综合服务四大功能区，重点发展保税加工、现代物流、服务贸易、保税研发、检测维修、保税展览、特色金融等产业，开展仓储物流、对外贸易（国际转口贸易）、国际采购、分销和配送、国际中转、检测和售后服务维修、商品展示、研发、加工、制造等业务。

（四）现代航空都市

树立生态文明理念，坚持集约、智能、绿色、低碳发展，优化实验区空间布局，以航兴区、以区促航、产城融合，建设具有较高品位和国际化程度的城市综合服务区，形成空港、产业、居住、生态功能区共同支撑的航空都市。

（五）中原经济区核心增长极

强化产业集聚和综合服务功能，增强综合实力，延伸面向周边区域产业和服务链，推动与郑州中心城区、郑汴新区联动发展，建设成为中原经济区最具发展活力和增长潜力的区域。

三、基于"多式联运+综合保税+顺丰转运中心"综合优势为一体的鄂州模式①

2020 年 8 月 24 日，国家发展改革委、民航局印发《关于促进航空货运设施发展的意见》（发改基础〔2020〕1319 号），明确将鄂州机场定位为专业性货运枢纽机场，与北上广深等综合性枢纽机场共同组成航空货运枢纽、国际航空货运枢纽的规划布局。《关于促进航空货运设施发展的意见》将鄂州机场建成亚洲第一个专业性货运机场上升为国家战略，并明确

---

① 鄂州市发展和改革委员会. 建设鄂州专业货运枢纽机场上升为国家战略［EB/OL］.（2020-09-18）［2021-2-3］. http://fgw. ezhou. gov. cn/xwzx_1411/gzdt_1412/202009/t20200918_353987. html.

提出了 2025 年建成湖北鄂州专业性货运枢纽机场和 2035 年在全国建成 1～2 个专业性货运枢纽机场的目标。

作为目前明确的全国唯一的专业性货运枢纽机场，鄂州机场肩负着与综合性枢纽机场共同组成航空货运枢纽规划布局的使命，对于提升综合保障能力、服务国家重大战略、促进经济结构转型升级、提升国际竞争力深度融合国际合作、推动经济高质量发展具有重要意义。为进一步落实习近平总书记在中央财经委员会第八次会议上提出加强枢纽机场与轨道交通的互联互通，提升航空服务水平和枢纽运营效率，加快构建现代化综合交通运输体系，加强高铁货运和国际航空货运能力建设，加快形成内外联通、安全高效的物流网络的指示精神，鄂州发改委采取了一系列措施，进一步夯实了建设发展湖北国际物流核心枢纽项目。一是强化巩固现行试行地位，探索推进高铁和轨道交通、高速公路、多式联运等多种运输方式与鄂州机场有效衔接、一体化协同发展。二是强化巩固国家专业性物流枢纽地位。2018 年 12 月，武汉—鄂州被列为空港型国家物流枢纽承载城市，2020 年又被列为全国高铁快运枢纽城市，规划以天河机场和湖北国际物流核心枢纽为依托，充分运用工业互联网、5G、大数据等，将鄂州空港产业园区建成国家空港应急物流供应链创新发展示范基地和国家物资快速投送中心等，着力打造空港型国家物流枢纽、国际航空货运枢纽、国家多式联运创新示范基地、国家高铁快运基地、中部地区开放新高地、长江中游城市群临空产业聚集区，形成空港相辅相成、一体化发展格局，满足应急处突、抢险救灾、军事保障等需求。三是明确提出了"立足鄂州、面向全省、辐射全国、服务全球"的功能定位，按世界专业货运机场"第一方阵"要求高起点、高定位、高质量谋划建设，着力打造比肩孟菲斯的一流航空货运物流枢纽（如图 11-3 所示）。具体措施如下：

（1）做好功能区划。按照区港一体化运营思路，集聚发展临空产业，创建临空经济示范区、综合保税区，实现机场与临空经济区、综合保税区高水平联动，加快形成航空物流与临空经济区之间相互促进、相互提升的共同发展态势。

（2）建好货航基地。以顺丰等大型快递物流企业为主体，以其组建的货运航空公司为主基地的航空公司，参与主导专业性货运枢纽机场规划、建设和运营。着力引入拥有全货机机队的专业化航空物流企业，加强专用设备配套，建设机场专业化货运设施。

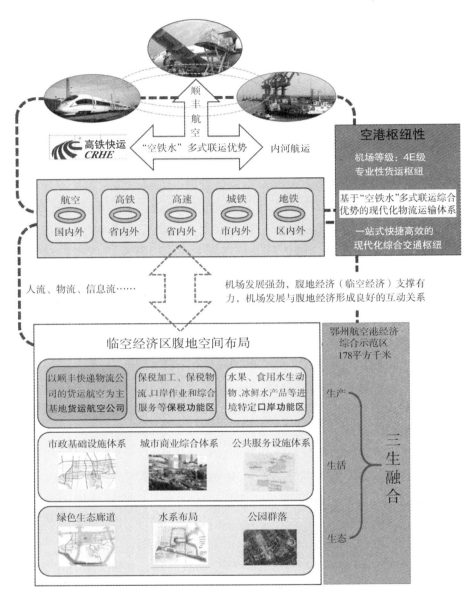

图 11-3　基于"多式联运+综合保税+顺丰转运中心"综合优势为一体的鄂州模式

（3）完善基础设施。按照民航与铁路、公路、水运等多种交通运输方式的有效衔接和一体化协同发展思路，规划引入武九客运专线、武杭高铁和通勤化轨道交通（武汉地铁），建设航油码头、鄂州机场高速公路及系列进出口道路。

（4）提升服务水平。完善前端收运核查和机场口岸联检设施，推动运单电子化。高标准建设航空物流公共信息平台，加快开展航空电子货运试点，研究构建"单一窗口"空港通关系统。加强大数据、云计算、人工智能、区块链等新技术在机场货运中的综合运用。积极引入国内外航空货运处理专业力量，提升供应链管理水平。

应用创新篇

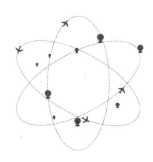

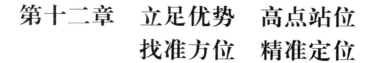

第十二章　立足优势　高点站位
找准方位　精准定位

第一节　浙西航空物流枢纽临空经济区的
战略定位要立足三大优势

2019 年 10 月 28 日，衢州市政府印发《衢州市战略融入长三角区域一体化发展行动计划（2019—2025 年）》（衢委发〔2019〕24 号）。该行动计划提出，要坚持扬长补短、发挥优势。充分发挥衢州生态优势、区位优势、人文优势等特色比较优势，强化区域分工合作和优势集成，全力推进"两山"转换发展，积极打造长三角大花园核心景区。

一、"四省通衢"，区位优势突出

衢州位于浙江省西部，钱塘江上游，南接福建南平，西连江西上饶、景德镇、鹰潭等市，北邻安徽黄山，东与省内杭州、金华、丽水三市临界，是福建、浙江、江西、安徽（简称"闽浙赣皖"）四省边际区域中心城市，九方协作区成员之一，素有"四省通衢"的说法。

（一）区域协作发展不断深化

"十三五"期间，衢州进一步融入长三角经济区、海西经济区，构建长江流域地区、海西经济区综合交通通道。作为闽浙赣皖四省边际区域中心城市，九方协作区成员之一，衢州既是长三角城市经济协调会成员和海西经济区协作城市，也是长三角经济圈和海西经济区向广大中西部内陆腹地拓展的重要门户。以衢州为中心，300 千米范围内涵盖杭州、南昌、福州等省会城市，地级市约 20 个，辐射人口约 1.5 亿；以衢州为中心的 400 千米范围区域辐射上海、南京等地，辐射人口多达 3 亿。同时，衢州市是海上丝绸之路的关键节点、浙江对内对外开放的桥头堡、向国际社会展示"两山"理念实践成果的重要窗口。

2021年1月20日，中国共产党衢州市第七届委员会第九次全体会议通过了《中共衢州市委关于制定衢州市国民经济和社会发展第十四个五年规划和二〇三五年远景目标的建议》（以下简称《建议》）。《建议》提出，"加强四省边际区域协作。主动牵动浙皖闽赣国家生态旅游协作区创建，合作共建浙皖闽赣（衢黄南饶）'联盟花园'，加快推进区域交通、景区景点、高端酒店等旅游基础配套设施建设，共建一体化旅游市场，共创国家级旅游休闲城市群和世界级生态文化旅游目的地。积极推进四省边际区域协作体制机制创新，深化多领域协作，继续发挥好九方经济协作区的作用，打造四省边际'跨省通办'示范区，常态化举办四省边际桥头堡峰会，牵头办好四省边际城市群文化产业博览会、四省四市民间艺术节，深化四省边际应用型高校联盟、职业培训联盟等教育合作平台建设。以共建浙皖闽赣（衢黄南饶）'联盟花园'、钱江源—百山祖国家公园、六春湖景区为突破口，推动衢丽花园城市群协同发展"①。衢丽花园城市群始终坚持绿色生态高质量发展，共同践行"两山"理念，协同发展数字经济、美丽经济，构建了衢丽"双核三带一圈"城市群空间一体化格局，并逐步建成具有国际影响力的绿色智慧花园城市群。其中，浙江与江西联合打造"衢饶"示范区，推动区域经济协调发展。浙赣边际合作（衢饶）示范区位于浙赣两省交界处，是浙江向内陆拓展经济腹地的重要门户，也是江西对接长三角的桥头堡，区位优越、交通便利。衢饶示范区选址在衢州江山市、常山县和江西上饶玉山县"三山"交界地带，总规划面积20余平方千米，主要布局高端装备制造、新材料、新能源、电子信息等绿色制造业，有效承接长三角地区产业转移，同步发展现代服务业、文化旅游、幸福康养等生态型产业。

（二）空运区位优势独特

衢州地处华东五省一市（浙江省、江苏省、安徽省、江西省、福建省、上海市）的几何中心，是对接杭州湾、粤港澳两大湾区的战略节点，

---

① 中共衢州市委关于制定衢州市国民经济和社会发展第十四个五年规划和二〇三五年远景目标的建议［EB/OL］.（2021-01-25）［2021-05-12］. https://n1.qz123.com/html/271/20210125/news_show_296024.html.

是长三角、海西、泛珠三角三大经济区的交汇区域，是浙闽赣皖四省边际地区、浙江内陆开放的桥头堡。同时，因衢州位于浙皖赣闽四省边际中心位置，处于人口密度较大的华东区域，具备成为国际航空物流转运中心（一级或二级）的可能性。目前，衢州机场航线处于低开发阶段，远离客流航线的密集区域，空域航线潜力巨大。衢州机场周边分布着萧山（杭州）、义乌、温州和三清山（江西上饶）等多个机场。但是，这些机场均以客运线路为主，航班密集、旅客吞吐量大，发展航空货运会对客运班线产生较大影响，且此现状难以在短时间内改变。所以，从机场航线信息来看，对比浙江省内及周边机场，衢州机场仍处于低开发阶段，航班较少，且有搬迁新机场的契机，同时，衢州东部为上海、杭州、义乌和温州等江浙沪都市区，为客货流航线密集区域，西部为浙西、皖南、赣东北地区，客货流航线为真空地带，存在巨大货源市场，货运航线发展潜力巨大，有潜力作为专门的货运枢纽机场。

（三）枢纽经济潜力巨大

我国物流业已逐渐成为国民经济的支柱产业，特别是随着全球化纵深推进，要求构建连接世界的国际物流体系；区域一体化发展，要求建设高效集约的城市物流系统；产业链深度融合，要求培育功能强大的枢纽经济；新模式新业态创新，要求提升枢纽智能化、信息化水平；经济社会可持续发展，要求枢纽走绿色低碳之路。而我国的社会物流总费用与发达国家相比，仍有较大提升空间，未来10~20年，将是物流业发展的重大战略机遇期。衢州国际航空物流枢纽的建设符合长三角世界级机场群建设的客观规律，推进大数据、物联网、人工智能等与物流业深度融合，能够准确对接航空物流集散功能、消费结构升级需求，具有很大的发展空间。

第一，衢州市地处长三角经济圈，对外贸易和信息经济活跃，现代物流、电商、快递等发展迅猛。这些企业对航空货运的需求旺盛，形成一个巨大的货源市场。第二，衢州紧邻上海、杭州、金义等江浙沪都市区，是浙闽赣皖四省边际物资集散地，且当地居民生活水平普遍较高，对航空服务支付意愿高、支付能力强，因此，衢州具有强大的消费群体和揽货集散网络。第三，区域产业格局发展态势的转变，对物流提出了安全、高效、便捷等更加严格的要求，普通物流方式已不能满足，这就需要一个以空运为核心的综合性物流枢纽来提升物流服务品质，衢州国际航空物流枢纽的建设就能很好地满足这一需求。第四，承接杭州作为电子商务前沿城市带来的区域经济发展的张力是衢州的重要任务之一。物流机场的建设，可以使衢州成为电子商务的物流门户，为电子商务做支撑及保障。

二、"南孔圣地·衢州有礼"，人文历史厚重

（一）衢州历史文化底蕴厚重

衢州是一座历史文化名城，始建于东汉初平三年（192），有一千八百多年的建城史，1994年被命名为国家历史文化名城，文脉绵延流长，有江南地区保存最好的古代州级城池——衢州府城、全国重点文物保护单位——衢州府城墙，复建的天王塔院、文昌阁等历史文化古迹。衢州是圣人孔子后裔的世居地和第二故乡，是儒学文化在江南的传播中心，历史上儒风浩荡、人才辈出，素有"东南阙里、南孔圣地"的美誉，位于市区的衢州孔氏南宗家庙是全国仅有的两座孔氏家庙之一。衢州南宗孔氏家庙距今已有800多年的历史。现存的孔氏南宗家庙按照曲阜的规制建造，庙中有两件无价之宝：一件是孔子与亓官夫人的楷木像，相传是孔子的弟子子贡所刻；另一件是先圣遗像碑，是唐代画圣吴道子的手笔。每年9月28日，衢州都会举行隆重的南宗祭孔活动，来自全球的儒学文化研究专家、教授以及孔子后人都会云集于此畅谈儒学文化。衢州也是开国领袖毛泽东的祖居地，江山清漾村被中央党史研究室、国家档案局一致确认为毛泽东祖居地和江南毛氏的发祥地，《清漾毛氏族谱》被列入首批《中国档案文献遗产名录》。衢州还是围棋文化发源地，早在东晋时期就有樵夫王质在烂柯山遇神仙下围棋的故事，这是我国关于围棋最早的文字记载，烂柯山被誉为"围棋仙地"。

衢州作为南孔圣地，"南孔圣地·衢州有礼"逐渐成为衢州城市品牌，为了"让南孔文化重重落地"，衢州大力推动优秀传统文化创造性转化、创新性发展，结合创建全国文明城市，让更多的人真切地感受到孔子思想文脉的延续绵长。

（二）人文旅游资源富集

衢州地处闽、浙、赣、皖交界之处，从雕刻建筑、饮食习惯到地方曲艺、民情风俗都受周边地域文化的影响。在对吴越文化、徽派文化等文化因素兼容并蓄的基础上，衢州人民依靠自己的勤劳和智慧，在漫长的历史进程

中，形成了具有特色的衢州地方文化。衢州山水灵秀、人文景观独特、旅游资源丰富，涵盖地方景观、遗址遗迹、建筑设施、人文活动、气候景观等六大主类。例如，衢州府城有保留较为完好的古城墙和传统街区，拥有周宣灵王庙、天妃宫、神农殿、水亭门古城楼、衢州三怪、天宁寺等众多人文景点；有被前中国围棋协会主席陈祖德誉为"围棋仙地"的烂柯山，这里的围棋文化独树一帜，世称"围棋仙地""青霞第八洞天"，每两年就会举行一次"衢州·烂柯杯"中国围棋冠军赛，所有国内顶尖围棋高手都会云集烂柯山脚下一比高低；有全国仅有的两处古民居异地迁建保护工程之一的龙游民居苑，这里错落有致地布设着极有代表性的民居古建筑，是我国屈指可数的古建筑集萃之地，是一部从宋代到清代直至民国的建筑编年史；保存着古时通往福建泉州的海上丝绸之路的陆路运输线——仙霞古道，明代著名的探险家、旅行家徐霞客曾多次历经此古道，留下了不朽的诗篇。在仙霞古道上，分布着一连串人文色彩极浓的景点，如仙霞关景区、戴笠老宅、廿八都古镇、清漾文化村、和睦彩陶村。在这条古道与福建的接壤处，还有一个神秘的古镇——廿八都古镇，镇内保存着浙式、闽式、徽式、赣式、客家式、欧式等35幢古建筑，仅几千人口的山里小镇，有着142种姓氏，共存着13种方言，民俗风情奇异，被专家誉为"中国最和谐乡村"。

（三）跨界人文旅游潜力巨大

根据《衢州市战略融入长三角区域一体化发展行动计划（2019—2025年)》，衢州着力推动南孔文化与上海海派文化相互交融，深化两地文化遗产保护、非遗传承、文创产业发展等领域合作，联合开展面向海外的文化旅游推广活动；借势上海旅游节，谋划系列"衢州周"活动；开展"全球免费游衢州"活动，面向上海等地游客推出系列旅游优惠政策，推动实现市民卡连通互享；牵头推进浙皖闽赣国家生态旅游协作区建设，与协作区19个地市加强客源互送、项目投资、乡村旅游、宣传推介等方面合作；积极参与长三角红色旅游联盟建设，共同保护和开发长三角红色文化旅游资源。

三、活力新衢州·美丽大花园，生态优势是衢州的核心竞争力

（一）钱江源头大花园

衢州是一座生态山水美城，因山得名、因水而兴。仙霞岭山脉、怀玉

山脉、千里岗山脉将衢州三面合抱，常山江、江山江、乌溪江等九条江在城中汇聚一体。全市森林覆盖率达 71.5%，出境水水质保持 Ⅱ 类以上，连续 6 年夺得浙江省治水最高荣誉"大禹鼎"，市区空气质量优良率（AQI）为 93.4%，市区 PM 2.5 浓度为 33 微克/立方米，市区城市建成区绿化覆盖率为 42.8%，人均公园绿地面积为 15.2 平方米，是浙江的重要生态屏障、国家级生态示范区、国家园林城市、国家森林城市。2018 年 12 月，衢州获联合国"国际花园城市"称号。

（二）依托生态旅游资源优势，培育美丽经济幸福产业

衢州是中国优秀旅游城市、首个国家休闲区试点，共有根宫佛国文化旅游区、江郎山·廿八都旅游区等 2 个 5A 级景区和 13 个 4A 级景区，其中，江郎山作为"中国丹霞"提名地之一，被列入世界自然遗产名录；钱江源国家公园是华东地区唯一的国家公园体制试点区；龙游县的姜席堰入选世界灌溉工程遗产名录。依托丰富的生态旅游资源，衢州大力创建国家全域旅游示范区，积极推进浙皖闽赣国家生态旅游协作区建设，与桃花源基金会合作共建自然保护地，开展"全球免费游衢州"活动，打造"好听音乐会""好吃'三衢味'""好看大花园""好玩运动场"等"四好衢州"文旅产品，弘扬"诗画浙江"品牌，努力建设中国最佳旅游目的地和世界一流生态旅游目的地。

根据《衢州市战略融入长三角区域一体化发展行动计划（2019—2025年）》，衢州深入践行"两山"理念，以"大花园"建设为统领，统筹美丽环境、美丽经济、美好生活，大力发展文化、旅游、体育、健康、养老等幸福产业，把衢州打造成为国内具有较大影响力的南孔圣地、运动休闲高地、健康养生福地和旅游度假目的地。

（三）打破浙皖闽赣四省区域限制，携手共建"联盟花园"

根据《衢州市战略融入长三角区域一体化发展行动计划（2019—2025年）》及浙皖闽赣四省共同签署的《关于加快推进浙皖闽赣国家生态旅游协作区建设合作协议》，衢州以全域旅游理念，将协作区作为大景区，依托区域内的黄山、西递—宏村、西湖、千岛湖、三清山、江郎山、庐山、武夷山、土楼等风景名胜，跨省域打造和提升华东世界遗产风景廊道，不断完善旅游公共服务设施，共建协同性合作机制、共创国际级旅游目的

地、共享一体化公共服务、共推主题性旅游线路、共拓多层级客源市场、共促创新性协同发展。例如，整合杭州、衢州、黄山三地优势文化和旅游资源，推动规划共绘、项目共建、设施共享、客源互送、品牌共创，共建杭衢黄生态旅游示范区；加强杭州、衢州、黄山国际旅游品牌建设，主推诗意杭州、梦幻黄山、有礼衢州旅游品牌，联手打造名城（杭州）—名湖（西湖）—名江（新安江、富春江、钱塘江）—名山（黄山、江郎山）—名村（西递宏村）—名园（根博园）精品旅游廊道。

第二节　浙西航空物流枢纽临空经济区的战略定位要高点站位，找准方位

《衢州市战略融入长三角区域一体化发展行动计划（2019—2025年)》提出，坚持战略协同、全面融入。推进市委"1433"发展战略体系融入长三角一体化发展国家战略，强化统筹推进、同步实施，全面推进"融杭联甬接沪"发展，高水平打造四省边际中心城市。并提出，以航空物流为切入点，空、铁、公、水交通网络为支撑，规划建设"客货并举、以货为主"专业航空物流机场。旨在与萧山机场、义乌机场错位联动发展，打造浙西多式联运航空物流运输基地，使衢州成为国内重要的航空物流枢纽城市。

2020年8月24日，国家发展改革委、民航局印发的《关于促进航空货运设施发展的意见》将鄂州机场建成亚洲第一个专业性货运机场上升为国家战略。它明确提出了2025年建成湖北鄂州专业性货运枢纽机场和2035年在全国建成1~2个专业性货运枢纽机场的目标。作为目前明确的全国唯一专业性货运枢纽机场，鄂州机场肩负着与综合性枢纽机场共同组成航空货运枢纽规划布局的使命，对于提升综合保障能力、服务国家重大战略、促进经济结构转型升级、提升国际竞争力深度融合国际合作、推动经济高质量发展具有重要意义。

因此，浙西航空物流枢纽临空经济区的战略定位要高点站位，主动对接融入国家重大战略，找准在国家重大发展战略中的战略方位。

一、长三角区域一体化发展战略与中国改革开放空间布局

《关于依托黄金水道推动长江经济带发展的指导意见》提出，发挥长

江黄金水道的独特作用，构建现代化综合交通运输体系，推动沿江产业结构优化升级，打造世界级产业集群，培育具有国际竞争力的城市群。2016年9月，《长江经济带发展规划纲要》正式印发，确立了长江经济带"一轴、两翼、三极、多点"的发展新格局。其中，"一轴"是以长江黄金水道为依托，发挥上海、武汉、重庆的核心作用，推动经济由沿海溯江而上梯度发展，衢州位居长江龙头与躯干相连的命脉位置；"两翼"分别指沪昆和沪蓉南北两大运输通道，这是长江经济带的发展基础；"三极"指的是长江三角洲城市群、长江中游城市群和成渝城市群，充分发挥中心城市的辐射作用，打造长江经济带的三大增长极；"多点"是指发挥三大城市群以外地级城市的支撑作用。

2018年11月5日，习近平总书记在首届中国国际进口博览会上宣布，支持长江三角洲区域一体化发展并上升为国家战略，着力落实新发展理念，构建现代化经济体系，推进更高起点的深化改革和更高层次的对外开放，同"一带一路"建设、京津冀协同发展、长江经济带发展、粤港澳大湾区建设相互配合，完善中国改革开放空间布局。① 2019年12月1日，中共中央、国务院印发的《长江三角洲区域一体化发展规划纲要》明确了长三角区域一体化发展的范围包括上海市、江苏省、浙江省、安徽省全域（面积35.8万平方千米）。以上海市，江苏省南京、无锡、常州、苏州、南通、扬州、镇江、盐城、泰州，浙江省杭州、宁波、温州、湖州、嘉兴、绍兴、金华、舟山、台州，安徽省合肥、芜湖、马鞍山、铜陵、安庆、滁州、池州、宣城27个城市为中心区（面积22.5万平方千米），辐射带动长三角地区高质量发展。以上海青浦、江苏吴江、浙江嘉善为长三角生态绿色一体化发展示范区（面积约2300平方千米），示范引领长三角地区更高质量一体化发展。以上海临港等地区为中国（上海）自由贸易试验区新片区，打造与国际通行规则相衔接、更具国际市场影响力和竞争力的特殊经济功能区。② 《长江三角洲区域一体化发展规划纲要》首次明确了

① 共产党员网. 习近平在首届中国国际进口博览会开幕式上的主旨演讲［EB/OL］.（2018-11-05）［2021-02-12］. https://www.12371.cn/2018/11/05/ARTI154139418 1986723. shtml.

② 新华网. 中共中央 国务院印发《长江三角洲区域一体化发展规划纲要》［EB/OL］.（2019-12-01）［2021-02-12］. http://www.gov.cn/zhengce/2019-12-01/content_ 5457442. htm.

长江三角洲区域一体化发展的战略地位：

（1）全国发展强劲活跃增长极。加强创新策源能力建设，构建现代化经济体系，提高资源集约节约利用水平和整体经济效率，提升参与全球资源配置和竞争能力，增强对全国经济发展的影响力和带动力，持续提高对全国经济增长的贡献率。

（2）全国高质量发展样板区。坚定不移贯彻新发展理念，提升科技创新和产业融合发展能力，提高城乡区域协调发展水平，打造和谐共生绿色发展样板，形成协同开放发展新格局，开创普惠便利共享发展新局面，率先实现质量变革、效率变革、动力变革，在全国发展版图上不断增添高质量发展板块。

（3）率先基本实现现代化引领区。着眼基本实现现代化，进一步增强经济实力、科技实力，在创新型国家建设中发挥重要作用，大力推动法治社会、法治政府建设，加强和创新社会治理，培育和践行社会主义核心价值观，弘扬中华文化，显著提升人民群众生活水平，走在全国现代化建设前列。

（4）区域一体化发展示范区。深化跨区域合作，形成一体化发展市场体系，率先实现基础设施互联互通、科创产业深度融合、生态环境共保联治、公共服务普惠共享，推动区域一体化发展从项目协同走向区域一体化制度创新，为全国其他区域一体化发展提供示范。

（5）新时代改革开放新高地。坚决破除条条框框、思维定式束缚，推进更高起点的深化改革和更高层次的对外开放，加快各类改革试点举措集中落实、率先突破和系统集成，以更大力度推进全方位开放，打造新时代改革开放新高地。

实施长三角区域一体化发展战略，是引领全国高质量发展、完善我国改革开放空间布局、打造我国发展强劲活跃增长极的重大战略举措。推进长三角一体化发展，有利于提升长三角在世界经济格局中的能级和水平，引领我国参与全球合作和竞争；有利于深入实施区域协调发展战略，探索区域一体化发展的制度体系和路径模式，引领长江经济带发展，为全国区域一体化发展提供示范；有利于充分发挥区域内各地区的比较优势，提升长三角地区整体综合实力，在全面建设社会主义现代化国家新征程中走在全国前列。

总之，长三角区域一体化发展战略在我国改革开放空间布局中的核心地位相当于一飞冲天的国产 C919 机头；京津冀协同发展与粤港澳大湾区建设相当于 C919 的两大翼展，而长江经济带发展则相当于 C919 的机体。这四大区域的协同发展将构成中华腾飞的主动力源。

二、衢州在推进"长三角核心区"与"浙赣皖闽四省边际毗邻区"联动发展，打通"长三角一体化区域"与"内陆纵深腹地经济"之间"大循环"中的独特方位

长江三角洲地区是我国经济发展最活跃、开放程度最高、创新能力最强的区域之一，在国家现代化建设大局和全方位开放格局中具有举足轻重的战略地位。《长江三角洲区域一体化发展规划纲要》的发布，旨在更好发挥上海的龙头带动作用，促进苏浙皖各扬所长，加强跨区域协调互动，提升都市圈一体化水平，推动城乡融合发展，构建长三角区域联动协作、城乡融合发展、优势充分发挥的协调发展新格局。强化区域联动发展是推动形成区域协调发展新格局的重中之重。《长江三角洲区域一体化发展规划纲要》提出了强化区域联动发展的三种联动机制：一是加强长三角中心区城市间的合作联动，建立城市间重大事项、重大项目共商共建机制；二是推动长三角中心区一体化发展，带动长三角其他地区加快发展，引领长江经济带开放发展；三是加强长三角中心区与苏北、浙西南、皖北等地区的深层合作，加强徐州、衢州、安庆、阜阳等区域重点城市建设，辐射带动周边地区协同发展。

在长三角一体化发展核心区的周边还存在一片"地带"，主要由苏北、皖北和浙西南的一些边缘县市构成。这部分区域从省级行政区划的范畴看，分属长三角区域"三省一市"的江苏省、安徽省和浙江省，但这些区域均没有被纳入长三角区域一体化发展核心区。此外，这部分区域有一个共同点：它们都是长三角一体化发展核心区与内陆纵深腹地区域之间的省际毗邻区域。在如何强化长三角中心区与苏北、浙西南、皖北等省际毗邻区域的深层合作、联动发展方面，《长江三角洲区域一体化发展规划纲要》特别提出，要积极探索共建合作园区等合作模式，共同拓展发展空间。

2020 年 8 月 20 日，习近平总书记主持召开扎实推进长三角一体化发展座谈会并发表重要讲话。习近平强调，面对严峻复杂的形势，要更好推动长三角一体化发展，必须深刻认识长三角区域在国家经济社会发展中的

地位和作用。第一，率先形成新发展格局。在当前全球市场萎缩的外部环境下，我们必须集中力量办好自己的事，发挥国内超大规模市场优势，加快形成以国内大循环为主体、国内国际双循环相互促进的新发展格局。长三角区域要发挥人才富集、科技水平高、制造业发达、产业链供应链相对完备和市场潜力大等诸多优势，积极探索形成新发展格局的路径。第二，勇当我国科技和产业创新的开路先锋。当前，新一轮科技革命和产业变革加速演变，更加凸显了加快提高我国科技创新能力的紧迫性。上海和长三角区域不仅要提供优质产品，更要提供高水平科技供给，支撑全国高质量发展。第三，加快打造改革开放新高地。近来，经济全球化遭遇倒流逆风，越是这样我们越是要高举构建人类命运共同体旗帜，坚定不移维护和引领经济全球化。长三角区域一直是改革开放前沿。要对标国际一流标准改善营商环境，以开放、服务、创新、高效的发展环境吸引海内外人才和企业安家落户，推动贸易和投资便利化，努力成为联通国际市场和国内市场的重要桥梁。①

根据《长江三角洲城市群发展规划》，衢州位于沪杭金发展带上。沪杭金发展带依托沪昆通道，连接上海、嘉兴、杭州、金华等城市，发挥开放程度高和民营经济发达的优势，以中国（上海）自由贸易试验区、义乌国际贸易综合改革试验区为重点，打造海陆双向开放高地，建设以高技术产业和商贸物流业为主的综合发展带，统筹环杭州湾地区产业布局，加强与衢州、丽水等地区生态环境联防联治，提升对江西等中部地区的辐射带动能力。

综上所述，本书认为，无论是在推进"长三角核心区"与"浙赣皖闽四省边际毗邻区"联动发展过程中，还是在打通"长三角一体化区域"与"内陆纵深腹地经济"之间的"大循环"中，衢州的战略节点价值都已日益凸显（如图12-1所示）。依托"四省通衢"的区位优势及"长三角城市群发展战略规划""长江经济带发展战略"和"长三角区域一体化发展战略"等国家发展战略带来的政策叠加效应，衢州市迎来"十四五"时期经济社会发展千载难逢的重大战略机遇。"十四五"时期是我国全面建成

---

① 央广网. 习近平在扎实推进长三角一体化发展座谈会上强调 紧扣一体化和高质量抓好重点工作 推动长三角一体化发展不断取得成效［EB/OL］.（2020-08-22）［2021-02-12］. https://baijiahao.baidu.com/s? id=1675729401427426785&wfr=spider&for=pc.

小康社会、实现第一个百年奋斗目标之后，乘势而上开启全面建设社会主义现代化国家新征程、向第二个百年奋斗目标进军的第一个五年。习近平总书记发表重要文章强调，要准确把握新发展阶段，深入贯彻新发展理念，加快构建新发展格局，推动"十四五"时期高质量发展，确保全面建设社会主义现代化国家开好局、起好步。并指出，加快构建以国内大循环为主体、国内国际双循环相互促进的新发展格局，需要从全局高度准确把握和积极推进。构建新发展格局，关键在于经济循环的畅通无阻，最本质的特征是实现高水平的自立自强，必须充分利用和发挥市场资源这个优势，必须具备强大的国内经济循环体系和稳固的基本盘①。因此，本书认为，浙西航空物流枢纽临空经济区发展战略研究，需高点站位，找准方位，积极主动对接国家重大发展战略机遇，以浙西临空经济区建设这一重大项目为契机，为加快构建"衢州新发展格局"提供战略支撑。

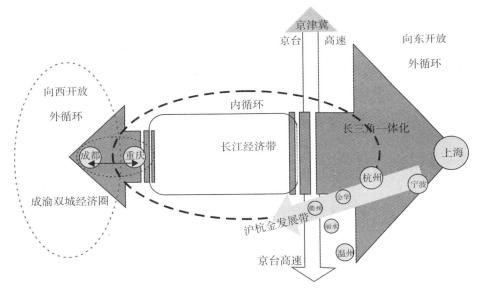

图 12-1 衢州在推进"长三角核心区"与"浙赣皖闽四省边际毗邻区"联动发展，打通"长三角一体化区域"与"内陆纵深腹地经济"之间"大循环"中的独特方位

---

① 习近平. 把握新发展阶段，贯彻新发展理念，构建新发展格局［EB/OL］.（2021-04-30）［2021-11-13］. http://www.gov.cn/xinwen/2021-04-30/content_5604164.htm.

第三节 浙西航空物流枢纽临空经济区建设在衢州打造"浙皖闽赣四省边际中心城市"与浙江省四大建设主战略中的"第四极"之间应更好地发挥出战略协同作用

　　全面实施大湾区、大花园、大通道和大都市区"四大"建设，是浙江省委省政府的重大战略决策部署。大都市区，是大湾区的主引擎、大花园的主支撑、大通道的主枢纽，是浙江现代化发展的新高地。2019 年，浙江省委省政府进一步明确了大都市区建设的总目标是努力成为长三角世界级城市群一体化发展"金南翼"，把大都市区打造为参与全球竞争主阵地、长三角高质量发展示范区、浙江现代化发展引领极①。浙江省委省政府对大都市区建设进行了系统谋划部署，规划大都市区建设分两步走：第一步，到 2022 年，浙江省大都市区的综合实力明显提高、特色优势更加鲜明、核心功能更加集聚、联系互动更为紧密、辐射带动更为显著；第二步着眼长远，与十九大报告提出的第一阶段现代化目标相衔接，到 2035 年，四大都市区全面建成充满活力的创新之城、闻名国际的开放之城、互联畅通的便捷之城（如图 12-2 所示）、包容共享的宜居之城、绿色低碳的花园之城、安全高效的智慧之城、魅力幸福的人文之城，浙江省实现高水平一体化发展，在长三角世界级城市群中的功能地位进一步提升，成为长三角最具影响力的战略资源配置中心、最具活力的新经济创新创业高地、最具吸引力的美丽城乡示范区，国际竞争力显著增强，达到世界创新型地区领先水平。其中，第一步的具体发展目标是：大都市区核心区 GDP 总量全省占比 78%以上，常住人口总量全省占比 72%以上，第三产业增加值占 GDP比重达到 60%，各类人才总量超过 1000 万人，城市轨道交通运营总里程达 850 千米以上，城市智慧大脑服务面积覆盖率达到 30%以上。在空间

---

　　① 宁波市发展和改革委员会. 浙江省政府召开浙江大都市区建设新闻发布会［EB/OL］.（2019-02-25）［2021-05-12］. http://fgw. ningbo. gov. cn/art/2019/2/25/art_ 1229 019926_ 43966017. html.

格局上，将呈现"四核、四带、四圈"的空间格局，即以杭州、宁波、温州、金义四大都市区核心区为中心带动，以环杭州湾、甬台温、杭金衢、金丽温四大城市连绵带为轴线延伸，以四大都市经济圈为辐射拓展的"四核、四带、四圈"网络型城市群空间格局。

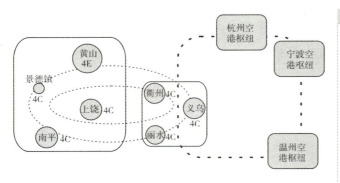

建设互联畅通的便捷之城

以构建省际省会城市、省域中心城市、市域城镇节点、城区点对点四个"1小时"交通圈为引领，重点建设杭州、宁波、温州空港枢纽，以及杭州城西、宁波西、温州东、金义综合交通枢纽，建设"轨道上的都市"，打造交通门户枢纽，构建城际快速通道，优化城区交通组织，发展未来智能交通。

图 12-2　建设互联畅通的便捷之城

根据《衢州市战略融入长三角区域一体化发展行动计划（2019—2025年）》的行动目标，2025年，衢州市全方位融入长三角一体化发展格局基本形成，"融杭联甬接沪"创新体制机制基本建立，四省边际中心城市首位度得到提升，衢州对浙皖闽赣四省边界的辐射带动作用得到明显增强。

（1）四省边际中心城市。培育共建四省边际泛都市圈，推动基础设施互联、科创产业互融、生态环境共保、公共服务共享，致力打造四省边际交通物流中心、商贸开放中心、科教文化中心及旅游集散中心。

（2）钱江源头大花园。充分发挥全省大花园核心区优势，坚持数字经济、美丽经济双轮驱动，持续优化营商环境，加速新旧动能转换，依托花园式环境，培育花园式产业，推动花园式治理，打造自然的花园、成长的花园、心灵的花园。

（3）智慧产业新高地。深入实施创新驱动发展战略，促进创新链和产业链深度融合，推动数字化、信息化与制造业、服务业深入融合，形成具有较强核心竞争力的智慧产业集群，积极打造长三角智慧产业新高地。

（4）南孔圣地有礼城。致力打造长三角儒学文化传承高地，促进衢州南孔文化与全域旅游有机融合，打响"南孔圣地·衢州有礼"城市品牌，融入浙皖闽赣国家生态旅游协作区、钱塘江诗路文化带建设，增强文化旅游核心竞争力。

综上所述，《衢州市战略融入长三角区域一体化发展行动计划（2019—2025 年）》的行动目标提出的打造"浙赣皖闽四省边际中心城市"，培育共建"四省边际泛都市圈"的城市发展战略定位体现了衢州在推进"长三角核心区"与"浙赣皖闽四省边际毗邻区"联动发展，打通"长三角一体化区域"与"内陆纵深腹地经济"之间"大循环"中的独特方位。

如图 12-3 所示，衢州打造"浙赣皖闽四省边际中心城市"，培育共建"四省边际泛都市圈"的城市发展战略目标与浙江省"四大"建设战略中的"金义都市圈"，对浙西航空物流枢纽临空经济区建设而言，显然不是战略冲突，而应是支撑两大战略协同联动的战略功能平台。换句话说，浙西航空物流枢纽临空经济区建设既是支撑衢州打造浙皖闽赣四省边际中心城市，也是支撑衢金协同发展共建浙江第四极的战略性平台。对省市两级政府战略发展目标的实现而言，均需依赖于一个以高等级航空枢纽为核心的区域性综合交通枢纽的战略性支撑。而高等级航空枢纽的申报批复显然应从支撑服务国家重大发展战略大局着眼。这正是浙西航空物流枢纽临空经济区战略定位要"高点站位、找准方位、精准定位"的核心所在。

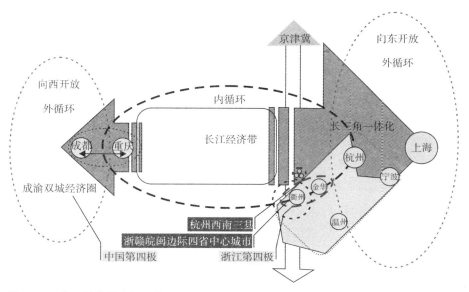

图 12-3 浙西航空物流枢纽临空经济区建设在衢州打造"浙皖闽赣四省边际中心城市"与浙江四大建设主战略中的"第四极"之间应更好地发挥出战略协同作用

第四节　浙西航空物流枢纽临空经济区战略定位的关键

《衢州市战略融入长三角区域一体化发展行动计划（2019—2025 年）》提出，衢州将以全域旅游理念，将协作区作为大景区，依托区域内的黄山、西递—宏村、西湖、千岛湖、三清山、江郎山、庐山、武夷山、土楼等风景名胜，共同打造和提升华东世界遗产风景廊道。不断完善旅游公共服务设施，共建协同性合作机制、共创国际级旅游目的地、共享一体化公共服务、共推主题性旅游线路、共拓多层级客源市场、共促创新性协同发展。同时，将整合杭州、衢州、黄山三地优势文化和旅游资源，推动规划共绘、项目共建、设施共享、客源互送、品牌共创，共建杭衢黄生态旅游示范区。加强杭州、衢州、黄山国际旅游品牌建设，主推诗意杭州、梦幻黄山、有礼衢州旅游品牌，联手打造名城（杭州）—名湖（西湖）—名江（新安江、富春江、钱塘江）—名山（黄山、江郎山）—名村（西递宏村）—名园（根博园）精品旅游廊道。

然而，就浙赣皖闽四省边际既有机场的整体布局而言，衢州未来新机场的定位（4C 级）势必会与丽水、义乌两家同处一片区域的同级机场陷入"同质化竞争"，同时，与邻近省份的黄山、上饶、景德镇、南平等旅游机场相比，在吸引集聚游客资源方面，衢州未来的新机场处于劣势。

除了市场竞争因素外，就支撑浙江全省四大都市区建设这一大局而言，浙江中西部地区"小而散"的机场布局将会是给浙江中西部地区高质量发展拖后腿的那条"小短腿"。对于支撑衢州市"建设四省边际中心市，培育共建四省边际泛都市圈，推动基础设施互联、科创产业互融、生态环境共保、公共服务共享，致力打造四省边际交通物流中心、商贸开放中心、科教文化中心及旅游集散中心"，打造"浙皖闽赣国家生态旅游协作区"，以及"杭衢黄世界级自然生态和文化旅游廊道"等战略平台建设而言，衢州未来新机场的能级（4C 级），以及以其为依托的浙西航空物流枢纽临空经济区均将难堪大任。

2020 年 9 月 8 日，在中国国际服务贸易交易会第二届"空中丝绸之路"国际合作峰会上，《中国临空经济发展指数报告（2020）》正式发布。

报告选择了 2018 年旅客吞吐量超过 1000 万的机场所对应的 36 个临空经济区，进行了严谨科学的数据分析并以此为依据进行了指数排名（见表 12-1）。其中，包括了北京新机场临空经济区、上海浦东临空经济示范区和广州临空经济示范区等 14 个国家临空经济示范区。可以看出，36 个临空经济示范区中有 15 个 4F 等级机场，有 24 个 4E 等级机场（分别包含北京、上海和成都的双机场）。

表 12-1 36 个临空经济区指数排名

指数排名	地区/机场	临空经济区	机场等级
1	上海/浦东、虹桥	上海浦东临空经济示范区、上海虹桥临空经济示范区	4F、4E
2	北京/首都、大兴	北京新机场临空经济区、首都机场临空经济示范区	4F、4F
3	广州/白云	广州临空经济示范区	4F
4	深圳/宝安	深圳临空经济区	4F
5	成都/双流、天府国际	成都临空经济示范区	4F、4F
6	杭州/萧山	杭州临空经济示范区	4F
7	重庆/江北	重庆临空经济示范区	4F
8	南京/禄口	南京临空经济示范区	4F
9	郑州/新郑	郑州航空港经济综合试验区	4F
10	武汉/天河	武汉临空经济区	4F
11	长沙/黄花	长沙临空经济示范区	4F
12	青岛/流亭	青岛胶东临空经济示范区	4E
13	天津/滨海	天津空港经济区	4E
14	西安/咸阳	西安临空经济示范区	4F
15	昆明/长水	昆明空港经济区	4F
16	宁波/栎社	宁波临空经济示范区	4E
17	厦门/高崎	厦门临空经济区	4E
18	济南/遥墙	济南空港经济区	4E
19	贵阳/龙洞堡	贵阳临空经济示范区	4E
20	哈尔滨/太平	哈尔滨空港经济区	4E
21	福州/长乐	福州临空经济区	4E
22	海口/美兰	海口临空经济区	4E
23	合肥/新桥	合肥空港经济示范区	4E
24	乌鲁木齐/地窝堡	乌鲁木齐临空经济区	4E

续表12-1

指数排名	地区/机场	临空经济区	机场等级
25	沈阳/桃仙	沈阳空港经济区	4E
26	长春/龙嘉	长春空港经济区	4E
27	石家庄/正定	石家庄临空经济区	4E
28	温州/龙湾	温州临空经济区	4E
29	珠海/金湾	珠海空港经济区	4E
30	南宁/吴圩	南宁空港经济区	4E
31	大连/周水子	金州湾临空经济区	4E
32	南昌/昌北	南昌临空经济区	4E
33	兰州/中川	兰州临空经济区	4E
34	太原/武宿	太原机场临空经济产业区	4E
35	呼和浩特/白塔	呼和浩特空港经济区	4E
36	三亚/凤凰	三亚临空经济区	4E

根据《中国临空经济发展指数报告（2019）》，截至2018年年底，全国31个省（区、市）（不含港澳台），均已明确提出临空经济区发展的相关指导意见，以及明确规划并进行建设的航空经济区有58个。除以上36个临空经济示范区以外，还有22个临空经济区（2018年旅客吞吐量未超过1000万的机场），见表12-2。

表12-2　22个临空经济区

机场等级	地区/机场	临空经济区
东部	无锡/硕放	无锡空港产业园区
	徐州/观音	徐州空港经济开发区
	南通/兴东	南通空港产业园
	琼海/博鳌	琼海博鳌国际机场临空经济区
	揭阳/潮汕	揭阳临空经济区
	舟山/普陀山	舟山临空经济区
中部	孝感/天河	孝感临空经济区
	鄂州/顺丰	鄂州临空经济区
	榆林/榆阳	榆林临空经济区
	宜昌/三峡	三峡临空经济区
	芜湖/宣城、三元	芜湖空港经济区
	延吉/朝阳川	延吉国际空港经济开发区

续表12-2

机场等级	地区/机场	临空经济区
西部	西宁/曹家堡	西宁临空经济区
	银川/河东	银川临空经济区
	拉萨/贡嘎	拉萨市空港新区
	新疆/喀什国际	喀什临空经济区
	桂林/两江	桂林临空经济区
	鄂尔多斯/伊金霍洛	鄂尔多斯临空经济区
	绵阳/南郊	绵阳临空经济区
	丽江/三义	丽江空港经济区
	遵义/新舟	遵义新舟机场临空经济区
	延安/南泥湾	延安临空经济区

由此可以看出，全国58家已建成临空经济区中，仅有4家临空经济区以4C级机场为依托。2020年10月26日，在中国（安徽）自由贸易试验区芜湖片区建设工作推进大会上，芜湖市政府与京东集团签署全面战略合作协议。京东全球航空货运超级枢纽港、京东智联云（芜湖）数字经济创新示范基地、京东智能供应链产业园等项目同步签约落户芜湖空港经济区。根据项目商业计划书，2025年，京东货运机队规模将达到114架，货邮吞吐量达233万吨；2045年机队规模达到501架，货邮吞吐量预计达810万吨。与此相匹配，芜宣机场飞行区等级也将于2025年升级为4D，2030年升级为4E级（见表12-3）①。

表12-3 京东全球超级港概念规划表

类 别	近 期		远 期	
	2025年	2030年	2035年	2045年
飞行区等级	4D	4E	4E	4E
跑道数量（个）	2条跑道	2跑4滑	2跑4滑	3条跑道
高峰小时（架次/小时）	41	55	64	78
机队规模（架）	114	201	339	501
枢纽投放飞机数量（架）	50	81	142	306
枢纽机位需求（个）	75	121	186	333
货运吞吐量（万吨/年）	233	410	603	810

---

① 乔善勋. 从 Fedex、UPS 和亚马逊航空货运枢纽建设看京东全球超级港［EB/OL］.（2020-10-31）［2021-03-14］. http://news. carnoc. com/list/547/547415. html.

　　综上所述，从国内现有临空经济区建设实践来看，无论是支撑浙赣皖闽四省边际区域机场总体布局中的竞争战略，还是支撑省市两级政府发展战略，衢州未来新机场的能级（4C 级）不足的问题都成为影响浙西航空物流枢纽临空经济区战略功能发挥及其后续成功运营的重大瓶颈。正如本书第三篇研究结论部分所指出的，如何依托 4C 级机场，来打造一个区域性航空物流枢纽，并在此基础上建设一个能够引领衢州经济迈向高质量发展的战略性增长极（临空经济区），是当前亟需解决的问题。显而易见，这样一个好比"小马拉大车"的困局不仅是本书需要着重思考、破解的难题，也是未来衢州市推进浙西航空物流枢纽临空经济区建设中需要首先破除的一个现实瓶颈（如图 12-4 所示）。

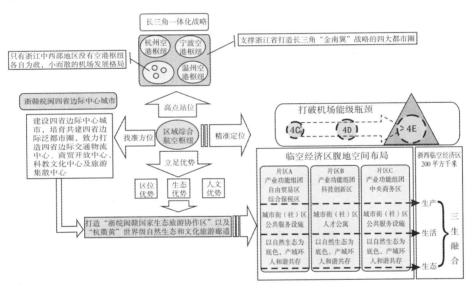

图 12-4　浙西航空物流枢纽临空经济区的战略地位与机场现实能级不足之间产生的困局与瓶颈制约

第十三章　浙西航空物流枢纽临空经济区建设的发展目标、发展思路、战略定位与功能布局

第一节　浙西航空物流枢纽临空经济区建设的发展目标

　　根据《衢州市战略融入长三角区域一体化发展行动计划（2019—2025 年）》提出的行动目标，衢州市委、市人民政府以"打造大湾区战略节点为重点，加快构建区域协同创新产业体系。充分接轨上海，融入杭州湾，联通粤港澳，推动高端创新要素集聚。促进传统产业改造升级，大力发展新兴产业，加强科技体制改革和创新体系建设合作，建设一批高能级创新合作平台"为重点任务，在推进航空物流体系建设方面，与长三角区域重点城市协同推进民航发展，切实提升衢州机场服务能力。加快衢州机场迁建前期工作，谋划建设浙西航空物流枢纽，实现与萧山机场、义乌机场错位联动发展。以航空物流为切入点，充分利用杭衢高铁预留衢江站的有利条件，提前规划"高铁+航空+公路"无缝对接。积极推动临空经济产业、空港物流园建设，全面推进临空特色产业发展，为打造服务四省（浙闽赣皖）、辐射内陆、覆盖华东的浙西航空物流枢纽奠定坚实基础。重点支撑平台是浙西航空物流枢纽。浙西航空物流枢纽以航空物流产业为核心，空、铁、公、水交通网络为支撑，规划建设"客货并举、以货为主"的专业航空物流机场。旨在与萧山机场、义乌机场错位联动发展，打造浙西多式联运航空物流运输基地，使衢州成为国内重要的航空物流枢纽城市。

　　根据《衢州市民用航空中长期发展规划》，新机场建设规划近期目标年为 2030 年，远期目标年为 2050 年。机场近期迁建工程按满足 2030 年客货吞吐量进行建设，远期扩建按满足 2050 年客货吞吐量进行建设。

本书以浙江省"四大"建设主战略、衢州"1433"发展战略为导向，遵循《衢州市民用航空中长期发展规划》关于衢州机场临空经济区发展规划相关指导思想与基本原则，综合考虑《衢州市战略融入长三角区域一体化发展行动计划（2019—2025 年)》提出的与浙西航空物流枢纽临空经济区建设相关的具体行动目标与重点任务，并在前文对临空经济区建设发展的内在规律进行深入研究和充分借鉴四大临空经济示范区成功实践经验的基础上，对浙西航空物流枢纽临空经济区建设提出了近期、中期和远期发展目标。

（1）近期目标：依托衢州空、铁、水多式联运优势，紧抓国家布局"专业性货运枢纽机场"战略机遇，创新模式、政企合作，引入国内知名大型快递物流企业，以企业为主体，以其组建的货运航空公司作为主基地航空公司，参与主导专业性货运枢纽机场申报、规划、建设和运营，力争2030 年把衢州新机场建设成为国家重要的专业性货运枢纽机场。

（2）中期目标：按照"区港一体化"运营思路，集聚发展临空特色优势产业，创建临空经济示范区、综合保税区，实现机场与临空经济区、综合保税区高水平联动，加快形成航空物流与临空经济区之间相互促进、相互提升的共同发展态势。同时，依托衢州人文生态两大优势及浙皖闽赣四省边际世界级生态旅游资源，力争于2040 年把浙西航空物流枢纽临空经济区建设成为四省边际交通物流中心、商贸开放中心、旅游集散中心，使浙西航空物流枢纽临空经济区成为衢州打造浙赣皖闽四省边际中心城市的战略性支撑平台。

（3）远期目标：2050 年形成"空港与临空经济区"相辅相成、相互促进的一体化发展格局，成为联通"长三角世界级城市群"与"中西部内陆腹地区域"重要的综合性区域航空枢纽，引领带动浙赣皖闽四省边际地区实现高质量发展的核心增长极和开放新高地。

第二节 浙西航空物流枢纽临空经济区建设的发展思路

鉴于机场能级与空港枢纽性是临空经济区建设的核心前置条件，而衢州新机场的能级与空港枢纽性不足的问题是影响未来衢州临空经济区建设与运营的重大瓶颈。因此，这部分，本书将着重阐述突破这一瓶颈的具体思路。具体思路如图 13-1 所示。

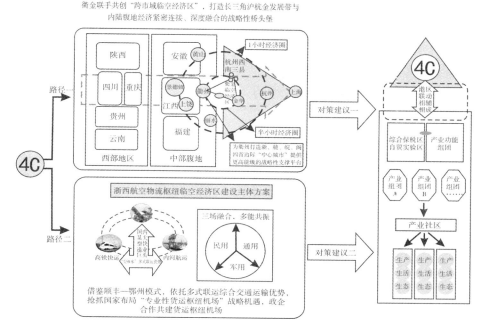

图 13-1　提升衢州新机场能级与空港枢纽性的路径图

如图 13-1 所示，路径一：机场迁建选址在满足航空与军用功能等特殊需求条件下，重新考虑是否对国家重大发展战略、省市以及区域发展战略更具支撑与服务能力，更有利于临空经济区产业集聚，从而加快形成港区相辅相成、相互促进的一体化发展格局的区域，布局建设机场及临空经济区。

就政策可行性来看，为贯彻落实《长江三角洲区域一体化发展规划纲要》，2020 年 4 月 2 日，国家发展改革委与交通运输部联合印发《长江三角洲地区交通运输更高质量一体化发展规划》，提出构建"协同联动"的世界级机场群，统筹长三角地区航空运输市场需求和机场功能定位。此外，从更具实施性的政策来看，2020 年 7 月 15 日，《民航局关于支持粤港澳大湾区民航协同发展的实施意见》印发，提出到 2025 年，基本建成粤港澳大湾区世界级机场群，提出以打造更高质量、更加协调、更可持续、更具国际竞争力的世界级机场群为目标，构建统筹有力、竞争有序、共建共享、深度融合的民航协同发展新格局。

从以上两个支撑打造世界级机场群的官方顶层文件来看，统筹规划、共建共享、深度融合的民航发展新格局是未来民航发展的主趋势。然而，从浙江中西部地区现有的民航机场发展布局来看，依然固守着各自为政的发展思路，"小而散"的民航发展格局是制约浙江中西部地区经济转型升级迈向高质量发展的瓶颈。对于这一问题的思考，只是本书对提升衢州机场能级与空港枢纽性的一个战略性构想，在此将不作为浙西航空物流枢纽临空经济区建设方案的核心内容展开阐述，而是在第十五章的对策建议中略做阐述。

本书认为，衢金联手共建跨市域临空经济区，打造长三角沪杭金发展带与内陆腹地经济紧密连接、深度融合的战略性桥头堡，有利于提升衢金两市对国家重大发展战略的战略支撑力，也有利于提升两市对浙江省打造长三角一体化区域金南翼战略，以及四大建设主战略中"第四极"的战略支撑力。提升对国家层面重大战略以及省级层面战略的支撑力，有利于衢州、金华两市在浙江中西部地区共同谋划建设布局"区域性综合枢纽机场"，进而实现两市联动发展，合力支撑起浙江第四极，促进衢州打造浙赣皖闽四省边际"中心城市"战略目标的实现。优势互补、协同发展已成为国家推进区域发展的主战略方向，两市相向发展合作共建临空经济区是顺应这一潮流趋势的战略性选择。

2020年8月24日，国家发展改革委、民航局印发《关于促进航空货运设施发展的意见》，明确将鄂州机场定位为专业性货运枢纽机场，与北上广深等综合性枢纽机场共同组成航空货运枢纽、国际航空货运枢纽的规划布局。《关于促进航空货运设施发展的意见》将鄂州机场建成亚洲第一个专业性货运机场上升为国家战略，明确提出了2025年建成湖北鄂州专业性货运枢纽机场和2035年在全国建成1~2个专业性货运枢纽机场的目标。

2020年10月，在中国（安徽）自由贸易试验区芜湖片区建设工作推进大会上。芜湖市政府与京东集团签署全面战略合作协议。京东航空货运枢纽、京东智联云（芜湖）数字经济创新示范基地、京东智能供应链产业园等项目同步签约落户。根据协议，双方本着聚焦航空、带动产业的原则，抢抓芜湖自贸区建设机遇，着眼芜湖现代物流体系建设和京东集团航空体系全球战略布局，共同推动以现代航空货运及多式联运物流体系为核心的现代流通体系建设，实现以航空网络、高速铁路为通道，高速公路、干线铁路、江河航道为骨架，国际陆港、门户机场为平台，构建"空、铁、公、水"多式联运、立体覆盖、全球通达的现代化多式联运新格局。京东集团将依托芜湖区位、交通、产业等综合优势，充分发挥自身及行业带动优势，依托芜湖市已有的双机场，在航空基础设施建设、空港经济、通航产业和航空物流产业等方面加强合作，助力芜湖打造现代空港产业带，促进产业升级。依托芜湖自贸区建设，京东集团将发挥智能产业发展优势，在芜湖市布局跨境电商、智能城市、智联云、物流合作、健康芜湖、阳光采购、数字农业、社交电商、零售技术等项目，促进智能城市、数字经济等业态持续健康发展，助力中国（安徽）自由贸易试验区及长三角一体化高质量发展。

本书认为，湖北鄂州、安徽芜湖与浙江衢州城市能级相当，区位优势相似，机场情况相近。因此，衢州应充分借鉴"顺丰—鄂州"与"京东—芜湖"模式，依托"空、铁、水"多式联运优势，抢抓国家布局"专业性货运枢纽机场"战略机遇；创新模式，政企合作，积极主动引入国内知名大型快递物流企业，以企业为主体，以其组建的货运航空公司作为主基地航空公司，参与主导专业性货运枢纽机场申报、规划、建设和运营，力争到2030年，把衢州新机场建设成为国家重要的专业性货运枢纽机场。这是衢州建设浙西航空物流枢纽临空经济区最成熟稳妥、最容易成功的一条路径选择。

在此基础上，立足衢州未来新机场仍为军民两用机场实际，本书提出"三场融合，多能共振"这一组合策略，旨在依托"民用、军用、通用三场融合，产生协同共振效应"，进一步提升衢州新机场能级，并借助军民深度融合发展战略与通航产业蕴藏的重大市场潜能，依托浙西航空物流枢纽临空经济区平台，积极探索，开拓创新，打造长三角优质通航产业引领区和军民深度融合发展试验区，为临空经济区的持续发展提供新引擎、新动能。

从政策层面来看，2016年12月，中国民用航空局印发了《通用航空发展"十三五"规划》，提出加快建设具有区域辐射功能、公益性服务功能的通用机场，建设具有产业培育和集聚功能的通用机场，支持支线机场增设通用航空设施，鼓励相邻地区共建共用通用机场，逐步形成布局合理、功能协调、兼容互补的通用机场系统。而从国内外机场建设实践来看，通用航空与民用航空在同一区域实现优势互补相互促进的成功案例也并非个案。本书在第十五章的对策建议二中，就对安徽芜宣机场全国首创"跨市域临空经济区"以及大胆探索民用航空与通用航空的"融合互补"实践进行了详细介绍。正如前文所指出的，在全国58个已建成临空经济区中，仅有4个临空经济区是以4C级机场为依托，其中就包括安徽芜宣机场。但安徽芜宣机场近年来通过跨市域合作，联动发展的创举，大胆探索民用航空与通用航空"融合互补"的创新实践，以及借鉴"顺丰—鄂州"模式，依托空、铁、水多式联运优势，积极主动联手京东集团抢抓国家布局"专业性货运枢纽机场"战略机遇，正向国家航空货运枢纽大格局中的国家级枢纽大步挺进。安徽芜宣机场成功的实践经验为衢州打造航空物流枢纽提供了最佳的借鉴和发展思路。

第三节　浙西航空物流枢纽临空经济区建设的战略定位

战略定位的核心在于打造特色、获取优势。综合浙西航空物流枢纽临空经济区建设的发展目标，并借鉴前述临空经济示范区成功实践经验，本书提出浙西航空物流枢纽临空经济区建设具备国家"空铁水"多式联运融合创新示范区、浙赣皖闽四省边际"两山转化""旅游产业高质量发展"样板区、浙江中西部"跨境电商""服务贸易"联动发展平台共建区、长三角优质通航产业引领区和军民深度融合发展试验区等五大战略定位。

一、国家"空铁水"多式联运融合创新示范区

衢州市正在规划建设多式联运枢纽港。从战略的视角看，衢州市多式联运枢纽港依托衢州市空港、内河流港和铁路东货场，东连长三角一体化核心区，西通赣西城市群，北联长江经济带和陆上丝绸之路，南接海西经济区和21世纪海上丝绸之路，可以成为浙西枢纽经济培育新引擎、四省边际联动开发新高地、国家多式联运融合发展新示范区。为此，衢州未来应致力于打造形成立足一点、串联多线、辐射多面的东连西通、北联南接、全网协同的多式联运大物流格局，加快构建现代化综合交通运输体系，特别是加强高铁货运和航空货运能力建设，加快形成内外联通、安全高效的

空铁联运物流网络；探索推进高铁和轨道交通、高速公路等多种运输方式与衢州机场的有效衔接、一体化协同发展。

二、浙赣皖闽四省边际"两山转化""旅游产业高质量发展"样板区

《衢州市战略融入长三角区域一体化发展行动计划（2019—2025年）》提出，要充分发挥衢州生态优势、区位优势、人文优势等特色比较优势，强化区域分工合作和优势集成，全力推进"两山"转换发展，积极打造长三角大花园核心区。以打造大花园核心景区为基础，全力建设最佳人文旅游目的地。以建设"诗画浙江"最佳旅游目的地和世界一流生态旅游目的地为目标，共建长三角旅游合作机制，共挝旅游精品路线。通过打造杭衢黄世界级自然生态和文化旅游廊道，整合杭州、衢州、黄山三地优势文化和旅游资源，推动规划共绘、项目共建、设施共享、客源互送、品牌共创，共建杭衢黄生态旅游示范区，加强杭州、衢州、黄山国际旅游品牌建设，主推"诗意杭州""梦幻黄山""有礼衢州"旅游品牌，联手打造名城（杭州）—名湖（西湖）—名江（新安江、富春江、钱塘江）—名山（黄山、江郎山）—名村（西递宏村）—名园（根博园）精品旅游廊道。

因此，衢州未来应积极探索如何依托衢州新机场的综合性区域航空枢纽及其临空经济区的旅游集散中心功能，把衢州临空经济区打造成为支撑浙赣皖闽四省边际、"两山转化""旅游产业高质量发展"样板区。

三、浙江中西部"跨境电商""服务贸易"联动发展平台共建区

近年来，我国跨境电商进出口规模持续快速增长，已成为推动外贸发展的新亮点、新动能。2020年4月7日，国务院常务会议决定，在已设立59个跨境电商综合试验区基础上，再新设46个跨境电商综合试验区①。推广促进跨境电商发展的有效做法，同时实行对综试区内跨境电商零售出口货物按规定免征增值税和消费税、企业所得税核定征收等支持政策，研究

---

① 澎湃新闻. 国常会"稳外贸"出硬招：新设46个跨境电商综合试验区［EB/OL］.（2020-04-08）［2021-4-13］. https://baijiahao.baidu.com/s? id=16633579924115 70984&wfr=spider&for=pc.

将具备条件的综合试验区所在城市纳入跨境电商零售进口试点范围，支持企业共建共享海外仓。2020 年 4 月 27 日，衢州、丽水获批我国第五批跨境电商综合试验区①。至此，浙江中西部地区三个城市全部获批跨境电商综合试验区。

跨境电商综合试验区旨在推进跨境电子商务交易、支付、物流、通关、退税、结汇等环节的技术标准、业务流程、监管模式和信息化建设等方面先行先试，通过制度创新、管理创新、服务创新和协同发展，破解跨境电子商务发展中的深层次矛盾和体制性难题，打造跨境电子商务完整的产业链和生态链。

增设跨境电商综合试验区本质上就是增加交货平台。义乌是全球最大的小商品集散中心，跨境电商规模大，对快递物流，特别是航空物流的依赖度不断增加。因此，未来以衢州多式联运枢纽港特别是浙西航空物流枢纽及其临空经济区为平台，两市通过积极探索合作共建跨境电商综合试验区、综合保税区、自由贸易试验区等功能载体建设，实现优势互补、联动发展。把浙江中西部地区真正打造成为能够支撑全省四大建设主战略的"第四极"。

四、长三角优质通航产业引领区

通用航空产业是我国改革开放以来为数不多的没有与国民经济同步发展的产业，甚至被称为中国未来最具发展潜能的万亿级"大产业"。通用航空产业链条长、服务领域广、带动作用强，承载着提升高端装备制造能力、完善综合交通运输体系、改善民生和升级消费的使命，可同时服务国民经济第一、第二和第三产业，将成为国家带动投资、促进消费、推动转型、军民融合的重要选项和新的经济增长点。在经济、社会、国防领域的潜在贡献均十分巨大。鉴于此，2017 年 1 月，国家民航局印发了《通用航空发展"十三五"规划》，提出加快建设具有区域辐射功能、公益性服务功能的通用机场，建设具有产业培育和集聚功能的通用机场，支持支线机场增设通用航空设施，鼓励相邻地区共建共用通用机场，逐步形成布局合

---

① 国务院. 国务院关于同意在雄安新区等 46 个城市和地区设立跨境电子商务综合试验区的批复：国函〔2020〕47 号［A/OL］.（2020-04-27）［2021-04-12］. http://www.gov.cn/zhengce/content/2020-05/06/content_5509163.htm.

理、功能协调、兼容互补的通用机场系统。

浙江省是全国通用航空综合试点省和低空空域管理改革试点省。2020 年 4 月 2 日，国家发展改革委与交通运输部联合发布的《长江三角洲地区交通运输更高质量一体化发展规划》提出，加快通用航空发展，建设南京、宁波、绍兴、芜湖通用航空产业综合示范区。因此，未来衢州应依托浙西航空物流枢纽临空经济区建设，通过强力推进民用航空、通用航空与军用航空"三场融合"，形成多能共振效应，特别是通过积极贯彻落实"军民深度融合发展战略"，推进通用航空产业发展实现全方位突破。

五、军民深度融合发展试验区

军民融合发展是国家战略。近年来，军民融合在国防科技工业体系、军民科技协同创新体系、军队保障社会化体系等重点领域步入加速推进阶段。在军事保障方面，军地双方按照"共建融合机制、共享军地资源、共促军地双赢"的融合发展思路，推动军队保障社会化范围的不断拓展。2017 年 10 月底，空军后勤部与顺丰、德邦、京东等物流公司签署《空军后勤物流军民融合战略合作协议》，军地双方将在运输配送、存储管理、物资采购、信息融合、力量建设、配套支撑等方面展开深入合作。此外，近年来通用航空产业领域也已成为推进军民深度融合发展取得全方位突破的重要领域。

正如作者在前文阐述浙西航空物流枢纽临空经济区建设发展思路时所指出的，机场能级与空港枢纽性不足是制约浙西航空物流枢纽临空经济区建设发展的主要瓶颈。要打破这一瓶颈，有两大策略：一是依托"空铁水"的多式联运优势，二是通过强力推进民用航空、通用航空与军用航空"三场融合"，形成多能共振效应。衢州空港枢纽性的短期提升需要借助与大型快递业巨头的战略性合作及深度参与，反过来，衢州空港依托"多式联运优势"以及"三场融合，多能共振"形成的平台效应，又为快递业务的多元化扩张和资源快速集散提供了强大的支撑。与此同时，这些新业务、新业态的积极拓展与创新实践又为破解军民深度融合发展中所面临的一系列体制性障碍、结构性矛盾和政策性问题提供了沃土。

第四节　浙西航空物流枢纽临空经济区建设的功能布局

本书在第三篇研究结论一（第八章）中指出，临空经济区一般包括机场系统、高效快捷的现代化综合交通体系、主导性产业功能区和综合保税区、城市配套功能体系和绿色生态功能体系五大功能系统（如图13-2所示）。

如图13-2所示，①和②（机场系统的能级和一站式快捷高效的现代化综合交通体系）共同决定了空港的核心枢纽性。③（主导性产业功能区和综合保税区）为临空经济区建设的两大核心功能载体。综合保税区是我国目前开放层次最高、优惠政策最多、功能最齐全、手续最简化的海关特殊监管区域，对承接国际产业转移、推进区域经济协调发展、促进对外贸易、发展跨境电商等新型服务贸易等方面发挥着越来越重要的作用。综合保税区已成为区域或城市扩大对外开放的"加速器"。从目前国内示范性临空经济区的建设实践来看，综合保税区已由推进临空经济区建设发展的"奢侈品"变成了"必需品""标配品"。因此，本书将其作为浙西航空物流枢纽临空经济区建设必需的核心功能区。④和⑤（城市配套功能体系和绿色生态功能体系）为支撑临空经济区建设与实现可持续发展的城市配套功能体系和绿色生态功能体系。目前，我国临空经济区建设已由过去传统的单一空港功能驱动的1.0模式和临空产业驱动的2.0模式逐步转变为依靠"港、产、环、城、人"五大要素融合发展相互促进的空港新城3.0模式。

此外，鉴于衢州新机场能级及空港枢纽性的不足，本书在第三篇的研究结论四（第十一章）中指出，通过借鉴基于"多式联运+综合保税+顺丰转运中心"综合优势为一体的鄂州模式和基于"产业空间、城市空间与生态空间无边界融合"的北京、成都模式的特色优势，依托多式联运综合运输体系优势及强化腹地支撑功能，来弥补浙西航空物流枢纽临空经济区前期建设阶段空港枢纽性不足的短板。本书认为，可依托衢江两岸，扩展优化临空经济区的腹地空间布局，充分发挥和做大衢州生态与人文两大优势，推动形成港区联动、相辅相成的发展格局。基于此，本书提出浙西航空物流枢纽临空经济区的功能布局示意图（如图13-3所示）。

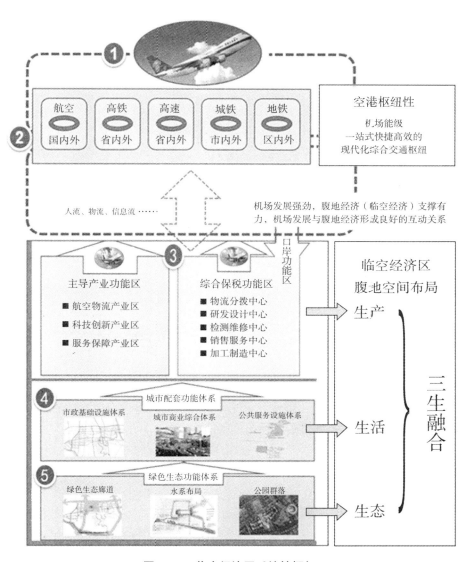

图 13-2 临空经济区系统性框架

注：①机场系统；②高效快捷的现代化综合交通体系；③主导性产业功能区和综合保税区；④城市配套功能体系；⑤绿色生态功能体系。

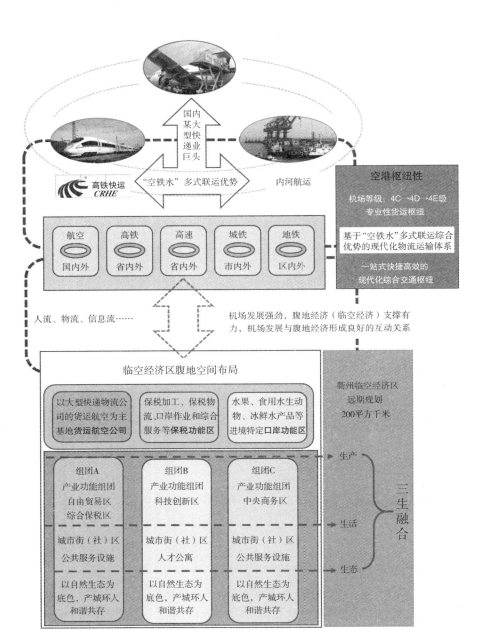

国内某大型快递业巨头

高铁快运 CRHE

"空铁水"多式联运优势

内河航运

航空	高铁	高速	城铁	地铁
国内外	省内外	省内外	市内外	区内外

空港枢纽性

机场等级：4C →4D →4E级
专业性货运枢纽

基于"空铁水"多式联运综合优势的现代化物流运输体系

一站式快捷高效的现代化综合交通枢纽

人流、物流、信息流……

机场发展强劲，腹地经济（临空经济）支撑有力，机场发展与腹地经济形成良好的互动关系

临空经济区腹地空间布局

以大型快递物流公司的货运航空为主基地货运航空公司

保税加工、保税物流、口岸作业和综合服务等保税功能区

水果、食用水生动物、冰鲜水产品等进境特定口岸功能区

衢州临空经济区远期规划200平方千米

组团A	组团B	组团C
产业功能组团	产业功能组团	产业功能组团
自由贸易区	科技创新区	中央商务区
综合保税区		
城市街（社）区	城市街（社）区	城市街（社）区
公共服务设施	人才公寓	公共服务设施
以自然生态为底色，产城环人和谐共存	以自然生态为底色，产城环人和谐共存	以自然生态为底色，产城环人和谐共存

生产

生活

生态

三生融合

图 13-3　浙西航空物流枢纽临空经济区的功能布局示意图

第十四章　浙西航空物流枢纽临空经济区的主导性产业与产业功能布局

根据浙西航空物流枢纽临空经济区建设发展目标、发展思路、战略定位与功能布局，结合《衢州市战略融入长三角区域一体化发展行动计划（2019—2025 年）》提出的行动目标，以及与浙西航空物流枢纽临空经济区建设相关的重点任务，本书在《衢州市民用航空中长期发展规划》关于临空经济区空间布局及重点发展产业的基础上进行了适当优化与细化。

第一节　浙西航空物流枢纽临空经济区的总体空间布局

根据《衢州市民用航空中长期发展规划》，衢州临空经济区的规划范围是以衢州机场为中心，向外扩展 15 千米范围，依次划分为四个功能圈层：机场核心区、临空经济核心区、临空经济聚集区和临空经济辐射区，具体布局如图 14-1 所示。

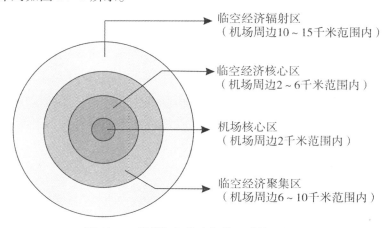

图 14-1　衢州机场临空经济区功能区划图

一、机场核心区

机场周边 2 千米半径的区域为机场核心区，包括机场的基础设施和直接与航空运输业相关的产业，如飞机后勤、旅客服务、航空货运、停车场和航空公司的办事机构等民航综合服务业。

二、临空经济核心区

机场周边 2~6 千米半径的区域为临空经济核心区，重点发展航空运输、航空物流、航空技术衍生、临空高端制造、高附加值的精密仪器及生物医药制造等临空经济核心产业，成为带动整个临空经济区的增长极。

三、临空经济聚集区

机场周边 6~10 千米半径的区域为临空经济聚集区。临空经济聚集区具有便捷的交通联系，产业发展具有一定航空运输指向性，积极引导商务、会展、商贸、旅游、居住、高科技产业、现代制造业和物流产业等临空产业聚集发展，形成临空经济聚集发展的重点区域。

四、临空经济辐射区

机场周边 10~15 千米半径的区域为临空经济辐射区，可充分利用机场周边优越的生态环境和旅游资源，依托衢江区"五养归谷"的资源禀赋和"针灸圣地"的独特品牌优势，以"针灸圣地、康养福地"为形象定位，综合利用衢州中医针灸产业、自然生态环境、绿色放心农产品的特色优势，加快建设以针灸康养、运动康养、田园康养、森林康养为核心的康养旅游产品和设施，并将旅游的最高形态——旅居融入康养内容，鼓励优质医疗机构、疗养机构和旅游服务机构之间加强合作，通过专业康养小区、高端养老院、顶级运动康复基地、森林田园养生综合体、度假山庄等项目建设，开发多种类型的康养旅游产品，使康养旅游向康养旅居升级，大力培育富有衢江特色的康养旅游服务产业。

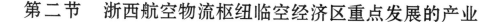

第二节 浙西航空物流枢纽临空经济区重点发展的产业

遵循临空型产业培育发展的一般规律，立足衢州经济社会发展实际及区位、生态、人文三大优势，并根据前述衢州新机场临空经济区的发展目标、发展思路、战略定位与功能布局，衢州新机场临空经济区应重点培育发展航空运输、航空物流、现代服务业、高新技术产业、通航产业、高端制造业、适合军民融合发展的特定产业、绿色农业、康养度假、特色旅游等临空型产业，重点打造依托多式联运综合运输优势的航空物流产业、依托花园式生态环境的高端康养度假产业，以及适合军民融合发展的特定产业三大特色优势产业。

一、重点打造三大特色优势产业

（一）依托多式联运综合运输优势的航空物流产业

衢州素有"四省通衢，五路总头"之称。衢州市所拥有的独特的交通与物流资源禀赋使得其在浙江省综合交通网络体系与物流布局规划中占据重要地位。在浙江省级规划中，衢州市被定位为省域综合交通枢纽、江海河联运航道网络节点和四省边际物流中心。衢州市多式联运枢纽港的规划建设是衢州市打造四省边际中心城市的重要战略举措，它不仅将长江经济带物流大通道向钱塘江上游延伸，同时也将长三角城市群、长江经济带经济发展廊道引向浙赣皖闽四省边际的内陆纵深腹地。衢州市多式联运枢纽港将成为衢州市打造"四省边际物流枢纽中心"的重要支撑，也是衢州市物流资源集聚、物流产业优化配置的核心引擎。为此，衢州市应依托多式联运的综合运输优势，紧抓浙西航空物流枢纽临空经济区建设发展战略契机，着力培育如下图14-2所示①②③④⑤的五大航空物流新业态，规划布局物流园区与物流通道。

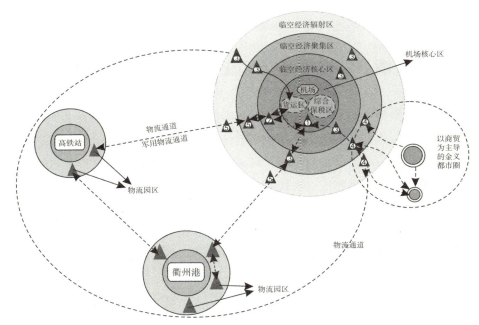

图 14-2　衢州市依托多式联运综合运输优势的航空物流产业园布局图

1. 航空口岸型物流园区

正如前文给出的"关于临空经济区共性特征"系统性框架模型中所指出的，综合保税区是我国目前开放层次最高、优惠政策最多、功能最齐全、手续最简化的海关特殊监管区域，对承接国际产业转移、推进区域经济协调发展、促进对外贸易、发展跨境电商等新型服务贸易等方面发挥着越来越重要的作用，已成为区域扩大开放的重要平台。

近年来，我国跨境电商进出口规模持续快速增长，已成为推动外贸发展的新亮点、新动能。2020 年 4 月 7 日，国务院常务会议决定，在已设立 59 个跨境电商综合试验区的基础上，再新设 46 个跨境电商综合试验区，推广促进跨境电商发展的有效做法，同时实行对综合试验区内跨境电商零售出口货物按规定免征增值税和消费税，企业所得税核定征收等支持政策，研究将具备条件的综合试验区所在城市纳入跨境电商零售进口试点范围，支持企业共建共享海外仓。2020 年 4 月 27 日，衢州、丽水获批我国第五批跨境电商综合试验区。至此，浙江中西部地区三个城市全部获批跨境电商综合试验区。

未来，随着衢州新机场及其临空经济区建设的深入推进，综合保税区将成为衢州临空经济区建设运行的"必需品"和"标配品"。如图 14-2 所示，在机场核心区加快机场货运中心建设，适时争取设立空港物流保税加工区或空港保税物流中心，集成国际中转、国际配送、国际采购、国际转口贸易四大功能，逐步建设海关监管仓库、保税仓库、保税物流中心、综合保税区等，促进国际采购、分销和加工贸易产业的发展。适时开展"一关三检"（海关、边检、检验、检疫）一站式"大通关"基地、口岸报关报检服务中心和海关监管仓库、保税仓库的建设，依托衢州市多式联运枢纽港的综合运输优势，积极推进铁路、公路、水运和航空保税物流协调发展。

义乌是全球最大的小商品集散中心，跨境电商规模巨大，对快递物流，特别是航空物流的依赖度不断增加，因此，未来衢州应以多式联运枢纽港，特别是浙西航空物流枢纽及其临空经济区为平台，通过积极探索合作共建跨境电商综合试验区、综合保税区、自由贸易试验区等功能载体，实现优势互补、联动发展。

2. 航空货运型物流园区

随着我国经济由高速增长阶段转向高质量发展阶段，电子商务和快递物流业持续快速增长。衢州航空货运业以机场货运区和航空货运型物流园为支撑平台，以第三方物流为主体，以快件集散、分拨和递送业务为主导，聚集发展仓储、运输、加工等航空物流产业，使其成为支撑临空经济核心区建设的起步产业。

（1）大力发展航空第三方物流。一是积极引进国内外大型航空物流企业、航空货运公司、物流整合商、物流地产商，鼓励物流企业在区内设立区域性总部、区域性物流分拨转运中心，重点发展仓储、运输、中转、配送、包装和物流加工等航空物流服务业务。二是积极支持航空公司引进全货机，满足航空货运量较大企业的物流需求。三是积极引导国内外航空货运代理企业入驻发展货代业务，培育货代产业集群。

（2）加快培育航空货运产品集群。着眼于发展建设区域邮政航空枢纽和区域性快件分拨中心功能，重点发展五大航空物流产品集群：以新闻报纸、杂志及计算机软件等媒体产品以及航空快递邮件为代表的传媒快递产品集群；结合衢州的文旅资源优势，开发培育以工艺品、旅游纪念品等为代表的旅游纪念产品集群；依托衢州的花园式生态优势，开拓以地方特色蔬菜、花卉、水产和深加工农副产品等为代表的时鲜产品集群；以精密仪器、生物医药制品等为代表的高科技高附加值产品集群。

3. 生产服务型物流园区

一般而言，机场周边 2~6 千米半径的区域为临空经济核心区，重点布局发展航空运输、航空物流、航空技术衍生产业、临空高端制造、高技术高附加值的精密仪器以及生物医药制造等产业，使其成为带动整个临空经济区发展的核心增长极。依据《衢州市民用航空中长期发展规划》关于临空经济区空间布局以及重点发展产业的相关规划，衢州临空经济核心区重点布局发展临空型高新技术产业、临空型高端制造业以及通航相关产业，这些高端产业的产成品及其原材料对运输时效性有较高要求。

生产服务型物流园区是指依托大型制造业企业、制造业基地、产业功能区、农业主产区等，主要为工业、农业生产提供原材料供应、中间产品和产成品储运、分销等一体化的现代供应链服务功能区域。如图 14-2 所示，衢州临空经济核心区生产服务型物流园区的布局应充分依托多式联运枢纽港及其一体化物流大通道所带来的综合运输优势，在物流成本与效率方面成为临空经济区吸引集聚相关高端产业与头部优势企业的一张名片。

4. 商贸服务型物流园区

机场周边 6~10 千米半径的区域为临空经济集聚区。通常这一区域会因其便捷高效的现代化综合交通网络体系，引导积聚商务、会展、商贸、旅游、居住、高新技术研发与服务、高端制造业，以及相配套的生产服务型物流业与商贸服务型物流业。

商贸服务型物流园区是依托商贸集聚区、大型专业市场、城市特定消费市场等，主要为国际国内和区域性商贸活动、城市大规模消费需求提供商品仓储、干支联运、分拨配送等物流服务，以及金融、结算、供应链管理等增值服务的功能区。如图 14-2 所示，与衢州东临的金华义乌是全球最大的小商品集散中心，跨境电商及服务贸易规模大，因此，未来衢州应以多式联运枢纽港，特别是浙西航空物流枢纽及其临空经济区为平台，通过布局若干商贸服务型物流园区，积极探索合作共建跨境电商综合试验区、综合保税区、自由贸易试验区等功能载体，实现产业优势互补、对外贸易联动发展。

5. 依托军民融合的特定物流业态

军民融合发展是国家战略。近年来，军民融合在国防科技工业体系、军民科技协同创新体系、军队保障社会化体系等重点领域步入加速推进阶段。在军队后勤保障方面，军地双方按照"共建融合机制、共享军地资源、共促军地双赢"的融合发展思路，推动军队保障社会化范围不断拓展。2017 年 10 月，空军后勤部与顺丰、德邦、京东等物流公司签署《空军后勤物流军民融合战略合作协议》，军地双方将在运输配送、存储管理、物资采购、信息融合、力量建设、配套支撑等方面展开深入合作。

前文在阐述浙西航空物流枢纽临空经济区建设发展思路时指出，机场能级与空港枢纽性不足是制约浙西航空物流枢纽临空经济区建设发展的主要瓶颈。而依托"空铁水"的多式联运优势，通过强力推进民用航空、通用航空与军用航空"三场融合"形成多能共振效应，是打破这一瓶颈的主要策略。本书认为，衢州空港枢纽性的短期提升需要借助与大型快递业巨头的战略性合作及深度参与。同时，衢州空港依托"多式联运优势"及"三场融合多能共振"形成的平台效应，为快递业务的多元化扩张和资源快速集散提供了强大支撑。如图 14-2 所示，在"共享军地资源"的机制引导下，通过整合利用军方与地方的物流通道资源，创新性地拓展以"军民融合"为依托的特定物流业态，既是吸引顺丰、德邦、京东等大型快递业巨头开拓浙赣皖闽四省边际这一重要区域市场的战略机遇，也是这些物流企业实现降本增效的一条有效路径。

（二）依托花园式生态环境的高端康养度假产业

《衢州市战略融入长三角区域一体化发展行动计划（2019—2025 年）》提出，充分发挥全省大花园核心区优势，坚持数字经济、美丽经济双轮驱动，持续优化营商环境，加速新旧动能转换，依托花园式环境，培育花园式产业，推动花园式治理，打造自然的花园、成长的花园、心灵的花园。深入践行"两山"理念，培育美丽经济幸福产业。以"大花园"建设为统领，统筹美丽环境、美丽经济、美好生活，大力发展文化、旅游、体育、健康、养老等幸福产业，把衢州打造成为国内具有较大影响力的南孔圣地、运动休闲高地、健康养生福地、旅游度假目的地。《衢州市现代服务业发展"十四五"规划》进一步将大健康产业提升至"十四五"时期衢州市重点打造的三大高品质服务业之一。因此，衢州市新机场临空经济区在规划外围辐射区的产业空间布局上应依托航空旅行高效快捷的优势、美丽大花园的生态优势和活力新衢州的文旅资源优势，着力培育"旅游度假+健康养生+活力养老"三大业态有机融合、相辅相成的美丽经济幸福产业新模式，探索三大业态融合发展新路径（如图 14-3 所示）。

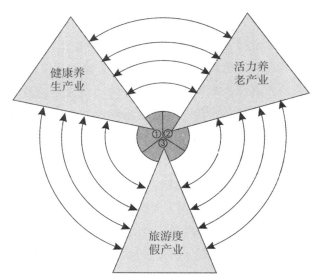

图 14-3 基于"旅游度假+健康养生+活力养老"三大业态有机融合、相辅相成的美丽经济幸福产业新模式

衢州提出以建设"诗画浙江"最佳旅游目的地和世界一流生态旅游目的地为目标，共建长三角旅游合作机制，共推旅游精品路线；积极推动衢州南孔文化与上海海派文化相互交融，深化两地文化遗产保护、非遗传承、文创产业发展等领域合作，联合开展面向海外的文化旅游推广活动，借势上海旅游节，谋划系列"衢州周"活动；继续深化"全球免费游衢州"活动，面向上海等地游客推出系列旅游优惠政策，推动实现市民卡连通互享；牵头推进浙皖闽赣国家生态旅游协作区建设，与协作区的 19 个地市加强客源互送、项目投资、乡村旅游、宣传推介等方面的合作；积极参与长三角红色旅游联盟建设，共同保护和开发长三角红色文化旅游资源；加强与杭州、黄山旅游协作，探索共建"杭、衢、黄"世界级自然生态和文化旅游廊道，融入钱塘江诗路文化带建设。

在以打造大花园核心景区为基础，全力建设最佳人文旅游目的地和世界一流生态旅游目的基础上，衢州通过"活力新衢州，运动健康城"城市品牌创建活动，利用第七届中医科学大会、浙江省体育大会等平台，整合提升生态旅游、康复医疗、中医养生等资源，大力发展以养生、养老为重点的康养服务业和以体育休闲、运动健身为重点的体育运动产业，传递"健康+"理念，探索推进"多业态融合"的健康产业模式，推动健康养生与中医保健、文化旅游、体育运动、活力养老等行业融合。《衢州市现代服务业发展"十四五"规划》提出，到 2025 年，力争实现"大健康"产业产值规模显著扩大，培育 10 家以上知名健康服务企业，形成集医疗、养生、养老、运动、健康等为一体的健康产业集群，打造一体化发展的健康全产业链，"世界长寿之都"的品牌知名度和社会影响力全面提升①。

由此可见，衢州依托长三角美丽大花园核心区的花园式生态优势，积极打造"诗画浙江"最佳旅游目的地和世界一流生态旅游目的地、"活力新衢州，运动健康城"和"世界长寿之都"等城市品牌的政策举措，为衢州市新机场临空经济区在培育"旅游度假+健康养生+活力养老"三大业态有机融合、相辅相成的美丽经济幸福产业新模式方面，创造了极为重要的资源要素条件，提供了充分的政策保障支撑。与此同时，衢州新机场及其临空经济区作为衢州构建新发展格局中的区域核心增长极，必将成为衢州培育"旅游度假+健康养生+活力养老"三大业态有机融合、相辅相成的美丽经济幸福产业新模式与探索三大业态融合发展新路径的战略性载体与示范区。

（三）适合军民融合发展的特定产业

衢州新机场能级与空港枢纽性不足是制约浙西航空物流枢纽临空经济区建设发展的主要瓶颈。依托"空铁水"的多式联运优势，通过强力推进民用航空、通用航空与军用航空"三场融合"，形成多能共振效应，是打破这一瓶领的两大策略路径（如图 14-4 所示）。

前文指出，衢州空港枢纽性的短期提升需要借助与大型快递业巨头的战略性合作及深度参与。反过来，衢州空港依托"多式联运优势"及"三场融合"多能共振形成的平台效应，又为快递业务的多元化扩张和资源快速集散提供了强大支撑（如图 14-4 所示）。与此同时，这些新业务、新业态的积极拓展与创新实践，又为破解军民融合深度发展中所面临的一系列体制性障碍、结构性矛盾及政策性问题提供了营养丰富的沃土。在"共享军地资源"的机制引导下，通过整合利用军方与地方的物流通道资源，创新性地拓展以"军民融合优势互补"为依托的特定物流业态，既是吸引顺丰、德邦、京东等大型快递业巨头开拓浙赣皖闽四省边际这一重要区域市

---

① 衢州市发展和改革委员会. 衢州市发展和改革委员会关于印发《衢州市现代服务业发展"十四五"规划》的通知：衢发改发〔2021〕37 号［A/OL］. (2021-07-22)［2021-09-24］. http://www.qz.gov.cn/art/2021/7/22/art_1229542783_59004642.html.

场的战略机遇，也是创新模式高效保障空军后勤物资供应的一条重要路径。

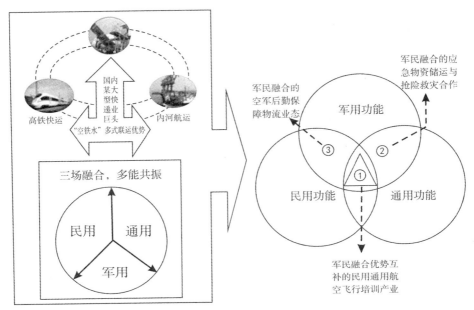

图 14-4　适合军民融合发展优势互补的临空经济三大特定产业形态

《浙江省通用机场布局规划（2020—2035 年）》明确了依托杭州、宁波、温州、舟山、义乌、台州、衢州、丽水、嘉兴等 9 个民用运输机场，布局通用航空功能（见表 14-1）。此外，建设 60 个 A2 级及以上通用机场，构建全省通用机场布局体系骨干网络。根据浙江省实际情况，A2 级及以上通用机场区分为区域型通用机场和地方型通用机场两类。其中，建德、杭州湾、文成、德清、新昌、平湖、横店、开化、嵊泗、仙居、龙泉11 个为区域型通用机场，其余为地方型通用机场。

表 14-1　浙江省 9 大运输机场通航功能布局

类　型	机场名称	主要功能定位
运输机场	杭州、宁波、温州机场	为大型公务机提供保障服务
	舟山机场	海上平台运输、石油勘探、岛际交通、低空旅游、应急救援、公务飞行、作业飞行等
	义乌、衢州、台州、丽水、嘉兴机场	应急救援、短途运输、公务飞行、作业飞行

国家发展改革委、民航局印发的《关于促进航空货运设施发展的意见》指出，航空货运是国家重要的战略性资源，具有承运货物附加值高、快捷高效等特点，在应急处突、抢险救灾、军事保障等方面具有重要作用。因此，衢州未来应依托浙赣皖闽四省边际中心城市的交通区位优势、空铁水陆多式联运的物流资源优势，以及新机场集"军用、民用、通用"三场融合多能共振的航空货运平台三大特色优势，在临空经济区内积极申报建设"国家空港应急物流供应链创新发展示范基地"和"国家物资快速投送中心"等，探索建设军民融合优势互补的应急物资储运与抢险救灾合作新模式，满足区域重大应急处突、抢险救灾、军事保障等需求。

从表14-2可以明显看出，随着我国通航产业的快速兴起及各省市县通航机场的广泛布局，通用航空产业将产生大量的航空飞行培训和航空器试验试飞等新兴市场需求。此外，随着顺丰、京东等快递业巨头专业货运飞机机队规模的快速扩张，物流行业对专业化货运飞机飞行员队伍的潜在需求与日俱增。例如，2020年10月，芜湖市政府与京东集团签署战略合作框架协议，芜湖宣州机场成为京东航空货运枢纽港的依托机场，货运机场枢纽工程、超级转运中心、全球现代供应链管理中心、跨境电商物流分拨中心、京东货航运营基地、国际航空器维修保障中心、京东大学航空学院、模拟机培训中心、空港产业园等九大项目签约落户芜宣机场。该项目计划至2045年枢纽投放飞机规模达306架，货运吞吐量达810万吨。

表14-2 浙江省11个区域型通用机场功能布局情况表

序号	机场名称	主要功能定位
1	杭州建德	短途运输、低空旅游、应急救援、作业飞行、航空飞行培训、产业服务等
2	宁波杭州湾新区	公务和私人飞行、短途运输、作业飞行、应急救援、低空旅游、航空飞行培训等
3	温州文成	公务和私人飞行、短途运输、作业飞行、应急救援、低空旅游、航空飞行培训等
4	湖州德清	短途运输、应急救援、公务和私人飞行、低空旅游、航空飞行培训航空器试验试飞等
5	绍兴新昌	短途运输、航空器试验试飞、航空飞行培训、低空旅游、航空运动飞行等
6	嘉兴平湖	短途运输、航空器试验试飞、应急救援等

续表14-2

序号	机场名称	主要功能定位
7	金华东阳横店	短途运输、应急救援、公务和私人飞行、航无人机起降等
8	衢州开化	低空旅游、作业飞行、应急救援、公务和私人飞行等
9	舟山嵊泗	作业飞行、应急救援、岛际交通、低空旅游等
10	台州仙居	低空旅游、作业飞行、应急救援、公务和私人飞行
11	丽水龙泉	低空旅游、作业飞行、应急救援、公务和私人飞行

2021年11月4日，衢州市委书记、市委退役军人事务工作领导小组组长汤飞帆在市委退役军人事务工作领导小组第三次会议暨双拥领导小组会议上指出，退役军人和双拥工作一头连着军队，一头连着地方，政治性、政策性、系统性、关联性都很强。衢州市要全力以赴确保实现全国双拥模范城"六连冠"和省级双拥模范城"七连冠"，继续发扬拥军优属的优良传统，用心用情做好"三后"工作，既要拿下"双拥之名"，又要做好"双拥之实"。要全面提升退役军人服务保障能力，深入开展退役军人全生命周期服务管理工作全市域试点，建立完善退役军人服务保障体系，抓实抓好退役安置、就业培训、创业扶持等工作。一头拥有我军最优质的空军战略基地，每年都有大批优秀的空军战斗机飞行员、机修师、地勤服务等稀缺的专业性退役人才等待政府安置，一头又拥有庞大的通用民用飞行培训以及航空器试验试飞员需求。显而易见，军民融合优势互补的民用通用航空飞行培训产业是浙西航空物流枢纽临空经济区亟待挖掘的一块宝藏。

二、积极布局临空型产业

在重点打造依托多式联运综合运输优势的航空物流产业、依托花园式生态环境的高端康养度假产业，以及适合军民融合发展的特定产业三大特色优势产业的基础上，衢州应遵循临空型产业培育发展的一般规律，积极布局航空运输、现代服务业、高新技术产业、通航产业、高端制造业、绿色农业、特色旅游等临空型产业。

（一）航空运输业

航空运输业是衢州临空经济区的基础产业，包括航空客运、货运及配套的飞机维修保养、商业商务等基地服务。

1. 旅客运输业

启动衢州机场迁建工程，提升客运运输服务能力，积极争取让国内外各航空公司在衢州设立基地或扩大现有经营规模，开拓一批新的国内航线和通航城市，努力实现到 2030 年旅客吞吐能力达到 185 万人次、到 2050 年达到 620 万人次的目标。

2. 货物运输业

提升货运处理能力，合理规划货运设施布局，逐步建设海关监管仓库、保税仓库、出口拼装仓库、快件仓库等，将衢州机场建成为区域性快件集散与分拨中心、航空货运中心。

3. 基地配套产业

完善机场内部客货运服务功能，重点发展航空客货运输代理、航空配餐、酒店及餐饮、购物中心、旅行社、广告及金融服务、物业管理等直接为旅客、航空公司及其他驻机场机构（海关、检疫检验等）提供服务的行业。同时，以延伸航空产业链为目标，在机场内部区域配套发展航油供应、飞机维修产业等。

（二）临空型高新技术产业

重点培育和发展电子信息、生物技术及新医药、新材料、先进环保与新能源等技术含量高、附加值高、体积小、重量轻、交货期短的临空型高新技术产业，发展壮大成为衢州市临空型高新技术产业发展板块。

1. 电子信息产业

鼓励集成电路、软件及服务外包、新型元器件和消费类电子企业在区内布局发展。实行政策共享、税收分成和产业延伸，鼓励和支持相关企业在区内设立生产基地。

2. 生物技术及新医药产业

围绕防治重大疾病和新发传染病，改造提升区域内现有医药产业，重点发展生物疫苗、检测诊断试剂、癌症和心脑血管疾病治疗药物、现代中药、生物农药等，形成特色，壮大规模。

3. 新材料产业

重点发展电子信息材料和生物医用材料、激光材料、防水材料等高性能新材料。

4. 先进环保与新能源产业

重点推进环保设备、新型生物能源产业化发展。

5. 临空经济区未来应成为衢州深化合作共建产业创新平台的新载体

随着衢州加快融入 G60 科创走廊，完善对接合作机制，实现衢州与 G60 科创走廊的产业联动、要素流通、政策共享。大力推进上海张江（衢州）生物医药孵化基地、衢州海创园等飞地平台建设，构建"飞地研发+衢州生产"的创新模式。

（三）临空型高端制造业

按照成长性好、附加值高、市场前景广阔的产业发展方向，提高产业准入标准，重点发展具有一定航空运输指向性的飞机维修及附件制造业和机电设备制造业等，改造提升区域内航空运输指向性较弱的传统产业，不断提升产业结构层次。

1. 飞机维修和附件制造业

瞄准迅速增长的航空产品市场需求，在衢州临空经济区建设航空产业园，聚集发展飞机维修及附件制造、民航空管设备、民航特种设备和航空食品等航空产品制造业，逐步发展成为新兴的航空产品制造基地。重点是积极吸引国际、国内航空产品关联企业在衢州临空经济区落户。

2. 机电设备制造业

鼓励发展电子仪表、精密成型加工设备、柔性制造设备、数控机床、智能机械设备、电力电子技术设备等重点产品，积极发展家电五金配件、高低压开关及输变电设备、电子仪表设备等产品，力争进入国内外大型企业产品供应链。

（四）临空型现代服务业

以提高服务水平和服务质量为核心，大力发展商业服务、金融服务、商务会展、旅游业，配套发展房地产、教育、文化、卫生、体育和社会服务业。

1. 商业服务业

重点发展零售业、住宿与餐饮业、停车服务等。丰富经营品种，体现地方特色。住宿与餐饮业、停车服务等以方便旅客为重点，改善服务设施，提高服务质量。

2. 金融服务业

重点发展银行、保险业，积极发展金融租赁、财务公司、邮政储蓄和其他必要的金融机构，完善金融担保、信用卡服务、外汇兑换等金融功能。

3. 商务会展业

建立临空经济区商务平台，大力发展航空指向型总部经济、会议及展览服务。积极发展企业管理服务、法律服务、咨询与调查服务、广告服务、中介服务、包装服务、保安服务、办公服务等。

4. 房地产、教育、文化、卫生、体育和社会服务业

服务于区内居民和就业人员，开发建设一批高标准、大规模的住宅小区、农民新村，建成若干个示范性智能住宅小区，并完善居住区环境建设。同时建设宾馆、餐饮、商业购物中心、学校、体育馆、医院等基本的配套服务设施，完善生活服务功能。

（五）特色旅游产业

依托衢州丰富的自然山水景观、旅游资源及丰厚的历史人文景观，大力发展生态旅游、休闲度假旅游。依托临空经济区更好地推动跨界人文旅游发展。推动衢州南孔文化与上海海派文化相互交融，深化两地文化遗产保护、非遗传承、文创产业发展等领域合作，联合开展面向海外的文化旅游推广活动。借势上海旅游节，谋划系列"衢州周"活动。继续深化"全球免费游衢州"活动，面向上海等地游客推出系列旅游优惠政策，推动实现市民卡连通互享。

未来依托新机场的通用航空功能，实现一站式无缝换乘，更好地支撑衢州市推进浙皖闽赣国家生态旅游协作区建设，与协作区 19 个地市加强客源互送、项目投资、乡村旅游、宣传推介等方面的合作。积极参与长三角红色旅游联盟建设，共同保护和开发长三角红色文化旅游资源。加强与杭州、黄山旅游协作，探索共建杭衢黄世界级自然生态和文化旅游廊道，融入钱塘江诗路文化带建设。

规划布局特色旅游小镇，支撑临空经济区逐步成为浙赣皖闽四省边际的旅游集散中心。以全域旅游理念，将协作区作为大景区，依托区域内的黄山、西递—宏村、西湖、千岛湖、三清山、江郎山、庐山、武夷山、土楼等风景名胜，共同打造和提升华东世界遗产风景廊道。不断完善旅游公

共服务设施，共建协同性合作机制、共创国际级旅游目的地、共享一体化公共服务、共推主题性旅游线路、共拓多层级客源市场、共促创新性协同发展。

（六）通用航空产业

通用航空产业是以通用航空飞行活动为核心，涵盖通用航空器研发制造、市场运营、综合保障以及延伸服务等全产业链的国家战略性新兴产业。通航产业与空军专业相通、历史相连、命运相系、利益相同，是军民融合深度发展的天然载体和最具代表性的产业，也是军民融合的一个重要领域。近年来，乘着军民融合战略的东风，我国通用航空产业实现了从无到有、从少到多的全方位突破。

（七）临空型现代农业

充分利用衢州美丽大花园核心区的绿色生态优势及衢州机场临空经济区辐射区的现代化综合交通运输优势，重点发展为航空配餐服务的航空食品深加工，以及具有地方特色的苗木花卉、特种水产、经济林果等适合航空运输的外向型高附加值生态有机农产品。

1. 食品加工

大力发展航空粮油制品、畜禽制品，提高产品加工深度和产品附加值，研发培育一批知名品牌（如常山胡柚、山茶油、常山银毫、江山绿牡丹茶、开化龙顶茶），建成航空食品生产和供应基地。

2. 特种水产

充分利用优质水域资源，在加强生态保护的基础上，发展地方名特水产品养殖（如开化清水鱼），逐步形成规模。

第三节　浙西航空物流枢纽临空经济区的产业功能布局

一、临空经济核心区的功能布局

在核心区范围内形成"一条发展轴、三大功能板块、五个组团"的功能布局结构。其中，"一条发展轴"是指以衢州机场——莲花镇为发展轴，依托主干道形成的城镇开发、经济建设轴线；"三大功能板块"是指结合衢州机场客货总体功能分区和机场周边地区条件，形成空港运营功能板块、空港物流工业板块和通用航空产业板块；"五个组团"是指在各板块内部布局形成的功能组团，包括航空运输组团、临空服务组团、航空物流园组团、临空产业园组团和配套服务区组团。

（一）空港运营功能板块

空港运营功能板块包括"航空运输组团"和"临空服务组团"两个功能组团。衢州机场航空运输和配套服务的主要功能是临空经济区的动力核。

（1）航空运输组团。即衢州机场，其发展状况直接影响临空经济区的兴衰成败。同时机场内部的客运、货运、跑道等功能设施的布局对周边各类产业的布局有着关键作用。

（2）临空服务组团。充分利用紧邻衢州机场的区位优势，大力发展直接为机场提供配套服务的商业、购物、娱乐、食品加工、机械维修、航空礼品制造、包装等工业，同时也可成为机场职工的居住生活地。

（二）空港物流工业板块

空港物流工业板块是以物流和工业集群化发展为主要特色的区域，主要包括航空物流园、临空产业园、配套服务区等三个功能组团。

（1）航空物流园。该区重点发展邮政快递、航空货运等第三方现代物流产业，完善分拣、存储、加工、包装、运输、展示、信息、通关等功能建设，形成配套齐全、设施完善的现代化物流园区。可适时申报设立国际航空保税物流中心。

（2）临空产业园。该区应依托机场优势，吸引具有航空运输指向的高附加值现代制造业入驻，以轻污染、低能耗、节水型产业为主，如精密仪器、电子通信产品、飞机配件制造等。可积极申请设立出口加工区。

（3）配套服务区。优化临空产业园区居住环境品质，完善各类公共服务设施和市政基础设施建设，为周边产业园区提供优良的配套服务。

（三）通用航空产业板块

（1）通用航空运营。通用航空运营是指使用民用航空器从事公共航空运输以外的民用航空运营活动，包括直升机机外载荷飞行、人工降水、医疗救护、航空探矿、空中游览、公务飞行、私用或商用飞行驾驶执照培训、直升机引航作业、航空器代管服务、出租飞行、通用航空包机飞行等。

（2）通用航空保障。对固定运营基地、飞行服务站、维修基地提供保障服务，包括协助制定机场发展定位，设计组织机构和专业技术人员配备；飞行程序代报代批；制定机场使用手册和机场运行保障服务协议；提供飞行情报、气象服务，航空器定检与改装服务等。

（3）通用航空器制造。通用航空制造业产业链完整、规模较大，主要包含飞机/直升机（其他通用航空器）及零部件、航空动力（发动机、螺旋桨及附件）、机载设备和系统等制造企业。此外，还有装备、工具、设备、材料等企业提供配套服务。通用航空飞机/直升机制造企业在整个通用航空制造业中处于核心地位，引领行业发展。

二、临空经济聚集区的功能布局

临空经济聚集区积极引导商务、会展、旅游、居住、高科技产业、现代制造业和物流产业等临空指向性较强的产业聚集发展，以具有明显航空运输指向性的高新技术产业、现代制造业和相关服务业为重点，强化产业对接和协调，严格保护与合理配置土地空间资源。

（一）现代服务业组团

集中建设具有行政管理、商务办公、会议展览、文化娱乐、居住购物等功能，服务于整个临空经济聚集区。

（二）都市型工业组团

重点发展具有较高附加值和技术含量的都市型现代制造业。

三、临空经济辐射区的功能布局

衢州是文化底蕴深厚的东南阙里，是杨继洲针灸文化、孔氏南宗文化的发祥地及中医文化、国学文化、民俗文化、宗教文化的重要集聚地。综合利用衢州中医针灸产业、自然生态环境、绿色放心农产品的特色优势，加快布局以针灸康养、运动康养、田园康养、森林康养为核心的旅游度假健康养生活力养老等设施，积极打造医疗康养、国学文化体验等特色旅游小镇。

综上所述，浙西航空物流枢纽临空经济区的产业功能布局如图14-5所示。

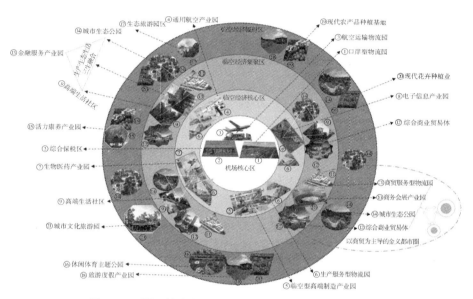

图14-5 浙西航空物流枢纽临空经济区产业功能布局图

第十五章　浙西航空物流枢纽临空经济区建设对策建议

第一节　衢金联手共创"跨市域临空经济区"，打造长三角沪杭金发展带与内陆腹地经济紧密连接、深度融合的战略性桥头堡

本书以北京大兴国际机场临空经济区建设的成功实践、《长江三角洲区域一体化发展规划纲要》，以及浙江省大都市区建设新蓝图与金华、衢州和杭州西南三县的发展现状为依据，提出"衢金联手共创'跨市域临空经济区'，打造长三角沪杭金发展带与内陆腹地经济紧密连接、深度融合的战略性桥头堡"这一战略性构想。

2019 年 9 月 25 日，习近平总书记在出席北京大兴国际机场投运仪式时指出，大兴国际机场体现了中国人民的雄心壮志和世界眼光、战略眼光，体现了民族精神和现代水平的大国工匠风范。大兴国际机场是首都的重大标志性工程，是推动京津冀协同发展的骨干工程。京津冀三地要抓住机遇加强协同合作，加快推动地区高质量发展。民航业是国家重要的战略产业。要建设更多更先进的航空枢纽、更完善的综合交通运输系统，加快建设交通强国。城市现代化要交通先行，要发挥好大兴国际机场的辐射带动作用，联通京津冀世界级城市群、北京"四个中心"、雄安新区建设，服务好京津冀协同发展[1]。

大兴国际机场不仅是我国第一个跨省级行政区域的大型国际航空枢纽，也是第一个跨省级行政区域的临空经济区、自由贸易区、综合保税

---

① 央视网. 习近平出席北京大兴国际机场投运仪式 [EB/OL]. (2019-09-25) [2021-02-11]. https://baijiahao.baidu.com/s? id=1645659459259372773&wfr=spider&for=pc.

区。这一系列首次探索为推进区域发展体制机制创新、探索完善城市群布局和形态、优化开发区域发展提供了示范和样板。正如前文提到的，中共中央、国务院印发的《长江三角洲区域一体化发展规划纲要》旨在更好发挥上海的龙头带动作用，促进苏浙皖各扬所长，加强跨区域协调互动，提升都市圈一体化水平，推动城乡融合发展，构建长三角区域联动协作、城乡融合发展、优势充分发挥的协调发展新格局。《长江三角洲区域一体化发展规划纲要》指出，强化区域联动发展是推动形成区域协调发展新格局的重中之重，要加强长三角中心区与苏北、浙西南、皖北等地区的深层合作，加强徐州、衢州、安庆、阜阳等区域重点城市建设，辐射带动周边地区协同发展。对此，《长江三角洲区域一体化发展规划纲要》还特别提出，要积极探索共建合作园区等合作模式，共同拓展发展空间。

全面实施大湾区、大花园、大通道、大都市区"四大"建设，是浙江省委省政府的重大战略决策部署。大都市区，是大湾区的主引擎、大花园的主支撑、大通道的主枢纽，是浙江现代化发展引领极。2019 年初，浙江省委省政府进一步明确了大都市区建设的总目标是努力成为长三角世界级城市群一体化发展金南翼，把大都市区打造为参与全球竞争主阵地、长三角高质量发展示范区、浙江现代化发展"引领极"。

大都市区建设在空间格局上，将呈现以杭州、宁波、温州、金义四大都市区核心区为中心带动，以环杭州湾、甬台温、杭金衢、金丽温四大城市连绵带为轴线延伸，以四大都市经济圈为辐射拓展的"四核、四带、四圈"网络型城市群空间格局。

近年来浙江中西部地区的金华、衢州两市在全省经济中一直处于比较靠后的位置，特别是作为"四核"之一的金华市，一直处于全省第 7 位。以 2019 年为例，金华市的 GDP 约占浙江省 GDP（65352 万亿元）的 6.9%，与 2022 年实现"四大"大都市区核心区 GDP 总量全省占比 78% 以上的目标（19.5%，按平均值计算）相距甚远。此外，根据表 15-1 和表 15-2 显示，建德市、桐庐县、淳安县的 GDP 不仅在杭州市内处于较低水平，而且它们的 GDP 总和在全省范围内仍处于较低水平。这表明浙江中西部地区是浙江全省经济发展中的洼地，金义大都市区也是全省四大都市区建设战略格局中的一条明显的"短腿"。相反，如果我们把同处浙江中西部地区的金华、衢州及杭州西南三县这三个在浙江全省经济中实力相对较弱地区的经济数据进行简单求和（见表 15-1 中虚线所框出的数据），就不难发现，这三个"弱小"就变成了一个"强大"。这一"强大"刚好与杭州、宁波、温州构成了带动浙江全省经济发展的"四驾"马车，构成了能够真正支撑起浙江全省协同均衡发展的四个区域性战略支点。以 2019 年为例，三角协同区的经济总量为 7157.56 亿元，约占全省 GDP 总量的 11%。如果金华、衢州及杭州西南三县这一特殊"三角协同区域"还能释放出更加强劲的协同聚合效应，则未来就能够更好支撑全省 2022 年实现"四大"大都市区核心区 GDP 总量全省占比 78% 以上的目标。

表 15-1　近年来浙江省地级城市经济总量排名表

城市	2018 年			2019 年			2020 年（上半年）		
	总人口数（人）	生产总值（亿元）	生产总值排名	总人口数（人）	生产总值（亿元）	生产总值排名	总人口数（人）	生产总值（亿元）	生产总值排名
杭州市	7741016	13509.15	1	7953740	15373.05	1	9188000	7388.00	1
宁波市	6029568	10745.46	2	6084707	11985.12	2	9175000	5487.20	2
三角协同区	8856425	6573.89		8883827	7157.56		7682000	3283.13	
温州市	8287449	6006.16	3	8323647	6606.11	3	7875000	3075.88	3
绍兴市	4472101	5416.90	4	4478657	5780.74	4	4988000	2661.15	4
嘉兴市	3604370	4871.98	6	3636987	5370.32	5	4614000	2497.81	5
台州市	6053971	4874.67	5	6066384	5134.05	6	6080000	2352.50	6
金华市	4889662	4100.23	7	4919333	4559.91	7	5520000	2101.00	7
湖州市	2670612	2719.07	8	2675698	3122.43	8	2975000	1453.00	8
衢州市	2578752	1470.58	9	2576325	1573.52	9	2162000	726.83	9
丽水市	2701876	1394.67	10	2707654	1476.61	10	2165000	677.60	12
舟山市	968983	1316.70	11	965990	1371.60	11	1158000	678.04	11
杭州西南三县	1388011	1003.08		1388169	1024.13			455.30	

注：生产总值为初步核算数，总人口数为公安年报数。数据来自浙江统计局网站。

表 15-2　近年来杭州市各市县区经济总量排名表

地区	2018 年			2019 年			2020 年（上半年）	
	总人口数（人）	生产总值（亿元）	生产总值排名	总人口数（人）	生产总值（亿元）	生产总值排名	生产总值（亿元）	生产总值排名
杭州市区	2712770	12506.08	1	2827824	14348.92	1	3921.7	1
余杭区	1098603	2312.45	2	1161786	2198.51	2	1377.3	2
萧山区	1320579	2106.37	3	1348413	2824.02	3	987.3	3
杭州西南三县	1388011	1003.08		1388169	1024.13		455.3	
富阳区	683454	764.61	4	688075	820.47	4	373.5	4

续表15-2

地区	2018 年			2019 年			2020 年（上半年）	
	总人口数（人）	生产总值（亿元）	生产总值排名	总人口数（人）	生产总值（亿元）	生产总值排名	生产总值（亿元）	生产总值排名
临安区	537599	539.63	5	539473	572.94	5	272.3	5
桐庐县	417174	391.99	6	418803	386.39	6	183.0	6
建德市	511184	367.90	7	510697	383.24	7	164.2	7
淳安县	459653	243.19	8	458669	254.50	8	108.1	8

注：生产总值为初步核算数，总人口数为公安年报数。数据来自浙江统计局网站。

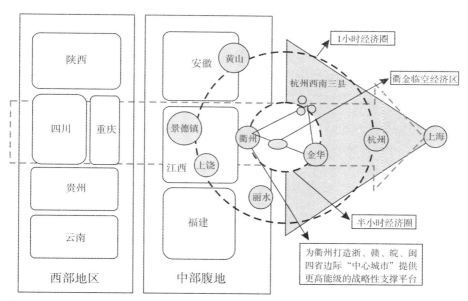

图 15-1　衢金联手共创"跨市域临空经济区"，打造长三角沪杭金发展带与内陆腹地
　　　　经济紧密连接、深度融合的战略性桥头堡

　　总之，本书基于上述美好的愿景假设，并以北京大兴国际机场临空经济区建设的成功实践、《长江三角洲区域一体化发展规划纲要》，以及浙江省大都市区建设新蓝图与金华、衢州和杭州西南三县发展现状之间的落差为依据，结合衢州新机场迁建及浙西航空物流枢纽临空经济区发展战略研究的客观需要，本着高点站位、找准方位、积极主动对接国家重大发展战略机遇，为加快构建衢州新发展格局提供战略支撑的负责精神和科学严谨的研究态度，提出"衢金联手共创'跨市域临空经济区'，打造长三角沪杭金发展带与内陆腹地经济紧密连接、深度融合的战略性桥头堡"的战略性构想（如图 15-1 所示）。这一战略性构想，旨在促进衢州和金华协同发

展，实现优势互补，对提升衢金两市在引领带动浙江中西部经济崛起，支撑全省经济协同发展，促进长三角一体化区域与浙赣皖闽四省边际毗邻区域联动发展等方面的城市能级具有重要的战略意义。

第二节　借鉴京东—芜湖模式，抢抓国家布局"专业性货运枢纽机场"战略机遇，打造以航空物流枢纽为核心，以多式联运综合物流体系为特色的临空经济区

2020 年 8 月 24 日，国家发展改革委、民航局印发《关于促进航空货运设施发展的意见》，明确将鄂州机场定位为专业性货运枢纽机场，与北上广深等综合性枢纽机场共同组成航空货运枢纽、国际航空货运枢纽规划布局。《关于促进航空货运设施发展的意见》将鄂州机场建成亚洲第一个专业性货运机场上升为国家战略，并明确提出 2025 年建成湖北鄂州专业性货运枢纽机场和 2035 年在全国建成 1~2 个专业性货运枢纽机场的目标。芜湖临空经济区成为我国跨市域合作典范。

2020 年 10 月，芜湖市政府与京东集团签署全面战略合作协议。京东航空货运枢纽、京东智联云（芜湖）数字经济创新示范基地、京东智能供应链产业园等项目同步签约落户。根据协议，双方本着聚焦航空、带动产业的原则，抢抓芜湖自贸区建设机遇，着眼芜湖现代物流体系建设和京东集团航空体系全球战略布局，共同推动以现代航空货运及多式联运物流体系为核心的现代流通体系建设，实现以航空网络、高速铁路为通道，高速公路、干线铁路、江河航道为骨架，国际陆港、门户机场为平台，构建空铁公水多式联运、立体覆盖、全球通达的现代化多式联运新格局。京东集团将依托芜湖区位、交通、产业等综合优势，充分发挥自身及行业带动优势，依托芜湖市已有的双机场，在航空基础设施建设、空港经济、通航产业和航空物流产业等方面加强合作，助力芜湖打造现代空港产业带，促进产业升级。依托芜湖自贸区建设，京东集团将发挥智能产业发展优势，在芜湖市布局跨境电商、智能城市、智联云、物流合作、健康芜湖、阳光采购、数字农业、社交电商、零售技术等项目，促进智能城市、数字经济等

业态持续健康发展，助力中国（安徽）自由贸易试验区及长三角一体化高质量发展①。

一、市域合作

芜湖市为安徽省地级市，市域面积为 6026 平方千米，位于安徽省东南部，地处长江下游，南倚皖南山系，北望江淮平原。芜湖市现辖无为、芜湖、繁昌、南陵四县和镜湖、弋江、鸠江、三山四区。宣城市为安徽省地级市，位于安徽省东南部，东邻杭州、湖州，南倚黄山，西和西北与池州市、芜湖市毗邻，北和东北与马鞍山及南京、常州、无锡接壤，处在沪宁杭大三角的西部腰线上，是南京都市圈成员城市，皖江城市带承接产业转移示范区一翼，是中部地区承接东部地区产业和资本转移的前沿阵地，皖苏浙交汇区域中心城②。

宣城和芜湖历史渊源深厚，历来交流密切。建设芜湖宣城民用机场是安徽省委省政府确定的重大交通工程，是芜湖、宣城两市的合建项目，双方将按照"共建、共享、共同努力"的工作思路，以芜湖为主、宣城参与的方式开展建设。

二、芜湖机场

（一）芜湖宣州机场

1. 机场选址与发展

芜湖宣州机场（简称"芜宣机场"）选址位于芜湖市东南部、宣城市西北部的芜湖县湾沚镇小庄，该地址距离芜湖市区约 30 千米，距离宣城市区约 20 千米。机场等级为 4C 级，但是按照 4E 级机场标准建设的，未来可满足 D 级和 E 级飞行需求。芜宣机场位于安徽省芜湖市湾沚镇与宣城市宣州区养贤乡交界处，是芜湖市和宣城市两市共用的机场，是芜湖市与宣城市两市共同组建的空铁联运综合交通主枢纽中心，是安徽省第二大机

① 芜湖市人民政府. 芜湖市政府与京东集团签署合作协议　全面深化现代流通体系建设 [EB/OL]. （2020-10-27）[2021-03-14]. https://www.wuhu.gov.cn/xwzx/zwyw/27359701.html.

② 芜湖市委党史和地方志研究室. 地理位置 [EB/OL]. （2013-08-30）[2021-03-15]. http://www.wuhuds.cn/uploadfile/2020/0408/20200408103000452.pdf.

场，2021 年 1 月机场试飞成功，并在同年 4 月正式通航①。

芜湖宣城机场前期工作于 2012 年起步。2012 年国家发改委立项批复；2015 年国家民航局批复；2016 年 8 月 15 日，芜湖宣城民用机场立项审核通过，正式获得国家发改委批准；2016 年 10 月 26 日，国务院、中央军委批复同意新建芜湖宣城机场；2017 年 9 月 19 日，国家发展和改革委员会批复芜湖宣城民用机场可行性研究报告；2018 年 3 月，中国民航华东地区管理局正式批复同意《芜湖宣城机场总体规划》。芜湖宣城机场于 2018 年 10 月正式开工建设；2020 年 5 月 14 日，芜湖宣州国际机场 ICAO 代码确定；2020 年 10 月 26 日，芜湖宣州机场成为京东航空货运枢纽的选址机场②。

2. 机场硬件条件③

（1）航站区：芜湖宣州机场航站楼面积 2.5 万平方米，近期规划满足年旅客吞吐量 175 万人次、年货邮吞吐量 1 万吨，年运输飞机起降 12245 架次，通航飞机起降 10000 架次的使用需求。远期按年旅客吞吐量 430 万人次、年货邮吞吐量 7 万吨、年运输飞机起降 38050 架次、通航飞机起降 20000 架次进行规划。

（2）飞行区：芜湖宣州机场跑道长 2800 米、宽 45 米，主、次降方向均设置 I 类精密进近系统，另有 1 条长 1522 米的局部平行滑行道和 2 条垂直联络道；站坪面积为 10 万平方米，设 11 个机位。

3. 航线开发④

国内航线开通分梯队进行，直达国内主要城市。第一梯队：北京、深圳、广州、成都、昆明、西安、重庆、三亚、厦门。第二梯队：珠海、青

① 百度百科. 芜湖宣州机场［EB/OL］.［2021-09-28］. https://baike. baidu. com/item/%E8%8A%9C%E6%B9%96%E5%AE%A3%E5%B7%9E%E6%9C%BA%E5%9C%BA/24256320? fr = aladdin.

② 百度百科. 芜湖宣州机场［EB/OL］.［2021-09-28］. https://baike. baidu. com/item/%E8%8A%9C%E6%B9%96%E5%AE%A3%E5%B7%9E%E6%9C%BA%E5%9C%BA/24256320? fr = aladdin.

③ 大江晚报. 芜湖宣州机场正式命名　今年全面建成　力争明年通航［EB/OL］.（2020-01-08）［2021-03-16］. https://www. wuhu. gov. cn/xwzx/zwyw/25052681. html.

④ 百度百科. 芜湖宣州机场［EB/OL］.［2021-09-28］. https://baike. baidu. com/item/%E8%8A%9C%E6%B9%96%E5%AE%A3%E5%B7%9E%E6%9C%BA%E5%9C%BA/24256320? fr = aladdin.

岛、贵阳、海口、大连、乌鲁木齐。第三梯队：哈尔滨、长沙、桂林、南宁、兰州、丽江、沈阳、天津、石家庄、汕头。未来不仅会开通更多国内航线，还将开通国际航线。

（二）芜湖三元通用机场

1. 机场选址与发展

政企联手，发展通航。2015 年正阳通用航空机场投资有限公司与芜湖县政府、武汉经开通航及卫星产业园签订了合作协议。2018 年 3 月，民航华东地区管理局向芜湖三元通用机场颁发 B 类通用机场①使用许可证，这是安徽省第二家获得颁证的通用机场。芜湖三元通用机场位于芜湖县，毗邻芜湖宣城机场。

2. 机场硬件条件

机场获得 B 类通用机场使用许可证后，可满足中电科钻石飞机、中科飞机试飞等，对于推动芜湖通航产业发展发挥了积极作用。

芜湖三元通用机场航站区的规划用地为 28.8 平方千米，机场跑道长 1000 米、宽 30 米，按昼间单目视飞行设计，机场获得 B 类通用机场使用许可证后，可满足中电科钻石飞机、中科飞机试飞等需求，2018 年 5 月底正式建成通设 6 座登机廊桥和 8 个安检通道，可满足年旅客吞吐量 175 万人次、货邮吞吐量 1.8 万吨的使用需求。

三、区位交通情况

芜湖通江达海，连接"一带一路"，区位优越，是国家综合交通枢纽。以芜湖为中心，4 小时陆路交通半径内覆盖 60 多座大城市、5 亿人口的巨大消费市场。亿吨大港芜湖港、高速铁路、民航机场、轨道交通多式联运，无缝对接，形成一小时经济圈，时空感受不断刷新，芜湖与世界正在联通未来②。

---

① 通用机场根据其是否对公众开放分为 A、B 两类：A 类通用机场，即对公众开放的通用机场，指允许公众进入以获取飞行服务或自行开展飞行活动的通用机场；B 类通用机场，即不对公众开放的通用机场，指除 A 类通用机场以外的通用机场。

② 芜湖空港经济区官网. 园区简介 [EB/OL]. [2021－06－13]. http：// www. wuhuaez. com/index. php? m＝content&c＝index&a＝lists&catid＝33.

四、芜湖空港经济区（芜湖航空产业区）

（一）战略定位与发展目标

芜湖空港经济区位于安徽省芜湖市东南部（湾沚镇），规划面积56平方千米，依托芜湖宣城机场及芜湖航空产业基础优势，重点发展通航制造全产业链、临空经济、航空高端服务业和空港物流，着力打造航空小镇和生态航空港，已获批国家通用航空产业综合示范区、安徽通用航空集聚发展试验基地和安徽通用航空军民融合产业示范基地。

芜湖空港经济区规划以航空港区为主体，两翼形成北部的通用航空产业区和南部的临空产业区两大综合功能片区，具体又细分通航服务区、飞机整机制造、机场专用区、空港物流园、航空维修、航空装备制造、航空主题公园等功能板块。计划逐步建成国家通用航空研发制造基地、华东支线机场临空产业示范区、华东通航网络运营区域骨干枢纽、华东地区特色航空小镇及长三角空港物流中心。

（二）重点产业发展及成果

芜湖拥有主业突出、配套完备的现代产业体系，自主培育形成的汽车及零部件、材料、电子电器、电线电缆四大支柱产业集群走向中高端，工业机器人及智能装备、新能源汽车、通用航空、微电子等战略性新兴产业绽放新光彩。电子商务、文化创意、现代物流、共享经济等现代服务业势头强劲。

1. 临空产业发展

芜湖以航空、科技、教育、研发、创意为重点，大力发展临空型产业。依托芜湖五七二〇厂、中信海直、双翼装备独特的航空维修资源，重点对接国内外维修领军企业，以大飞机、通用飞机、直升机、发动机为维修重点，建设国际一流、全国领先的航空综合维修基地；以长江航空装备研究院、远航地勤设备、太赫兹安检等企业为重点，建设空港设备生产基地；联合各大航空公司，规划建设华东地区公务机运营基地、运营保障基地和区域总部，拓展航空食品、空港酒店等高端服务业，打造临空服务总部区；利用芜湖民航机场航空资源和综合交通优势，规划建设空港保税区，重点引进国内外大型航空物流企业，建设航空货运枢纽基地。

2. 科技研发创新

（1）打造国家通航研发制造产业基地。借鉴中电科钻石飞机、中科教练机培育经验，积极对接世界先进航空制造企业，合作发展通勤飞机、直升机、公务机、水上飞机、航空模拟器等产品，构建研发创新体系，建设亚太高端通用飞机制造基地。

（2）把握无人机快速发展机遇，优先发展长航时、多用途、大载重的中高端无人机。以航瑞动力、卓尔螺旋桨、钻石发动机、长捷动力为龙头，实现通航发动机和螺旋桨产品系列化发展，建设国家中小型航空动力研发生产基地。

（3）做精做优华明航电、雄名科工等航空部件制造企业，积极引进国内外优势企业，加速集聚机载设备、航空部件制造、特种材料等配套产业。

（4）打造产业创新发展支撑平台。芜湖空港经济区与北京航空航天大学、南京航空航天大学、西北工业大学、清华大学、上海交通大学等名校开展"产、学、研、用"技术合作，与中国民航适航审定中心开展适航合作。以北航芜湖通航创新园为载体，发展"孵化+创投"模式，打造以通航产业科技成果、军民融合转化应用为特色的通航科技孵化器基地。积极培育引进国内外高层次航空技术团队，成立安徽航空职业技术学院，加快推进芜湖航空产业人才支撑体系建设。设立通航产业发展专项基金，为航空企业发展提供强有力的融资保障。组建安徽省通用航空协会，打造国际化营商环境，助推航空企业实现高质量发展。

2018年，园区瞄准央企、上市公司、大院名所开展高频次招商活动，新增签约项目12个，协议总投资近40亿元，重点推进项目40余个。航空产业7个项目入选全市首批战略性新兴产业重点研发创新平台。钻石飞机已获批国家地方联合中心，成为全国首个国家级轻型通用飞机工程研究中心。

（三）功能服务区布局

1. 大力开发娱乐旅游功能

芜湖航空经济区内统筹民航、通航空域资源，建立完善通勤飞行、飞行培训、应急救援、医疗救护、航空器试飞等通航运营服务体系。利用黄山、九华山、长江形成的皖南国际旅游示范区资源，依托芜湖高科技主题公园集聚区引爆效应，开发特色航空旅游线路，建设航空飞行新乐园。

2. 建设产城融合的航空特色小镇

芜湖县航空小镇位于芜湖县东部，总规划面积为 3.49 平方千米。小镇紧紧围绕通用航空主业，探索"航空主题生活化、生活场景航空化"的特色化发展路径，打造全国通航产业的综合示范标杆和国际航空小镇的创新发展典范，最终实现"三生融合"发展目标，形成"宜居、宜业、宜游"引领全国通航产业创新发展的特色小镇。

五、中国（安徽）自由贸易试验区

（一）自贸区基本概况

中国（安徽）自由贸易试验区，简称安徽自贸区，是中国政府设立在安徽的区域性自由贸易园区。中国（安徽）自由贸易试验区的实施范围为119.86 平方千米，涵盖合肥（含合肥经济技术开发区综合保税区）、芜湖（含芜湖综合保税区）、蚌埠三个片区。2020 年 9 月 24 日，中国（安徽）自由贸易试验区正式揭牌。

根据《中国（安徽）自由贸易试验区总体方案》①，芜湖片区的实施范围包括北部区块和东部区块，其中包含芜湖综合保税区 2.17 平方千米和国际一类开放口岸芜湖港。芜湖片区重点发展智能网联汽车、智慧家电、航空、机器人、航运服务、跨境电商等产业，打造战略性新兴产业先导区、江海联运国际物流枢纽区。

芜湖综合保税区，位于芜湖市鸠江区，规划面积为 2.17 平方千米，东至宁芜铁路，南至规划道路，西至九华北路，北至衡山路。芜湖综合保税区是在原芜湖出口加工区的基础上的升级版，占地约 2.5 平方千米，入驻有仓储物流、电子信息、汽车零部件等 23 家各类企业。2015 年 9 月，芜湖出口加工区整合优化为综合保税区的请示正式获国务院批复。这意味着，2003 年正式设立并运营至今的中部地区首个出口加工区再次破茧重

---

① 国务院. 国务院关于印发北京、湖南、安徽自由贸易试验区总体方案及浙江自由贸易试验区扩展区域方案的通知：国发〔2020〕10 号［A/OL］.（2020－09－21）［2021－03－14］. http://www. gov. cn/zhengce/content/2020－09/21/content_5544926. htm.

生。安徽省第二个综合保税区将在这片投资兴业的热土上诞生①。

（二）芜湖片区产业功能分布

芜湖片区规划6个功能区，分别为港口物流区、综合保税区、银湖国际社区、中心商务区、滨湖研创区和高端制造区。

港口物流区将立足芜湖港朱家桥港区，打造江海联运国际物流数字港区；综合保税区将建设"一带一路"中欧班列始发站和跨境铁路物流园区，形成空、铁、公、水联运大通道物流体系，培育跨境贸易新业态；银湖国际社区将依托银湖周边资源，建立高效便捷的行政服务中心，着力完善教育、医疗、居住、商业功能，营造高品质、适合国际高端人才创新发展、和谐宜居的类海外环境；中心商务区将构建特色鲜明的总部经济集群，引进具有国际水准的律师事务所、会计等专业服务机构，形成开放、氛围浓厚的国际商务"中心舞台"；滨湖研创区将依托芜湖雄厚的制造业基础，打造集科研、孵化、中试等功能为一体的创新先导区；高端制造区将依托龙头企业大力发展智能网联汽车、智能家居、机器人及智能装备、新型显示、轨道交通及航空装备等实体产业，形成具有国际竞争力的先进制造业和战略性新兴产业集聚区。

综上所述，湖北鄂州、安徽芜湖与浙江衢州城市能级相当，区位优势相似，机场情况相近。因此，衢州应充分借鉴顺丰—鄂州与京东—芜湖模式，依托空、铁、水多式联运优势，抢抓国家布局"专业性货运枢纽机场"战略机遇，创新模式，政企合作，积极主动引入国内知名大型快递物流企业，以企业为主体，以其组建的货运航空公司作为主基地航空公司，参与主导专业性货运枢纽机场申报、规划、建设和运营，力争2030年把衢州新机场建设成为国家重要的专业性货运枢纽机场。这是衢州建设浙西航空物流枢纽临空经济区最成熟稳妥、最容易接近成功的一条路径选择。

---

① 百度百科. 芜湖综合保税区 ［EB/OL］. ［2021-03-14］. https://baike. baidu. com/ item/%E8%8A%9C%E6%B9%96%E7%BB%BC%E5%90%88%E4%BF%9D%E7%A8 8E%E5%8C%BA/18663054?fr=aladdin.

参考文献

ALAN M RUGMAN, JOSEPH R D'CRUZ. The "Double Diamond" Model of International Competitiveness: The Canadian Experience [J]. Management International Review, 1993, 33 (2): 17-39.

DAN WANG, ZHIGUANG GONG, ZHONGZHENYANG. Design of Industrial Clusters and Optimization of Land Use in an Airport Economic Zone[J]. Land Use Policy, 2018 (77): 288-297.

DONG-SUNG CHO. A Dynamic Approach to International Competitiveness: The Case of Korea [J]. Journal of Far Eastern Business, 1994 (1): 17-36.

DUNNING J H. Internationalizing Porter's Diamond [J]. Management International Review, 1993, 33 (2): 7-15.

FUJITA M, OGAWA H. Multiple Equilibria and Structural Transition of Non-Monocentric Urban Configurations[J]. Regional Science and Urban Economics, 1982, 12 (2): 161-197.

GILLES DURANTON, HENRY G OVERMAN. Exploring the Detailed Location Patterns of U. K. Manufacturing Industries Using Microgeographic Data [J]. Journal of Regional Science, 2008, 48 (1): 213-243.

GILLES DURANTON, HENRY G OVERMAN. Testing for Localization Using Micro-Geographic Data[J]. The Review of Economic Studies, 2005, 72 (4): 1077-1106.

GLEN E WEISBROD, JOHN S REED, ROANNE M NEUWIRTH. Airport area Economic development model[R]. England: PTRC International Transport Conference, 1993.

GLENN ELLISON, EDWARD L GLAESER, WILLIAM R KERR. What Causes Industry Agglomeration? Evidence from Coagglomeration Patterns [J]. The American Economic Review, 2010, 100 (3): 1195-1213.

HILL T P. On Goods and Services[J]. Review of Income and Wealth, 1977, 23 (4): 315-338.

JOHN D. KASARDA. The Fifth City Wave: The Air Cargo-Industrial Complex[J]. Portfolio, 1991.

JOHN, KASARDA. Airport Cities and the Aerotropolis[J]. PCM: Ponts & Chaussees Magazine, 2010, 108 (4/5): 16-23.

KASARDA J. From Airport City to Aerotropolis[J]. Airport world, 2001: 106-110.

KRISTIAN BEHRENS, THÉOPHILE BOUGNA. An Anatomy of the Geographical Concentration of Canadian Manufacturing Industries[J]. Regional Science and Urban Economics, 2015 (51): 47-69.

MARSHALL A. Principles of Economics[M]. London: Macmillan, 1890.

MCKINLEY CONWAY. The Airport City: Development Concepts for the 21st Century[J]. Atlanta: Conway Publications, 1980.

PAUL KRUGMAN. History and Industry Location: The Case of the Manufacturing Belt[J]. The American Economic Review, 1991, 81 (2): 80-83.

PORTER M E. Clusters and the New Economics of Competition [J]. Harvard Business Review, 1998, 76 (6): 77-90.

PORTER M E. Enhancing the Microeconomic Foundations of Prosperity: The Current Competitiveness Index[J]. World Economic Forum the Competitiveness Report, 2000.

SCOTT A J. Production System Dynamic and Metropolitan Development [J]. Annals Association of American Geography, 1982, 59 (3): 233-249.

STEPHEN B BILLINGS, ERIK B JOHNSON. Agglomeration within an Urban area[J]. Journal of Urban Economics, 2016 (91): 13-25.

YANGMIN BAI, SHAOHONG FENG, YAN LI. Assessing the synergy and sustainability of "Airport-Industry-City" (AIC) system in aerotropolis: Evidence from Zhengzhou Aerotropolis in China[J]. Environmental Research, 2021, 195 (88): 110886.

安徽网. 安徽自贸区芜湖片区总体情况发布 规划 6 个功能区[EB/OL]. (2020-09-25) [2021-03-14]. https://baijiahao. baidu. com/s? id=1678778

057351765238&wfr＝spider&for＝pc.

白重恩，杜颖娟，陶志刚，等．地方保护主义及产业地区集中度的决定因素和变动趋势[J]．经济研究，2004（4）：29-40.

百度百科．芜湖综合保税区[EB/OL]．[2021-09-28]．https：//baike. baidu. com/item/%E8%8A%9C%E6%B9%96%E7%BB%BC%E5%90%88% E4%BF%9D%E7%A8%8E%E5%8C%BA/18663054? fr＝aladdin.

百度百科．北京大兴国际机场[EB/OL]．[2021-03-14]．https：// baike. baidu. com/item/% E5% 8C%97% E4% BA% AC% E5% A4% A7% E5% 85%B4%E5%9B%BD%E9%99%85%E6%9C%BA%E5%9C%BA/12801770? fr＝aladdin#2.

百度百科．富士康科技集团郑州科技园[EB/OL]．[2021-03-14]． https：//baike. baidu. com/item/%E5%AF%8C%E5%A3%AB%E5%BA%B7% E7%A7%91%E6%8A%80%E9%9B%86%E5%9B%A2%E9%83%91%E5% B7%9E%E7% A7%91% E6%8A%80% E5%9B% AD/10427448? fromtitle＝% E5%AF%8C%E5%A3%AB%E5%BA%B7%E9%83%91%E5%B7%9E%E7% A7%91%E6%8A%80%E5%9B%AD&fromid＝2263888#reference-[3]-769012 2-wrap.

百度百科．首都机场[EB/OL]．[2021-03-14]．https：//baike. baidu. com/ item/%E5%8C%97%E4%BA% AC% E9%A6%96% E9%83%BD% E5%9B% BD%E9%99%85% E6%9C%BA% E5%9C% BA/6847919? fromtitle＝% E9% A6%96% E9% 83% BD% E6% 9C% BA% E5% 9C% BA&fromid＝646894&fr＝ aladdin.

百度百科．芜湖宣州机场[EB/OL]．[2021-09-28]．https：//baike. baidu. com/item/%E8%8A%9C%E6%B9%96%E5% AE% A3% E5% B7% 9E% E6% 9C%BA%E5%9C%BA/24256320? fr＝aladdin.

百度百科．新郑国际机场2号航站楼[EB/OL]．[2021-09-28]．https： //baike. baidu. com/item/% E6% 96% B0% E9% 83% 91% E5% 9B% BD% E9% 99%85% E6%9C%BA% E5%9C% BA2% E5% 8F% B7% E8% 88% AA% E7% AB%99%E6%A5%BC/1575139? fr＝aladdin.

百度百科．郑州航空经济综合实验区[EB/OL]．[2021-09-28]． https：//baike. baidu. com/item/% E9% 83% 91% E5% B7% 9E% E8% 88% AA% E7%A9%BA% E6% B8% AF% E7% BB% 8F% E6% B5% 8E% E7% BB% BC%

E5%90%88%E5%AE%9E%E9%AA%8C%E5%8C%BA/23454753？fromtitle=
%E9%83%91%E5%B7%9E%E8%88%AA%E7%A9%BA%E7%BB%8F%
E6%B5%8E%E7%BB%BC%E5%90%88%E5%AE%9E%E9%AA%8C%E5%
8C%BA&fromid=10464038.

百度百科. 郑州新郑国际机场［EB/OL］.［2021-09-28］. https：//
baike. baidu. com/item/%E9%83%91%E5%B7%9E%E6%96%B0%E9%83%
91%E5%9B%BD%E9%99%85%E6%9C%BA%E5%9C%BA/3520532？fr=
aladdin#reference-［3］-194525-wrap.

包树芳，忻平. 20世纪50年代上海卫星城战略形成的历史考察［J］.
史林，2019（1）：183-192+221.

保罗·克鲁格曼. 地理学和贸易［M］. 张兆杰，译. 北京：北京大学
出版社，中国人民大学出版社，2002.

北京日报. 北京大兴机场南航国际货运站竣工［EB/OL］.（2019-05-29）
［2021-03-14］. http：//travel. cnr. cn/list/20190529/t20190529_ 524631177.
shtml.

北京日报. 大兴机场临空经济区：准备起飞，首批四大招商项目发布！
［EB/OL］.（2019-05-30）［2021-03-14］. https：//baijiahao. baidu. com/s？
id=1634920568854553098&wfr=spider&for=pc.

北京日报. 礼贤镇征地公告来了！大兴机场综合保税区又有新进展
［EB/OL］.（2020-07-08）［2021-03-14］. https：//www. yidianzixun. com/
article/0PoEbLFA/amp.

北京市发展和改革委员会. 夯基2020｜临空经济区（大兴片区）一批
重大项目进展集中披露！［EB/OL］.（2020-01-07）［2021-03-14］. https：//
baijiahao. baidu. com/s？id=1688230741479160097&wfr=spider&for=pc.

卞文志. 走向高质量发展的区域经济布局［N］. 中国审计报，2019-
09-09（5）.

蔡之兵. 高质量发展的区域经济布局的形成路径：基于区域优势互补
的视角［J］. 改革，2020（8）：132-146.

曹卫东，车前进. 基于适宜性评价的南京禄口空港新城空间布局研究
［J］. 规划师，2011，27（8）：92-96.

曹颖. 区域产业布局优化及理论依据分析［J］. 地理与地理信息科学，
2005（5）：72-74.

曹允春，何仕奇，赵冰．临空经济区"港—产—城"一体化发展研究[J]．区域经济评论，2016（4）：56-64．

曹允春，刘芳冰，罗雨，等．临空经济区开放发展的路径研究[J]．区域经济评论，2020（1）：134-144．

曹允春，沈丹阳．以空港为核心构建航空大都市的关键要素研究[J]．港口经济，2013（1）：42-47．

曹允春．大兴机场将成为全球具有引领和示范作用的临空经济区[EB/OL]．（2019-11-28）[2021-10-12]．http：//epaper．ynet．com/html/2019-11/28/content_342843．htm．

曹允春．临空产业的集聚模式研究[J]．区域经济评论，2013（3）：30-34．

曹允春．临空经济——速度经济时代的增长空间[M]．北京：经济科学出版社，2009．

曹允春．临空经济发展的关键要素、模式及演进机制分析[J]．城市观察，2013（2）：5-16．

曹允春．以航空大都市理念　推进东部新城产业发展的思考[J]．先锋，2019（7）：28-31．

柴海龙，喻冰洁．成都天府新区产城融合规划路径研究[J]．城市建筑，2018（5）：102-104．

长城网．中国（河北）自由贸易试验区大兴机场片区新闻发布会实录[EB/OL]．（2019-09-02）[2021-03-15]．http：//www．wenlvnews．com/p/164880．html．

陈劲松．新城模式：国际大都市发展实证案例[M]．北京：机械工业出版社，2006．

陈苏．区域旅游产业集群形成机理及发展对策研究[D]．武汉：武汉理工大学，2011．

陈跃刚，张弛，吴艳．长江三角洲城市群多维邻近性与知识溢出效应[J]．城市发展研究，2018，25（12）：34-44．

成都市规划局网站．《成都市城市总体规划（2016—2035年）》草案公示[EB/OL]．（2018-03-06）[2021-03-14]．https：//cd．news．fang．com/2018-03-06/27910563．htm．

成都市人民政府．成都市产业发展白皮书（2019）[M]．成都：电子科技大学出版社，2019.

成都微视点. 成都天府国际空港新城，不仅仅是一个机场！［EB/OL］. （2019-09-20）［2021-03-14］. https://www. sohu. com/a/342178473_120046572.

程宝栋，田园，龙叶. 产业国际竞争力：一个理论框架模型［J］. 科技和产业，2010，10（2）：1-4+34.

程长林，杨亚东，侯丽薇，等. 中国乳制品产业集聚溢出效应研究［J］. 中国农业资源与区划，2021，42（8）：193-200.

楚天视野. 鄂州空港综合保税区城市设计、口岸作业区修建性规划启动编制［EB/OL］. （2020-09-09）［2021-03-14］. http://ishare. ifeng. com/c/s/7zd5KxqqOev.

丛海彬，段巍，吴福象. 新型城镇化中的产城融合及其福利效应［J］. 中国工业经济，2017（11）：62-80.

大河网. 郑州明年开建全国首个"空铁联运"综合性货物集散中心［EB/OL］. （2017-11-07）［2021-03-14］. https://news. dahe. cn/2017/11-07/211210. html.

大江晚报. 芜湖宣州机场正式命名　今年全面建成　力争明年通航［EB/OL］. （2020-01-08）［2021-03-16］. https://www. wuhu. gov. cn/xwzx/zwyw/25052681. html.

大兴这些事儿. 榆垡礼贤两个片区！大兴机场临空经济区控规获批［EB/OL］. （2020-12-07）［2021-03-14］. https://www. 163. com/dy/article/FT7FELMJ0514A688. html.

戴劲松. 鄂州临空经济区总体方案发布［N］. 湖北日报，2019-04-15（1）.

邓宏兵. 区域经济学［M］. 北京：科学出版社，2008.

邓永波. 京津冀产业集聚与区域经济协调发展研究［D］. 北京：中共中央党校，2017.

东方财富网. 推动经济高质量发展打造中国的航空大都市［EB/OL］. （2019-10-01）［2021-03-14］. https://baijiahao. baidu. com/s? id=1646138982678119389&wfr=spider&for=pc.

段莹，马祎静. 基于"航空大都市"理论的郑州航空港实验区空间发展实证研究［J］. 现代城市研究，2015（12）：119-126.

鄂州市发展和改革委员会. 建设鄂州专业货运枢纽机场上升为国家战略[EB/OL]. （2020－09－18）［2021－03－14］. http://fgw. ezhou. gov. cn/xwzx_ 1411/gzdt_ 1412/202009/t20200918_ 353987. html.

鄂州市人民政府网. 鄂州大讲堂第 87 场报告会举行[EB/OL]. （2019－05－05）［2021－03－14］. http://news. cnhubei. com/ezhou/p/10673349. html.

鄂州市人民政府网. 图解：《鄂州市临空经济区总体方案》[EB/OL]. （2019－04－15）［2021－03－14］. http://www. ezhou. gov. cn/gk/zc/zcjd/zcjdzy/201904/t20190415_ 186766. html.

鄂州市政府网. 鄂州市临空经济区总体方案解读[EB/OL]. （2019－12－20）［2021－03－14］. http://www. ezhou. gov. cn/gk/zc/zcjd/zcjdzy/201912/t20191220_ 314573. html.

樊杰. 我国"十四五"时期高质量发展的国土空间治理与区域经济布局[J]. 中国科学院院刊，2020，35（7）：796-805.

范剑勇. 市场一体化、地区专业化与产业集聚趋势——兼谈对地区差距的影响[J]. 中国社会科学，2004（6）：39-51.

范锐平. 深化改革开放 聚力创新发展 为建设全面体现新发展理念的国家中心城市而奋斗！[EB/OL]. （2017－05－13）［2021－10－12］. http://gk. chengdu. gov. cn/govInfo/detail. action? id＝1633369&tn＝2.

冯烽. 产城融合与国家级新区高质量发展：机理诠释与推进策略[J]. 经济学家，2021（9）：50-57.

高天. 什么是"空港"[J]. 中国民用航空，2019（8）：44-46.

葛春景，郝珍珍. 临空经济区产业集聚模式及发展路径研究[J]. 对外经贸，2013（10）：59-61.

龚育之. 《中国人民解放军军事交通运输条例》颁布施行[M]//中国二十世纪通鉴编辑委员会. 中国二十世纪通鉴（1981—2000）. 北京：线装书局，2002.

光明日报. 成都天府国际机场正式启用[EB/OL]. （2021－06－28）［2021－02－12］. https://baijiahao. baidu. com/s? id＝17037691115422973450.

郭佳君，李茜. 增长极理论与农业产业空间布局研究[J]. 农学学报，2021，11（1）：85-90.

郭京福. 产业竞争力研究[J]. 经济论坛，2004（14）：32-33.

郭来喜. 中国对外开放口岸布局研究[J]. 地理学报，1994（5）：

385-393.

郭子成. 综合保税区的功能解析及空间组织模式[J]. 规划师, 2012, 28 (S1): 75-79.

国家发展改革委, 交通运输部. 国家发展改革委 交通运输部关于印发《长江三角洲地区交通运输更高质量一体化发展规划》的通知: 发改基础〔2020〕529 号 [A/OL]. (2020-04-02) [2021-04-13]. https://www.ndrc.gov.cn/xwdt/ztzl/cjsjyth1/ghzc/202007/t20200728_ 1234712. html?code=&state=123.

国家发展改革委, 住房城乡建设部. 国家发展改革委 住房城乡建设部关于印发成渝城市群发展规划的通知: 发改规划〔2016〕910 号[A/OL]. (2016-04-27) [2021-10-12]. https://www.ndrc.gov.cn/xxgk/zcfb/ghwb/201605/t20160504_ 962182. html? code=&state=123.

国家发展和改革委员会, 中国民用航空局. 国家发展改革委、民航局关于临空经济示范区建设发展的指导意见[EB/OL]. (2015-07-03) [2021-03-14]. https://www.ndrc.gov.cn/fzggw/jgsj/dqs/sjdt/201507/t20150703_ 1052138. html? code=&state=123.

国务院, 中央军委. 国务院、中央军委发布《关于军民合用机场使用管理的若干暂行规定》的通知: 国发〔1985〕143 号 [A/OL]. (2013-08-23) [2021-03-14]. http://www.gov.cn/zhengce/content/2013-08/23/content_ 3616. htm.

国务院. 国务院关于同意设立四川天府新区的批复: 国函〔2014〕133 号 [A/OL]. (2014-10-14) [2021-03-13]. http://www.gov.cn/zhengce/content/2014-10/14/content_9142. htm.

国务院. 国务院关于印发北京、湖南、安徽自由贸易试验区总体方案及浙江自由贸易试验区扩展区域方案的通知: 国发〔2020〕10 号 [A/OL]. (2020-09-21) [2021-04-15]. http://www.gov.cn/zhengce/content/2020-09/21/content_ 5544926. htm.

国务院. 国务院关于印发中国（河南）自由贸易试验区总体方案的通知: 国发〔2017〕17 号 [A/OL]. (2017-03-31) [2021-04-12]. http://www.gov.cn/zhengce/content/2017-03/31/content_ 5182296. htm.

韩春风. 美国空港都市区发展演变研究[D]. 郑州: 郑州大学, 2019.

韩丽. 轨道交通对城市空间发展作用的研究[D]. 南京: 南京林业大

学，2005.

韩跃. 战略性新兴产业空间布局研究——以北京市为例［D］. 北京：首都经济贸易大学，2014.

郝爱民. 中国航空经济发展指数报告（2019）［M］. 北京：社会科学文献出版社，2019.

何海兵. 西方城市空间结构的主要理论及其演进趋势［J］. 上海行政学院学报，2005（5）：98-106.

河南日报. 郑州机场发布2018年成绩单　客货运规模继续领跑中部地区［EB/OL］.（2019-01-14）［2021-02-12］. https：//www. henandaily. cn/content/fzhan/gjzl/2019/0114/143349. html.

河南日报. 郑州机场领跑多式联运新业态［EB/OL］.（2018-03-30）［2021-03-14］. https：//newpaper. dahe. cn/hnrb/html/2018-03-30/content_234331. htm.

河南省人民政府，中国民用航空局. 关于印发郑州国际航空货运枢纽战略规划的通知：豫政〔2018〕23号［A/OL］.（2018-07-20）［2021-03-14］. http：//www. henan. gov. cn/2018/07-20/664429. html.

河南省人民政府. 河南省人民政府办公厅关于印发郑州航空港经济综合实验区"十三五"发展规划的通知［A/OL］.（2017-03-17）［2021-03-14］. http：//www. henan. gov. cn/2017/04-01/248874. html.

贺传皎，陈小妹，赵楠琦. 产城融合基本单元布局模式与规划标准研究——以深圳市龙岗区为例［J］. 规划师，2018，34（6）：86-92.

湖北日报. 鄂州"三城"联动推进高质量一体化发展［EB/OL］.（2019-03-05）［2021-03-14］. http：//hb. cri. cn/chinanews/20190305/78c194f6-f6cb-22be-5486-106f485f5fb5. html.

湖北日报. 省政府与顺丰集团签订合作协议［EB/OL］.（2017-12-14）［2021-03-15］. http：// www. hubei. gov. cn/zwgk/hbyw/hbywqb/201712/t20171214_1487884. shtml.

湖北省发展和改革委员会. 省发展改革委关于印发湖北国际物流核心枢纽综合交通规划（2019—2045年）的通知：鄂发改基础〔2019〕454号［A/OL］.（2020-01-02）［2021-03-14］. http：//fgw. hubei. gov. cn/fbjd/zc/gfwj/gf/202001/t20200107_2973596. shtml.

湖北省人民政府. 省人民政府关于鄂州市临空经济区总体方案的批

复：鄂政函〔2019〕32 号［A/OL］．（2019-03-14）［2021-03-14］．http：//www. hubei. gov. cn/zfwj/ezh/201903/t20190320_ 1712341. shtml.

华西都市报. 天府国际机场预计明年 7 月投用 航线如何分？［EB/OL］．（2020-05-24）［2021-03-15］．http：//sc. people. com. cn/BIG5/n2/2020/0524/c345460-34038462. html.

环球网. 打造数据之锚 让国际货物不漂泊——访上海通关网总裁毛嘉元［EB/OL］．（2017-07-27）［2021-03-15］．https：//www. sohu. com/a/160173226_ 162522.

黄婧. 浅议国外新城建设的动力因素［J］. 上海城市规划，2005（2）：39-43.

黄亚平，卢有朋，单卓然，等. 基于多元驱动力的大城市空间布局情景模拟——以武汉市为例［J］. 现代城市研究，2017（2）：54-61.

黄由衡，钟小红，吴静. 临空经济发展探索——以长沙为例［M］. 北京：中国财富出版社，2012.

基础设施发展司. 郑州新郑国际机场二期扩建工程正式投入运营［EB/OL］．（2016-01-04）［2021-03-14］．https：//www. ndrc. gov. cn/fggz/zcssfz/dffz/201601/t20160104_ 1147574. html？code=&state=123.

贾秀险，戚务念. 成渝地区双城经济圈高等教育系统构建：基础与路径［J］. 重庆高教研究，2020，8（5）：32-43.

贾学锋. 以城市群带动中部崛起的思考［J］. 信阳师范学院学报（哲学社会科学版），2006（3）：68-71.

简阳生活. 成都天府国际空港新城分区规划（2016—2035），涉及简阳市 12 个乡镇［EB/OL］．（2019-01-10）［2021-03-15］．https：//www. sohu. com/a/287973519_ 100084248.

江曼琦. 城市空间结构优化的经济分析［M］. 北京：人民出版社，2001.

江小涓. 服务业增长：真实含义、多重影响和发展趋势［J］. 经济研究，2011，46（4）：4-14+79.

交通界. "五纵两横"——北京新机场综合交通网络规划［EB/OL］．（2018-01-31）［2021-03-15］．http：//www. jiaotongjie. cn/mh/jc/131993. html.

荆楚网. 鄂州市临空经济区准备起飞"十四五"时期总体发展目标公布［EB/OL］．（2020-09-03）［2021-03-15］．https：//baijiahao. baidu. com/

s? id＝1676797648404020067&wfr＝spider&for＝pc.

孔旭，刘佩佩，于得水，等．借鉴全球航空城建设经验　推动我国航空产业高质量发展［J］．宏观经济管理，2021（6）：75-82.

匡文慧．新时代国土空间格局变化和美丽愿景规划实施的若干问题探讨［J］．资源科学，2019，41（1）：23-32.

廊坊日报．我市出台《中国（河北）自由贸易试验区大兴机场片区（廊坊）实施方案》［EB/OL］．（2020-01-31）［2021-04-12］．http：//www.lf.gov.cn/Item/94657.aspx.

李保华．低碳交通引导下的城市空间布局模式及优化策略研究——以郑州为例［D］．西安：西安建筑科技大学，2013.

李承蔚，高鸿，陈春林，等．北部湾铁山港龙港新区三生共融规划策略［J］．规划师，2016，32（S1）：27-32.

李怀政．全球物流管理［M］．北京：中国物资出版社，2006.

李建伟，王国鑫．基于点轴开发理论的山东半岛蓝色经济区发展模式研究［J］．江苏商论，2010（11）：145-147.

李健．临空经济发展的若干问题探讨与对策建议［J］．科技进步与对策，2005（9）：188-189.

李君华，彭玉兰．产业布局与集聚理论述评［J］．经济评论，2007（2）：146-152.

李凌．提升运行速度　中欧班列（郑州）将加大班列开行频次［EB/OL］．（2016-07-16）［2021-03-15］．http：//www.jinbw.com.cn/shizhengnews/2016-07-16/n_146861307529082.html.

李硕扬，刘群红．产城融合视角下特色小镇的功能定位研究——以南昌太平镇为例［J］．城市发展研究，2018，25（12）：168-172.

李团社，田飞．城市轨道交通支撑临空经济区"港—产—城"融合发展研究［J］．城市轨道交通研究，2021，24（3）：14-17.

李文彬，陈浩．产城融合内涵解析与规划建议［J］．城市规划学刊，2012（S1）：99-103.

李晓江，王缉宪．航空港地区经济发展特征［J］．国外城市规划，2001（2）：35-37+48.

梁琦，吴俊．财政转移与产业集聚［J］．经济学（季刊），2008（4）：1247-1270.

刘畅，李新阳，杭小强. 城市新区产城融合发展模式与实施路径[J]. 城市规划学刊，2012（S1）：104-109.

刘树成. 现代经济辞典[M]. 南京：凤凰出版社，2005.

刘卫东. 经济地理学与空间治理[J]. 地理学报，2014，69（8）：1109-1116.

刘雪妮. 我国临空经济的发展机理及其经济影响研究[D]. 南京：南京航空航天大学，2008.

刘颖琦，吕文栋，李海升. 钻石理论的演变及其应用[J]. 中国软科学，2003（10）：139-144+138.

陆大道. 关于"点—轴"空间结构系统的形成机理分析[J]. 地理科学，2002（1）：1-6.

陆大道. 国土开发与经济布局的"T"字型构架与长江经济带可持续发展[J]. 宏观经济管理，2018（11）：43-47+55.

陆玉麒. 论点—轴系统理论的科学内涵[J]. 地理科学，2002（2）：136-143.

吕鲲. 基于生态学视角的产业创新生态系统形成、运行与演化研究[D]. 长春：吉林大学，2019.

吕小勇，赵天宇. 基于扎根理论的空港都市区空间优化策略研究——以广州白云机场为例[J]. 世界建筑，2014（2）：126-129+133.

吕小勇. 空港都市区间成长机制与调控策略构建研究[D]. 哈尔滨：哈尔滨工业大学，2015.

罗守贵. 中国产城融合的现实背景与问题分析[J]. 上海交通大学学报（哲学社会科学版），2014，22（4）：17-21.

马彩华，马伟伟，游奎，等. 中国沿海地区海洋区域增长极选择研究[J]. 海洋开发与管理，2020，37（3）：47-53.

马霞，张玉林，王永顺. 一种新的产业集聚分类方法及其在江苏特色产业集聚中的应用研究[J]. 科技管理研究，2009，29（1）：221-223.

马野驰，祝滨滨. 产城融合发展存在的问题与对策研究[J]. 经济纵横，2015（5）：31-34.

迈克尔·波特. 国家竞争优势[M]. 李明轩，邱如美，译. 北京：中信出版社，2012.

迈克尔·波特. 竞争战略[M]. 陈小悦，译. 北京：华夏出版社，2003.

孟津竹. 哈尔滨临空经济区空间规划对策研究［D］. 哈尔滨：哈尔滨工业大学，2012.

民航资源网. 正阳机场公司隆重举行与合作伙伴签约仪式［EB/OL］. （2015-09-10）［2021-03-14］. http://news. carnoc. com/list/323/323453. html.

民航资源网. 四型机场示范项目：鄂州国际物流枢纽机场建设规划［EB/OL］. （2019-02-15）［2021-03-14］. https://finance. sina. com. cn/ roll/2019-02-15/doc-ihrfqzka5990158. shtml.

闵晓楠，庄振信，刘杨萱. 借鉴三大区域增长极模式培育西部经济增长极［J］. 长春大学学报，2006（5）：8-10+18.

南梦旗. 基于增长极理论的经济现象解析——以南阳市西峡县为例［J］. 时代经贸，2018（18）：64-65.

聂华林，高新才，杨建国. 发展生态经济学导论［M］. 北京：中国社会科学出版社，2006.

宁越敏，石崧. 从劳动空间分工到大都市区空间组织［M］. 北京：科学出版社，2011.

欧阳慧，李智. 适应未来发展需要的城镇化战略研究［J］. 宏观经济研究，2021（7）：16-25+88.

澎湃新闻. 北京新机场综合交通网络规划出炉：3 小时达太原、郑州、沈阳［EB/OL］. （2018-02-01）［2021-03-15］. https://www. thepaper. cn/ newsDetail_ forward_ 1980185.

澎湃新闻. 湖北一地机场被列入国家战略！所在城市将迎来大发展［EB/OL］. （2020-09-21）［2021-03-14］. https://m. thepaper. cn/baijiahao_ 9272417.

澎湃新闻. 下盘大棋！"顺丰机场"业务布局首次曝光！［EB/OL］. （2021-09-07）［2021-10-15］. https://m. thepaper. cn/baijiahao_ 14398141.

澎湃新闻. 北京大兴机场固安城市航站楼正式启用［EB/OL］. （2020-09-16）［2021-03-15］. https://www. thepaper. cn/baidu. jsp? contid=9203691.

钱锋. 产城融合视角下特色小镇发展路径研究［J］. 城市住宅，2021，28（2）：190-191.

乔善勋. 从 Fedex、UPS 和亚马逊航空货运枢纽建设看京东全球超级港［EB/OL］. （2020-10-31）［2021-03-14］. http://news. carnoc. com/list/

547/547415. html.

邱建. 四川天府新区规划的主要理念［J］. 城市规划，2014，38（12）：84-89.

衢州市发展和改革委员会. 关于印发《衢州市战略融入长三角区域一体化发展行动计划（2019—2025）》的通知：衢委发〔2019〕24 号［A/OL］.（2019-12-27）［2021-03-12］. http：//fgw. qz. gov. cn/art/2020/3/6/art_ 1422429_ 42162601. html.

衢州市发展和改革委员会. 衢州市发展和改革委员会关于印发《衢州市现代服务业发展"十四五"规划》的通知：衢发改发〔2021〕37 号［A/OL］.（2021-07-22）［2021-09-24］. http：//www. qz. gov. cn/art/2021/7/22/art_ 1229542783_ 59004642. html.

冉净斐，曹静. 中国的产城融合发展及对城市新区建设的启示［J］. 区域经济评论，2020（3）：50-57.

人民湖北. 鄂州市临空经济区成立［EB/OL］.（2019-12-05）［2021-03-14］. https：// baijiahao. baidu. com/s？ id = 1652038523349033919&wfr = spider&for = pc.

芮明杰. 产业竞争力的"新钻石模型"［J］. 社会科学，2006（4）：68-73.

盛丽. 让"凤凰"如期"展翅"——探访北京大兴国际机场建设进展［N］. 劳动学报，2019-1-4（10）.

施郁文，林巍. 产城融合视阈下特色小镇的推进对策研究——基于温州市省级特色小镇的调查［J］. 生产力研究，2018（2）：107-111+115.

石莹，王蕾，朱宇巍，等. 国内旅游产业研究文献的分析与综述［J］. 大连民族学院学报，2012，14（4）：376-380.

史忠良. 产业经济学［M］. 北京：经济管理出版社，2005.

宋朝丽. 人本导向的雄安新区产城融合设计［J］. 西安财经学院学报，2019，32（3）：38-44.

宋莹，李娜. 产城融合视域下城镇化与产业发展的互动关系探究［J］. 市场周刊（理论研究），2015（9）：40-41+37.

搜狐网. 大兴机场片区廊坊区域控制性详细规划批前公示［EB/OL］.（2020-05-06）［2021-04-02］. https：//www. sohu. com/a/393391601_ 444173.

搜狐网.【南城发展】大兴这块地崛起，临空经济区快速发展［EB/

OL]．（2020-07-10）［2021-03-15］．https：//www. sohu. com/a/406830850_
120064996.

搜狐网. 从规划到设计，揭秘大兴国际机场！［EB/OL］．（2019-09-
25）［2021-03-15］．https：//www. sohu. com/a/343401659_ 286880.

搜狐网. 多图警告！新机场的美，百看不厌！［EB/OL］．（2019-07-
21）［2021-03-15］．www. sohu. com/a/328350691_ 771423.

搜狐网. 鄂州机场再出规划，顺丰38. 9亿投建航空物流产业园［EB/
OL］．（2019-12-25）［2021-03-15］．https：//www. sohu. com/a/362619285_
343156.

搜狐网. 横向生态补偿倒逼绿色发展鄂州好山好水能"变现"［EB/
OL］．（2018-11-22）［2021-03-15］．https：//www. sohu. com/a/277069569_
313287.

搜狐网. 来了！被誉为"世界新七大奇迹"的大兴机场正式投运！它
有多牛？你想知道的都在这里！［EB/OL］．（2019-09-27）［2021-03-
15］．https：//www. sohu. com/a/343875793_ 99894923.

搜狐网. 世界新"七大奇迹"之首，北京大兴机场［EB/OL］．（2019-
09-26）［2021-03-15］．https：//www. sohu. com/a/343497907_ 120292691.

搜狐网. 天府国际空港新城城市规划首次权威发布！划定6个城市片
区［EB/OL］．（2018-01-03）［2021-03-15］．https：//www. sohu. com/a/
214479170_ 771239.

搜狐网. 中国中部地区重要的中心城市和综合交通枢纽——郑州［EB/
OL］．（2020-06-21）［2021-03-15］．https：//www. sohu. com/a/403174575_
120153926？_ trans_ =000014_ bdss_ dkmwzacjp3p：cp=.

苏红键，赵坚. 经济圈制造业增长的空间结构效应——基于长三角经
济圈的数据［J］．中国工业经济，2011（8）：36-46.

苏林，郭兵，李雪. 高新园区产城融合的模糊层次综合评价研究——
以上海张江高新园区为例［J］．工业技术经济，2013，32（7）：12-16.

苏雪串. 城市化进程中的要素集聚、产业集群和城市群发展［J］．中
央财经大学学报，2004（1）：49-52.

孙慧. 中外口岸通关模式的比较研究［J］．商业研究，2006（17）：
188-191.

孙娟，郑德高，马璇. 特大城市近域空间发展特征与模式研究——基

于上海、武汉的探讨[J]. 城市规划学刊，2014（6）：68-76.

孙月梅，翁玲玲. 智慧航空城建设的几个关键问题[J]. 中国经贸导刊（中），2020（2）：144-145.

谈力，史北祥，王红扬. 城市知识创新型服务业空间布局特征与模式研究——以南京市城区为例[J]. 现代城市研究，2018（10）：2-10.

唐晓宏. 上海产业园区空间布局与新城融合发展研究[D]. 上海：华东师范大学，2014.

陶爱萍，管金梁，盛蔚. 基于省会功能定位的合肥市产业空间布局研究[J]. 合肥工业大学学报（社会科学版），2016，30（4）：9-16.

天府文化. 成都向东·梦想照进现实——制造城市：一座新城的诞生[EB/OL].（2020-07-21）[2021-03-12]. https：//xw. qq. com/cmsid/2020 0721A0QOAU00？f＝newdc.

铁路之家. 郑州铁路局单位介绍[EB/OL].[2021-07-24]. http：//www. tielu. cn/zhengzhou/.

汪莹. 产业竞争力理论研究述评[J]. 江淮论坛，2008（2）：29-38.

汪增洋，张学良. 后工业化时期中国小城镇高质量发展的路径选择[J]. 中国工业经济，2019（1）：62-80.

王爱新. 区域经济发展理论[M]. 北京：经济管理出版社，2015.

王博. 成都东进重塑经济地理[EB/OL].（2019-07-19）[2021-03-14]. https：//www. yicai. com/news/100267035. html.

王成新，窦旺胜，程钰，等. 快速城市化阶段济南城市空间扩展及驱动力研究[J]. 地理科学，2020，40（9）：1513-1521.

王豪，王伟. "一带一路"视角下河南交通物流枢纽与口岸发展思路研究[J]. 中国物流与采购，2019（21）：69-70.

王浩. 关于太原市设立临空经济区的可行性初探[J]. 山西建筑，2020，46（17）：32-33.

王全良. 临空经济区对腹地区域经济的影响研究[M]. 北京：社会科学文献出版社，2017.

王晓川. 国际航空港近邻区域发展分析与借鉴[J]. 城市规划汇刊，2003（3）：65-68+96.

王祖强，杨红新. 长三角城市群发展的总体定位与路径构想[J]. 中共浙江省委党校学报，2013，29（1）：96-101.

卫金兰，邵俊岗．产城融合研究述评［J］．特区经济，2014（2）：81-82.

魏后凯．我国宏观区域发展理论评价［J］．中国工业经济研究，1990（1）：76-80+63.

魏晓芳，赵万民，黄勇，等．现代空港经济区的产业选择与空间布局模式［J］．经济地理，2010，30（8）：1328-1332.

芜湖市人民政府．芜湖市政府与京东集团签署合作协议　全面深化现代流通体系建设［EB/OL］．（2020-10-27）［2021-03-14］．https://www.wuhu.gov.cn/xwzx/zwyw/27359701.html.

芜湖市委党史和地方志研究室．地理位置［EB/OL］．（2013-08-30）［2021-03-15］．http://www.wuhuds.cn/uploadfile/2020/0408/20200408103000452.pdf.

芜湖县总工会．芜宣机场即将启用！初期计划开通这些航线［EB/OL］．（2021-03-16）［2021-03-13］．https://www.sohu.com/a/455806813_120209973.

吴殿廷．区域经济学［M］．2版．北京：科学出版社，2009.

吴福象，张雯．长三角区域产城人融合发展路径研究［J］．苏州大学学报（哲学社会科学版），2021，42（2）：113-123.

吴祥明．浦东国际机场建设——项目管理［M］．上海：上海科学技术出版社，1999.

吴一洲，陈前虎，吴次芳．城市商务经济空间区位格局及其机理研究——以杭州主城区为例［J］．城市规划，2009，33（7）：33-38+58.

物流技术与应用．国家发改委批复顺丰机场，全球第四、亚洲第一货运枢纽呼之欲出［EB/OL］．（2019-01-18）［2021-03-15］．https://www.sohu.com/a/290137417_649545.

奚昕，曹晨．中小城市开发区产城融合模式研究——以苏滁现代产业园为例［J］．宿州学院学报，2019，34（12）：4-8.

习近平．推动形成优势互补高质量发展的区域经济布局［J］．共产党员，2020（2）：4-5.

夏征农，陈至立．辞海［M］．上海：上海辞书出版社，2010.

冼国明，文东伟．FDI、地区专业化与产业集聚［J］．管理世界，2006（12）：18-31.

肖金成. "十四五"时期区域经济高质量发展的若干建议[J]. 区域经济评论，2019（6）：13-17.

肖雪. 武汉市轨道交通与城市空间布局发展研究[D]. 武汉：武汉工程大学，2014.

谢呈阳，胡汉辉，周海波. 新型城镇化背景下"产城融合"的内在机理与作用路径[J]. 财经研究，2016，42（1）：72-82.

谢涤湘，王哲. 产城融合背景下的科技小镇发展机制研究——以惠州潼湖科技小镇为例[J]. 城市发展研究，2020，27（9）：25-29.

谢英挺. 基于治理能力提升的空间规划体系构建[J]. 规划师，2017，33（2）：24-27.

新华社. 河北廊坊建设世界一流临空经济区　打造区域经济新增长极[EB/OL].（2020-10-08）[2021-03-15]. https：//baijiahao. baidu. com/s？id=1679970220054288864&wfr=spider&for=pc.

新华社. 中共中央关于制定国民经济和社会发展第十四个五年规划和二〇三五年远景目标的建议[EB/OL].（2020-11-03）[2022-11-13]. http：//www. gov. cn/zhengce/2020-11/03/content_5556991. htm.

新华社. 中共中央政治局召开会议审议《成渝地区双城经济圈建设规划纲要》　中共中央总书记习近平主持会议[EB/OL].（2020-10-16）[2021-03-15]. https：//baijiahao. baidu. com/s？id=1680698467495783936&wfr=spider&for=pc.

新华社. 习近平在京主持召开座谈会　专题听取京津冀协同发展工作汇报[EB/OL].（2014-02-27）[2021-03-15]. http：//www. gov. cn/xinwen/2014-02/27/content_2625086. htm.

新华社图片. 北京南苑机场即将关闭（9）[EB/OL].（2019-09-25）[2021-03-15]. https：//baijiahao. baidu. com/s？id=1645626897039120567&wfr=spider&for=pc.

新华网. "凤"舞东方起宏图——写在北京大兴国际机场投运之际[EB/OL].（2019-09-25）[2021-03-15]. https：//baijiahao. baidu. com/s？id=1645642524293648181&wfr=spider&for=pc.

新华网. 凤凰即将展翅高飞——北京大兴国际机场工程建设最新进展[EB/OL].（2019-02-02）[2021-03-15]. https：//baijiahao. baidu. com/s？id=1624360271474131736&wfr=spider&for=pc.

新华网. 京冀批复实施大兴机场临空经济区总体规划［EB/OL］.（2019-10-26）［2021-03-15］. https：//baijiahao. baidu. com/s？id＝16484212451936 25344&wfr＝spider&for＝pc.

新华网. 中共中央　国务院印发《长江三角洲区域一体化发展规划纲要》［EB/OL］.（2019-12-01）［2021-02-12］. http：//www. gov. cn/zhengce/ 2019-12/01/content_ 5457442. htm.

新浪财经. 天府机场投运，未来 15 年成渝将形成近 3 亿级机场群 ［EB/OL］.（2021-07-01）［2021-08-15］. https：//baijiahao. baidu. com/s？ id＝1704086888025751269&wfr＝spider&for＝pc.

新浪财经. 北京新机场的雄心：大兴机场兴建方案出炉背后［EB/OL］. （2019-10-24）［2021-03-15］. https：//baijiahao. baidu. com/s？id＝1648283 205668661411&wfr＝spider&for＝pc.

邢佰英. 我国新城新区低碳发展的实践、问题及对策［J］. 宏观经济管理，2017（11）：46-51.

薛东前，石宁，公晓晓. 西安市生产者服务业空间布局特征与集聚模式研究［J］. 地理科学，2011，31（10）：1195-1201.

闫文奇，施雯，刘师岑. 郑州市战略性新兴产业空间布局研究［C］//中国城市规划学会. 活力城乡　美好人居——2019 中国城市规划年会论文集（16 区域规划与城市经济）. 北京：中国建筑工业出版社，2019：1188-1197.

严江. 科技进步与技术创新对区域经济发展的积极影响［J］. 天府新论，2001（1）：34-36+72.

颜丙峰. 产城融合发展的现实考量与路径提升——以山东省产城融合发展为例［J］. 山东社会科学，2017（5）：184-188.

杨建新. 国土空间开发布局优化方法研究——以武汉市为例［D］. 武汉：中国地质大学，2019.

杨俊宴，章飙，史宜. 城市中心体系发展的理论框架探索［J］. 城市规划学刊，2012（1）：33-39.

杨晓锋. 我国产城融合基本要义、现实困境与推进策略［J］. 财经理论研究，2017（1）：66-73.

姚常成，宋冬林. 借用规模、网络外部性与城市群集聚经济［J］. 产业经济研究，2019（2）：76-87.

叶娟惠．产城融合视角下特色小镇的精准培育与建设路径——以福州市为例[J]．福建省社会主义学院学报，2019（2）：94-101．

易淼．新时代区域经济布局的政治经济学分析——基于马克思主义城市分工理论的视角[J]．经济纵横，2021（4）：25-32．

映象网．郑州将建成内陆"无水港"八大进口商品指定口岸将落地[EB/OL]．（2017-06-04）[2021-03-15]．https://henan.china.com/news/yw/11185132/20170604/25066552.html．

余德贵．基于碳排放约束的区域土地利用格局变化模拟与优化调控研究——以江苏泰兴市为例[D]．南京：南京农业大学，2011．

约翰·卡萨达，麦克·卡农，黄菲飞，等．规划高效发展的航空大都市[J]．区域经济评论，2016（5）：42-59．

詹红岩．青海省城镇产业结构调整和布局优化问题研究[J]．青海社会科学，2013（5）：54-58．

张兵，林永新，刘宛，等．城镇开发边界与国家空间治理——划定城镇开发边界的思想基础[J]．城市规划学刊，2018（4）：16-23．

张春香．基于钻石模型的区域文化旅游产业竞争力评价研究[J]．管理学报，2018，15（12）：1781-1788．

张道刚．"产城融合"的新理念[J]．决策，2011（1）：1．

张珺，李萌，武田冀．基于增长极理论的区域一体化发展中的应用[C]//廊坊市应用经济学会．对接京津——新的时代　顶层设计论文集．2020：46-53．

张蕾，陈雯．国内外空港经济研究进展及其启示[J]．人文地理，2012，27（6）：13-18+136．

张其仔，许明．中国参与全球价值链与创新链、产业链的协同升级[J]．改革，2020（6）：58-70．

张省，周燕．论产业新城的形成与特点[J]．河南财政税务高等专科学校学报，2020，34（3）：41-46．

张诗逸．论集聚与分散相结合原理在城市产业发展中的应用——以长沙工业为例[J]．新远见，2010（2）：84-93．

张想玲．预留高铁站　规划4条轨道交通　成都天府空港新城最全交通规划出炉[EB/OL]．（2018-01-07）[2021-03-15]．https://baijiahao.baidu.com/s?id=1588925287039251742&wfr=spider&for=pc．

张新芝，曾雨菲，杨娟．产业与城镇共生驱动产城融合的内在机理研究［J］．南昌大学学报（人文社会科学版），2018，49（4）：55-63．

张振国．郑州临空经济发展战略规划研究［J］．现代营销（经营版），2020（7）：50-51．

赵冰，曹允春，沈丹阳．港—产—城视角下临空经济的新模式［J］．开放导报，2016（2）：70-74．

赵弘，何芬．京津冀协同发展视角下北京城市空间布局优化研究［J］．经济与管理，2017，31（1）：17-21．

赵红亮．增长极理论在环京津发展中的应用思考［C］//廊坊市应用经济学会．对接京津——借势京津　协同融合论文集．2019：37-45．

赵丽华．"点——轴系统"理论在环青海湖旅游圈开发中的应用［J］．青海师范大学学报（自然科学版），2011，27（3）：76-79．

赵丽华．基于点轴系统理论的环青海湖地区旅游发展研究［J］．攀登，2020，39（1）：99-104．

赵佩佩，丁元．浙江省特色小镇创建及其规划设计特点剖析［J］．规划师，2016，32（12）：57-62．

甄峰．城市规划经济学［M］．南京：东南大学出版社，2011．

郑建锋，陈千虎．单中心还是多中心？——中国城市内部空间结构演进的特征及解释［J］．中国经济问题，2019（2）：93-105．

郑奇洋，年福华，张海萍．基于 VRIO 修正模型的长三角文化产业竞争力评价［J］．地域研究与开发，2021，40（1）：44-49．

郑州航空港经济综合实验区党政办公室．郑州航空港经济综合实验区（郑州新郑综合保税区）［EB/OL］．［2021-06-24］．http://www.zzhkgq.gov.cn/．

郑州晚报．郑州新郑机场 T2 预计明年底竣工　比 T1 大 3 倍［EB/OL］．(2014-10-10)［2021-05-15］．http://sky.news.sina.com.cn/2014-10-10/114654407.html．

中国军事百科全书编审委员会．中国军事百科全书［M］．2 版．北京：中国大百科全书出版社，2016．

中国口岸协会．中国口岸年鉴：2015 年版［M］．北京：中国海关出版社，2015．

中国民航局.《民航局关于支持粤港澳大湾区民航协同发展的实施意

见》印发［EB/OL］.（2020－07－15）［2021－04－13］. http://www. caac. gov. cn/XWZX/MHYW/202007/t20200715_ 203593. html.

中国民航网. 大兴机场携手顺丰航空开通首条货运航线［EB/OL］.（2020－06－11）［2021－03－15］. http://www. caacnews. com. cn/1/5/202006/t20200611_ 1303882. html.

中国民航网. 溯源北京大兴机场的选址规划［EB/OL］.（2019－07－04）［2021－05－15］. http://www. caacnews. com. cn/1/5/201907/t20190704_ 1276992. html.

中国民用航空局. 民航局关于印发通用航空发展"十三五"规划的通知：民航发〔2016〕132号［A/OL］.（2016－12－21）［2020－11－03］. https://www. ndrc. gov. cn/fggz/fzzlgh/gjjzxgh/201708/t20170809_ 1196877. html？code=&state=123.

中国民用航空局. 民用机场飞行区技术标准：MH 5001—2021［S］. 北京：中国民用航空局，2021.

中国民用航空局. 全国民航冬春航班换季工作准备就绪［EB/OL］.（2007－10－29）［2021－05－15］. http://www. caac. gov. cn/XWZX/MHYW/200710/t20071029_ 11670. html.

中国青年报. 北京大兴国际机场："凤凰"展翅起宏图［EB/OL］.（2019－09－26）［2021－05－15］. https://baijiahao. baidu. com/s？id=1645754031159510116&wfr=spider&for=pc.

中国网湖北. 重磅！顺丰"三大中心"落户鄂州［EB/OL］.（2021－02－09）［2021－04－12］. https://baijiahao. baidu. com/s？id=1691226778021459600&wfr=spider&for=pc.

中华人民共和国国家发展和改革委员会. 国家发展改革委关于印发郑州航空港经济综合实验区发展规划（2013—2025年）的通知：发改地区〔2013〕481号［A/OL］.（2013－03－08）［2021－03－14］. https://www. ndrc. gov. cn/xxgk/zcfb/tz/201304/t20130422_ 964579. html？code=&state=123.

中华人民共和国国家发展和改革委员会. 国家发展改革委 民航局关于促进航空货运设施发展的意见：发改基础〔2020〕1319号［A/OL］.（2020－08－24）［2020－11－03］. https://www. ndrc. gov. cn/xxgk/zcfb/tz/202009/t20200904_ 1237640. html？code=&state=123.

中华人民共和国国家发展和改革委员会. 中原经济区规划（2012—

2020 年）［A/OL］.（2012-12-03）［2021-03-13］. https：//www. ndrc. gov. cn/xxgk/zcfb/tz/201212/P020190905511553360789. pdf.

中华人民共和国中央人民政府. 国务院关于依托黄金水道推动长江经济带发展的指导意见：国发〔2014〕39 号［A/OL］.（2014-09-25）［2021-02-12］. http：//www. gov. cn/zhengce/content/2014-09/25/content_9092. htm.

中原网. 郑州的第一丨全国第一个以航空港经济为引领的国家级新区郑州航空港经济综合实验区［EB/OL］.（2019-10-30）［2021-03-12］. https：//news. zynews. cn/zz/2019-10/30/content_11970682. htm.

钟庭军，张晔. 产业集聚、产业链及在西部产业发展中的运用［J］. 重庆工商大学学报（西部论坛），2005（5）：62-66.

钟婷. 浅谈港城一体理念下空港新城的布局模式［J］. 四川建筑，2018，38（1）：4-5+9.

朱梦婷，谢雨涵. 人本导向下长三角地区产城融合的时空演变分析［J］. 湖北农业科学，2021，60（9）：190-195.

住建网. 党的十九届五中全会在我市引起强烈反响［EB/OL］.（2020-11-03）［2021-03-15］. https：//www. ezjw. com/news/detail_for_1596537. html.

祝光耀，张塞. 生态文明建设大辞典（第一册）［M］. 南昌：江西科学技术出版社，2016.

后 记

　　"浙西航空物流枢纽临空经济区发展战略研究"课题历时六个月，研究成果《临空经济区：新发展格局中的区域战略性增长极》堪称心血之作。抚卷沉思，其间所面对的艰难挑战，所付出的艰辛努力，所获得的肯定认同等场景依然历历在目。因此，特别想借此机会，向那些对此书出版有过重要帮助和贡献的人士致以最诚挚的谢意，并以此铭记于心。

　　首先，需要特别感谢的是中铁五院浙江分院的李会杰董事长。中铁五院自承接杭衢高铁设计任务后，与衢州结下了深厚友谊。以浙江分院为载体，中铁五院扎根衢州融入浙江，不断加强与衢州的各领域合作，为衢州现代化综合交通体系蓝图的构建积极谋划贡献力量。2019年，"加快建设现代化综合交通体系，打开两山转化大通道"被衢州市政府列为年度政府工作报告的重点工作。同时，"浙西航空物流枢纽项目前期"被确定为这一重点工作的重点攻坚任务。之后，李董积极奔走，希望衢州市交通主管部门能够将这一战略性研究课题交给西南交通大学的专家团队来完成。在接到研究任务后，课题组也表达了对李董这份浓厚的涓涓母校情义的感谢之情及全力以赴的决心和信心，并最终高质量地完成了课题研究任务。中铁五院浙江分院的叶丹燕主任在课题推进过程中承担了大量沟通协调工作，她主动热情的工作态度是本次课题顺利推进的润滑剂。

　　其次，特别感谢西南交通大学公共管理学院王永杰院长为本次课题研究搭建了一个高水平的专家团队。公共管理学院是百年交大最具生机与活力的年轻学院。学院秉承"公正、合作、广博、致用"理念，以公正之心，求合作共赢；开放心智，广博学识，学以致用。学院的发展目标是建设成为受人尊敬的应用研究型学院、高水平的公共管理人才培养基地、有影响的公共管理学术研究基地、重要的政府决策咨询中心。正是在这一治院理念的引领下，学院汇聚了一批学术功底扎实且实践经验丰富的智库专家。本次课题组专家戴宾教授是四川省委省政府交通政策决策咨询委员会委员，在区域经济以及综合交通枢纽的规划建设方面拥有丰富的决策咨询经验；课题组专家何德文副教授是西南交通大学交通公共政策研究中心主任，四川省企业联合会管理咨询委员会常务理事。两位一流的专家教授在课题前期的研究论证及框架设计方面提出了诸多关键性建设性的意见与建议，为课题的顺利推进提供了重要的指引。

我的硕士研究生曾雨馨同学在课题研究的前期准备阶段，负责收集整理与临空经济区建设相关的文献、案例，以及国家、区域层面的相关政策规划等文件资料，这是一件非常辛苦耗时的工作。雨馨不仅高效地完成了这项艰巨任务，而且还按时间和内容对文献、案例、文件进行了分类排序，并对文献、案例等资料进行了初步筛选。在课题中期的文案撰写阶段，雨馨已经能够按照案例研究的模板与结构对案例资料进行初步编写。在后期的文本审校阶段，她在文献标注以及图标校对等方面投入了大量精力。最后，她对临空经济区建设这一研究课题产生了浓厚兴趣，并希望以此作为硕士学位论文的研究方向进一步深入系统地学习研究下去。这算是她为课题辛苦付出后的一大收获，令人欣慰。

最后，特别感谢一下我的爱人白云女士。我作为此次课题研究的主笔人，前期需要沉下心来系统地梳理研究大量资料，后期又需要加班加点地完成几十万字的写作任务，无暇顾及家庭与生活中诸多事情，这一切自然落到了她的身上。实际上，她自身也有比较繁重的教学科研任务要完成。然而，让我至今对她深深愧疚的是，她不仅要承担起繁重的工作和琐碎的家庭事务，还要担心我会不会因赶课题过度劳累导致"过劳死"，这样的日子竟然持续了近一个月，其间她内心遭受的折磨也许只有她本人能体会。课题报告按时交付后，本以为白女士悬着的心终于可以落地了，我却突发腰椎间盘突出，一个多星期躺在床上连翻身都无法自理……还好，最终还是成功站起来了，并由此悟出，身体乃革命本钱，特别是人到中年，身体不仅是自己的，也是家人的，从此，我每天坚持锻炼一小时。最重要的是我收获了《临空经济区：新发展格局中的区域战略性增长极》这本心血之作！